上海市中等职业教育改革发展特色示范学校建设教材
上海市城市建设工程学校(上海市园林学校) 组编

道路施工与管理

主编 程 群 向秀红
参编 杨 艳 郁丽娜

上海大学出版社
·上海·

内 容 提 要

本书是依据《上海市中等职业学校市政工程施工专业教学标准》编写而成的,力求充分体现项目导向、任务引领的课程设计思想。本书围绕着完成道路工程施工管理的工作任务需要,遵循学生认知规律,同时考虑中等职业教育对理论知识学习够用为度的原则,融合市政质量员、资料员、材料员和安全员职业资格对知识、技能和态度的要求,选择相关的课程内容,设置了道路施工管理准备工作、路基施工管理、基(垫)层施工管理、沥青路面施工管理、水泥混凝土面层施工管理、道路附属工程施工、工程竣工验收、道路养护管理基本知识等8个项目23个任务。每个项目的学习以道路施工现场管理内容为载体,以工作任务为中心整合理论与实践,实现做学一体化。

本书可作为中等职业学校市政道路工程专业的教材,也可作为市政道路施工专业人员的培训教材或参考书。

图书在版编目(CIP)数据

道路施工与管理/程群,向秀红主编;杨艳,郁丽娜编.—上海:上海大学出版社,2016.6(2022.2 重印)
ISBN 978-7-5671-2289-5

Ⅰ.①道… Ⅱ.①程… ②向… ③杨… ④郁… Ⅲ.①道路工程-工程施工-技术-中等专业学校-教材②道路工程-工程施工-施工管理-中等专业学校-教材
Ⅳ.①U415

中国版本图书馆 CIP 数据核字(2016)第 107247 号

责任编辑　王悦生
封面设计　柯国富
技术编辑　金　鑫　钱宇坤

道路施工与管理

主编　程　群　向秀红
上海大学出版社出版发行
(上海市上大路99号　邮政编码200444)
(http://www.press.shu.edu.cn　发行热线 021—66135112)
出版人:戴骏豪

*

南京展望文化发展有限公司排版
江苏凤凰数码印务有限公司印刷　各地新华书店经销
开本 787×1092　1/16　印张 13.75　字数 335 千字
2016年6月第1版　2022年2月第3次印刷
ISBN 978-7-5671-2289-5/U·006　定价:44.00元

上海市城市建设工程学校(上海市园林学校)
创建上海市中等职业教育改革发展特色示范校

教材编委会名单

主　任：朱迎迎
副主任：戴国平　曹　枫
委　员：程和美　邓旭萍　程　群
　　　　汤建新　姜文琪　王伟英
　　　　蔡丽琴　马　波　刘铁柱

前 言

本书是依据2008年9月由华东师范大学出版社出版的《上海市中等职业学校市政工程施工专业教学标准》编写而成的,力求充分体现项目导向、任务引领的课程设计思想。在编写过程中,编者始终围绕着完成道路工程施工管理的工作任务需要,遵循学生认知规律,同时考虑中等职业教育对理论知识学习够用为度的原则,融合市政质量员、资料员、材料员和安全员职业资格对知识、技能和态度的要求,选择相关的课程内容,设置了8个项目23个任务。每个项目的学习以道路施工现场管理内容为载体,以工作任务为中心整合理论与实践,实现做学一体化。建议在教学过程中通过实训现场操作、情景模拟、案例分析、专业软件操作等多种形式组织教学活动,强化实训实操,并利用多种途径充分开发学习资源,给学生提供丰富的实习实践机会,培养学生的实践动手能力,以使学生能尽快地适应职业岗位的要求。

本教材由程群、向秀红主编,杨艳、郁丽娜参编,具体编写分工为:项目1、2、7由程群编写,项目3、8由向秀红编写,项目4、5由杨艳编写,项目6由郁丽娜编写。

由于编者的水平有限,对任务驱动型教学法的认识深度尚不足,应用行动导向教学法的实践有所欠缺,教材中难免有疏漏之处,恳请大家不吝指正。

编 者
2015年7月

目 录

项目1 道路施工管理基本知识 ································· 001
  任务1 接受施工任务 ·· 001
  任务2 道路施工技术交底 ······································ 009
  任务3 道路施工现场材料管理的准备 ······················· 020
  任务4 道路施工资料管理的基本知识 ······················· 022
  任务5 道路施工安全管理的基本知识 ······················· 028
  任务6 道路施工质量检查与验收的准备 ··················· 031

项目2 路基施工管理 ·· 035
  任务1 路基施工基本知识 ······································ 035
  任务2 路基施工质量验收和资料管理 ······················· 045
  任务3 路基施工安全管理 ······································ 060

项目3 基(垫)层施工管理 ··· 066
  任务1 基(垫)层施工基本知识 ································· 066
  任务2 基(垫)层施工质量验收和资料管理 ················· 073
  任务3 基(垫)层施工安全管理 ································· 088

项目4 沥青混凝土面层施工管理 ································ 092
  任务1 沥青混凝土面层施工 ··································· 092
  任务2 沥青路面施工质量验收和资料管理 ················ 104
  任务3 沥青路面施工安全管理 ································ 122

项目5 水泥混凝土面层施工管理 ································ 125
  任务1 水泥混凝土面层施工 ··································· 125
  任务2 水泥混凝土面层施工质量验收和资料管理 ······· 134

任务 3　水泥混凝土面层施工安全管理 …………………………………………… 151

项目 6　道路附属工程施工管理 ………………………………………… 157
　　任务 1　侧平石与人行道施工基本知识 …………………………………………… 157
　　任务 2　道路附属工程施工质量验收和资料管理 ………………………………… 165

项目 7　工程竣工验收 …………………………………………………… 177
　　任务 1　工程竣工质量验收 ………………………………………………………… 177
　　任务 2　工程竣工资料验收 ………………………………………………………… 182
　　任务 3　伤亡事故处理 ……………………………………………………………… 190

项目 8　道路养护管理基本知识 ………………………………………… 197

参考文献 …………………………………………………………………… 209

项目1 道路施工管理基本知识

 **能力目标**

(1) 了解道路施工的基本程序,能做好路基施工准备工作;
(2) 能按照道路施工技术交底的各个环节进行交底工作;
(3) 明确施工企业质量管理员的职责以及工作程序;
(4) 明确施工企业资料管理员的职责以及工作程序;
(5) 明确施工企业安全管理员的职责以及工作程序;
(6) 明确施工企业材料管理员的职责以及工作程序。

任务1 接受施工任务

 **任务描述**

某施工单位承接了一项道路工程施工任务:××道路新建工程,技术管理人员应实施哪些施工程序,保质保量地完成道路工程的施工任务?

 **任务分析**

一个道路工程从施工单位接受施工任务开始,到工程竣工通车,期间有很多复杂的工作要做,而且这些工作还必须严格按照相关的技术要求,才能保证道路工程的施工质量。因此,作为施工单位的技术管理人员首先应明确道路施工及管理的基本程序,做到有计划、按步骤、分阶段地实施。

 方法与步骤

1.1.1 了解道路工程概况

一、概述

××路是一条介于中环线和外环线之间且与之平行的东西向城市主干路,是沿线众多大规模住宅小区与改为某市级副中心商业区联系的主要道路,是全国最大的铁路零担货物中转站北郊站的主要运输道路,同时又是北部路网中分流中环交通的交通干道,是上海北部地区、中环线与外环线间唯一一条贯穿东西向的大通道,具有十分明显的交通集散功能。本工程的实施,是进一步完善和建设城市交通基础设施,促进上海市北部地区经济发展的需要,是上海市经济发展的需要。

二、设计标准

本工程按照城市主干路标准,计算行车速度采用 60 km/h,道路路面结构计算荷载采用 BZZ—100 型标准车。

三、道路横断面布置

本工程横断面布置(图1-1),标准横断面为:3 m(人行道)+3.5 m(非机动车道)+2 m(机非分隔带)+15 m(机动车道)+3 m(中央分隔带)+15 m(机动车道)+2 m(机非分隔带)+3.5 m(非机动车道)+3 m(人行道)=50.0 m。

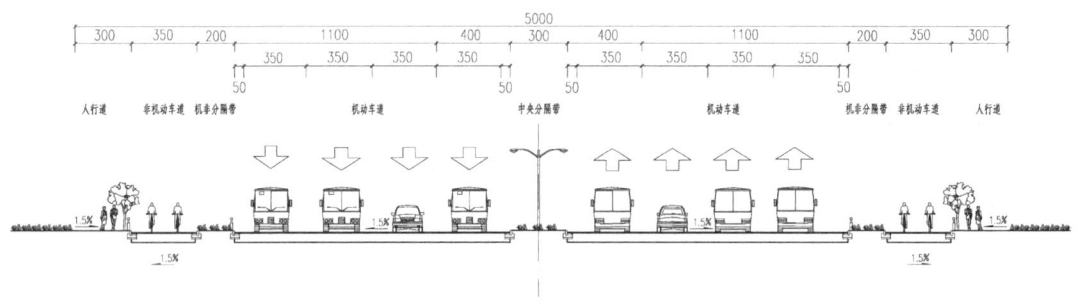

图1-1 道路横断面布置

四、路面结构

道路路面结构由上至下分别为:

1. 车行道路面结构

4 cm SMA-13(SBS 改性沥青)

6 cm AC-20C 中粒式沥青混凝土(SBS 改性沥青)

8 cm AC-25C 粗粒式沥青混凝土

1 cm 稀浆封层

40 cm 水泥稳定碎石

15 cm 级配碎石

路面结构总厚度为 61 cm

2. 人行道结构

6 cm 道板砖

3 cm 干拌水泥黄砂垫层

10 cm C20 砼

10 cm 级配碎石垫层

五、道路无障碍设施

本工程在人行道处均按标准设置缘石坡道、盲道等道路无障碍设施提供特殊人群使用。缘石坡道位于人行道口或人行横道两端,使乘轮椅者避免了人行道路缘石带来的通行障碍。

盲道是在人行道上铺设的一种固定形态的地面砖,使视残者产生不同的脚感,以达到诱导视残者行走和辨认方向的目的。

六、绿化工程

本次工程范围内道路绿化设置于人行道上,人行道在近非机动车道一侧种植一行乔木,间距 6 m。乔木树种的选择考虑路边建筑物内部的通风与采光,以及道路通行视线,采用悬铃木、香樟等。

1.1.2 道路施工的基本程序

施工企业从取得道路工程施工项目到工程竣工交付使用一般要经过接受施工任务、施工准备、施工组织与管理和竣工验收等基本程序,见图 1-2。

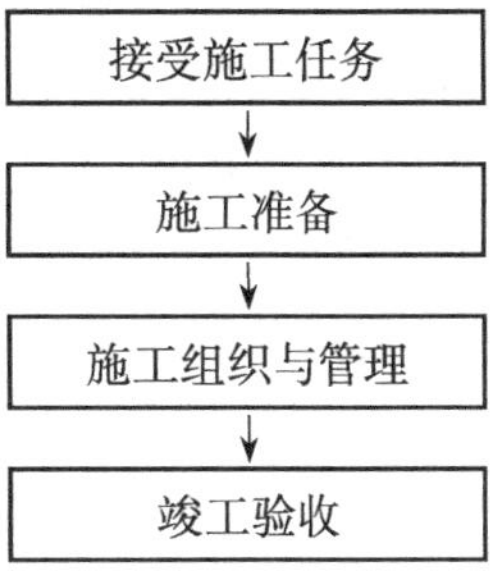

图 1-2 道路工程施工程序

一、接受施工任务

施工单位获得施工任务的主要方式通常是通过市场竞争,采取投标竞标的方式取得。获得施工任务,从法律角度上讲,是以签订工程合同来确认的。因此,施工企业接受的工程项目,必须同建设单位签订工程合同,明确双方的经济、技术责任,互相制约、互相促进,共同保证按质、按量、按期完成工程项目的建设任务。合同一经签订,就具有法律效力,双方都应认真履行。

二、施工准备

施工准备工作包括组织准备、技术准备和物资准备。

1. 组织准备

在启动项目管理之前,首先要建立一个能完成管理任务、运转自如的高效项目组织机构——项目经理部。根据工程的大小和项目的特点,组建技术配备精良、设备先进齐全、生产快速高效的施工管理机构,建立工程项目分工责任制,完善工程质量分级管理体系。

项目经理部管理机构示意图如图 1-3 所示。施工组织准备工作主要是建立和健全施工队伍和管理机构,针对施工任务的情况,制定规章制度,确定预期应达到的目标,明确分工,落实责任。

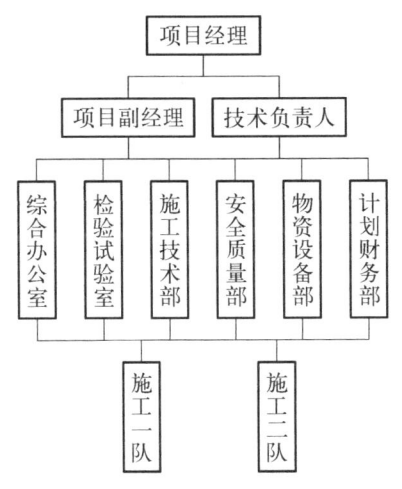

图 1-3 项目经理部管理机构示意图

(1)项目经理受上级公司法人委托对整个工程项目组织管理、质量安全负全面责任,对项目进行资源配置,协调各部门关系,检查各部门工作质量等。

(2)项目副经理主要负责施工生产进度和生产调度、协调各生产单位间关系。

(3)技术负责人负责工程技术管理及工程质量管理。

(4)综合办公室:

1)负责工程项目实施中的项目部的日常行政事务管理,主管项目部上请下达文件的起草和递送、保管;

2)监理工程师的办公、生活及其工作的外部保障协调工作;

3)负责施工现场内外部通讯联络。

(5)检验试验室:

1)负责工程项目的试验、检测工作,为合格的建筑材料进场及施工生产提供正确、完整的试验资料;

2)负责施工地区的气象观测,为施工现场提供准确的气象形势分析与预报;

3)负责工程的试验、检测等工作。

(6) 施工技术部：

1) 负责工程项目的技术管理工作，主管图纸审核、岗前培训、技术交底，依据规定进行临时工程设计、编织施工组织设计、施工方案、工艺细则及应急方案等，保证各项技术工作规范、科学、正确、有序开展，为每道工序生产合格产品提供可靠的技术保证，做好资料记录与管理；

2) 负责工程项目的施工生产调度及现场管理，主管施工组织设计的实施及调整，负责协调项目部各部门、各作业队的关系，保障施工生产正常、有序进行，组织召开工程例会，及时沟通与业主监理的关系，解决好施工生产的协调与调整工作；

3) 负责工程项目的施工监测及测量工作，保证其工作准确、生产规范进行，收集、整理保存各种内、外业资料；

4) 负责审定工程项目的实施性施工组织设计、确定施工方案，负责组织技术攻关，及时解决施工中出现的各种技术难题；制定施工中可能出现各种故障的防范措施及指挥和监督落实。

(7) 安全质量部：

1) 负责工程项目的质量管理工作，主管质量计划的编制并检查、落实，监督施工方案、施工工艺及工作规程的执行情况，制定质量通病预防措施，对工程质量进行自检评定，严格按照施工规范，检查各工序的成品、半成品，保证上道工序为下道工序提供合格的产品，完成各种质量记录；

2) 负责工程项目的安全管理工作，主管安全生产保障计划的编制并检查落实，进行岗前安全教育培训、日常安全检查及事故分析，严格安全操作程序，督促检查安全防护品的佩戴和使用，安全设施的设置及使用。

(8) 物资设备部：

1) 保证工程项目实施过程中的各种机械、设备、机具的正常使用和维修工作；

2) 保障施工生产所需的各种材料、成品、半成品的供给，保证提供质量、规格、型号满足施工要求的合格产品。

(9) 计划财务部：

1) 负责工程项目对外合同的保管，完善内部合同管理，负责工程计量与支付工作；

2) 负责工程项目的全面计划管理，制定切实可行的施工生产作业计划，按期上报各种报表，做好计划保障、调整工作；

3) 保障工程项目的资金管理、调配和使用，专款专用，严格按照财务管理制度开展工作。

2. 技术准备

技术准备包括熟悉设计文件、施工前复查、设计交桩、设计技术交底、建立工地养护室、编制施工组织设计和造价等工作，在技术上保证工程质量的前提下，确保工程在规定期限内竣工。

(1) 熟悉设计文件。

熟悉设计文件是领会设计意图，明确工程内容，掌握工程特点的重要环节。应注意设计文件中所采用的各项技术指标，考虑其技术经济的合理性和施工的可能性。在熟悉图纸及文件的过程中，应进行现场核对，如发现问题、错误和与实际不符之处，按照有关规定及时向监理或设计代表等有关部门提出，及时得到确认，或进行相应的变更。

(2) 施工前现场踏勘。

开工前，不仅要从设计图纸和文件中了解工程的基本情况，还必须到道路工程沿线进行现场踏勘,调查了解、核实情况、搜集必要的资料,并将发现的问题和意见逐一标明,会同设计和建设单位进行协调解决。踏勘的主要内容有:施工现场及附近的地形和地物;施工范围内的地下埋设物;施工范围内的其他情况,如交通情况、地面排水出路情况等。

(3) 设计交桩。

工程正式施工前,勘测设计单位向施工单位进行现场交桩。交桩时,设计单位将路线测设时所设置的导线控制点和水准控制点以及其他重要点位的桩志逐一移交给施工单位,施工单位在接受这些控制点后,要采取必要的措施妥善加固保护。

(4) 设计交底。

设计交底由建设单位主持,设计、监理和施工单位参加,交底后应填写设计交底记录。相关内容具体见项目1任务2的1.2.1。

(5) 编制施工组织设计和预算

施工组织设计是指导拟建工程进行施工准备和正常施工的全面性技术经济文件。施工单位在施工之前,必须编制施工组织设计。相关内容具体见项目1任务2的1.2.2。

施工预算是依据审定的施工图纸及说明书、施工组织设计及有关文件和资料、计算工程量,并严格按照工程量计算规定、预算定额取费标准和有关材料调价等合同规定进行编制。施工预算是在图纸会审、设计交底的基础上进行的,其主要作用是帮助承包商进行准确的工程计量和计价,从而控制建设成本。

3. 物资准备

物资准备包括施工临时设施准备、施工材料准备、施工机械准备、试验设备准备等工作,在物资上为工程施工提供必要的保证。

(1) 施工临时设施准备。

施工现场应准备好工程临时设施,包括施工单位项目经理部办公场所、工人宿舍、食堂等临时房屋,为方便施工车辆进出,应修建临时运输便道等。

(2) 施工材料准备。

施工现场应安排建筑材料,如道路建筑材料,并设置材料堆场,方便材料的堆放。

(3) 施工机械准备。

路基土石方施工机械包括土石方挖运机械和压实类机械两大类。前者主要指推土机、装载机、挖掘机、铲运机、平地机、自卸汽车和凿岩机等。在路基土石方施工时,施工机械的合理配套是工程能否按时完成及提高经济效益的保障。

路基土方施工机械担负着开挖、铲装、运输、整平、压实等任务。土石方施工机械设备配套是根据地质、土质、工程量、工期和运距等因素来选择机械。

(4) 建立工地养护室。

城市道路工程试验检测应到具有资质的检测单位进行,但可在施工现场建立工地养护室,以方便现场养护以后,再运至检测单位进行试验检测。

三、施工组织与管理

工程施工应严格按照设计图纸进行,如需要变更,必须事先按规定程序报经建设单位或监理工程师批准。要按照施工组织设计确定的施工方法、施工顺序及进度要求进行施工。各分项工程,特别是地下工程和隐蔽工程,要逐道工序检查合格,做好施工原始记录,才能进行下一道工序的施工。施工要严格按照设计要求和施工技术规范、验收规程进行,保证质量,安全操作,不留隐患,发现问题,及时解决。

1. 施工质量控制

工程施工是建设方及工程设计意图最终实现并形成工程实体的阶段,也是最终形成工程产品质量和工程项目使用价值的重要阶段。因此,施工单位应安排专门的质量管理员负责工程施工的质量控制,严格把好质量关。施工质量包括原材料、半成品的质量检测、施工工艺过程的质量控制、工序的交接检查、隐蔽工程的检查验收、工程变更的处理、工程质量事故的处理等。施工企业应通过建立质量管理制度进行质量监控,保证工程的施工质量。

2. 施工资料管理

施工单位必须从工程准备阶段开始,安排资料员负责工程施工资料的收集和整理工作。这项工作贯穿于整个施工过程,直到工程竣工验收。所有资料都要求真实可靠,如实反映工程施工的实际状况,不得擅自修改、伪造和事后补做,特别是原始资料室作为工程竣工验收的保证性资料,必须手续完备,如有关人员的签字、审定等。

3. 施工安全管理

安全生产是施工项目重要的控制目标之一,也是衡量施工项目管理水平的重要标志,施工项目安全管理就是在施工过程中,组织安全生产地全部管理活动。施工企业应安排专门的安全管理人员进行安全管理,通过落实安全生产责任制、加强安全教育和培训、安全检查等各种措施保证工程项目施工的安全管理,消除一切事故,避免事故发生,减少事故损失。

道路工程是一项复杂的系统工程,必须科学合理地组织,建立正常、文明的施工程序,有效地使用劳动力、材料、机具、设备、资金等。施工方案要因地制宜、结合实际,施工方法要先进合理、切实可行。施工中既要注意工程质量和施工进度,又要注意保护环境、安全生产,确保优质、高效、低耗、安全地全面完成施工计划任务。

四、竣工验收

道路建设项目的竣工验收是全面考核道路设计成果,检验设计和施工质量的重要环节。做好竣工验收工作,对于确保工程质量,保证工程及时投入使用,发挥投资效益,总结建设经验,提高建设质量和管理水平有着非常重要的作用。竣工验收具体包括以下几项工作:

1. 竣工验收准备

工程完工后,施工单位应自行初验,并提交初验报告,报建设单位或监理单位。

2. 竣工验收工作

施工单位所承担的工程全部完成,经初验符合设计要求并具有相应的施工文件资料,应及时报请上级主管单位或业主组织竣工验收。

竣工工作以设计文件为依据,按照国家有关规范、规程等规定,分析检查结果,评定工程质量,形成竣工验收鉴定书,并经监理工程师签认。对需要返工的工程,应查明原因,提出处理意见,由施工单位负责按期修竣。

3. 技术总结

竣工验收通过后,施工单位应认真做好工程施工的技术总结,以利于不断提高施工技术水平和管理水平,吸取经验教训,促进企业的发展。

相关知识与拓展

1.1.3 道路的分级

根据道路的不同组成和功能特点,可以分为城市道路与公路两种。位于城市范围以内的道路称为城市道路;位于城市郊区和城市以外的道路称为公路。

一、城市道路的分级

1. 城市道路分级

城市道路是指城市内部,供车辆和行人通行的具备一定技术条件和设施的道路,是城市组织生产、安排生活、搞活经济、物质流通所必须具备的条件,是联结城市各个功能分区和对外交通的纽带。

根据《城市道路工程设计规范》(CJJ 37—2012)规定,城市道路应按道路在道路网中的地位、交通功能以及对沿线的服务功能等,分为快速路、主干路、次干路和支路四个等级。

(1) 快速路。

在特大或大城市中设置,主要为城市中大量、长距离的快速交通服务;是联系城市各主要功能分区及为过境交通服务。快速路由于车速高、流量大,故采用分向、分车道,全立交,快速路两侧不应设置吸引大量车流、人流的公共建筑物的进出口,两侧一般建筑物的进出口应加以控制,比如上海的内环线高架道路就属于城市快速路。

(2) 主干路。

主干路是联系城市中各功能分区(如工业区、生活区、文化区等)的干路,以交通功能为主,负担城市的主要客、货运交通,是城市内部交通的大动脉,比如上海市龙吴路,它担负着吴泾化工区与城市中心的主要交通。

(3) 次干路。

次干路是城市中数量较多的一般交通道路。它与主干路组合成道路网,起集散交通的作用,兼有服务功能。

(4) 支路。

支路是城市中数量较多的一般交通道路。支路宜与次干路和居住区、工业区、交通设施等内部道路相连接,应解决局部地区交通,以服务功能为主。

2. 各级道路设计速度

各级道路设计速度见表 1-1。

表 1-1 各类各级城市道路设计速度

道路等级	快速路			主干路			次干路			支路		
设计车速(km/h)	100	80	60	60	50	40	50	40	30	40	30	20

二、公路的分类

公路是联结城、镇和工矿基地、港口及集散地等,主要供汽车行驶,具备一定技术和设施的道路。我国公路根据其使用任务、性质和适应的交通量,按 2014 年交通部颁发的《公路工

程技术标准》(JTG B01—2014)(以下简称《标准》)中规定,把公路分为高速公路、一级公路、二级公路、三级公路和四级公路五个技术等级。

设计速度的选用应根据公路的功能与技术等级,结合地形、工程经济、预期的运行速度和沿线土地利用性质等因素综合确定。各级公路设计速度见表 1-2。

表 1-2　各级公路设计速度

公路等级	高速公路	一级公路	二级公路	三级公路	四级公路
设计车速 (km/h)	120 100 80	100 80 60	80 60	40 30	20

1.1.4　路面的分类与分级

道路路面是供车辆直接行驶的部分,是整条道路的一个很重要的组成内容,它直接影响道路的行车速度、运输成本、行车安全和舒适程度。路面工程在整个道路造价中占有相当的比重,因此,合理地安排好路面建设,讲究科学,对延长道路的使用年限、降低运输成本、发挥投资效益具有十分重要的意义。

一、路面的分类

1. 路面按力学特性分

通常分为下列两种类型:

(1) 柔性路面。主要包括用各种基层(水泥混凝土除外)和各类沥青面层、碎(砾)石面层、块料面层所组成的路面结构。柔性路面在荷载作用下所产生的弯沉变形较大,路面结构本身抗弯拉强度较低,车轮荷载通过各结构层向下传递到土基,使土基受到较大的单位压力,因而土基的强度、刚度和稳定性对路面结构整体强度有较大影响。

(2) 刚性路面。主要指用水泥混凝土作面层或基层的路面结构。水泥混凝土的强度,比其他各种路面材料要高得多,它的弹性模量也较其他各种路面材料大,故呈现较大的刚性。水泥混凝土路面板在车轮荷载作用下的垂直变形极小,荷载通过混凝土板体的扩散分布作用,传递到地基上的单位压力要较柔性路面小得多。

2. 路面按材料和施工方法分

可分为五大类:

(1) 碎(砾)石类。用碎(砾)石按嵌挤原理或最佳级配原理配料铺压而成的路面。一般用作面层、基层。

(2) 结合料稳定类。掺加各种结合料,使各种土、碎(砾)石混合料或工业废渣的工程性质改善,成为具有较高强度和稳定性的材料,经铺压而成的路面。可用作基层、垫层。

(3) 沥青类。在矿质材料中,以各种方式掺入沥青材料修筑而成的路面。可用作面层或基层。

(4) 水泥混凝土类。以水泥与水合成水泥浆为结合料、碎(砾)石为骨料、砂为填充料,经拌和、摊铺、振捣和养护而成的路面,通常用作面层,也可作基层。

(5) 块料类。用整齐、半整齐块石或预制水泥混凝土块铺砌,并用砂嵌缝后辗压而成的路面,用作面层。

二、路面的分级

路面的技术等级主要是按面层的使用品质来划分的,并与道路的等级、交通量相适应,目前我国的路面分为四个等级:

1. 高级路面

包括由沥青混凝土、水泥混凝土、厂拌沥青碎石、整齐石或条石等材料所组成的路面。这类路面的结构强度高,使用寿命长,适应的交通量大,平整无尘,能保证行车的平稳和较高的车速,路面建成后,养护费用较省,运输成本低。目前,我国城市道路和高等级道路一般都采用高级路面形式。

2. 次高级路面

包括由沥青贯入式、路拌沥青碎(砾)石、沥青表面处治和半整齐块石等材料所组成的路面,与高级路面相比,其使用品质稍差,使用寿命较短,造价较低。

3. 中级路面

包括泥结或级配碎砾石、不整齐块石和其他粒料等材料所组成的路面,它的强度低,使用期限短,平整度差,易扬尘,行车速度不高,适应的交通量较小,且维修工作量大,运输成本也较高。

4. 低级路面

包括由各种粒料或当地材料将土稍加改善后所形成的路面,如煤渣土、砾石土、砂砾土等。它的强度低,水稳定性和平整度均较差,易扬尘,交通量小,车速低,行车条件差,养护工作量大,运输成本很高。

 思考与练习

1. 道路工程施工应按怎样的程序进行?
2. 按照项目部组织机构图,施工单位的技术管理人员,如资料员、安全员、质量员、材料员、测量员、试验员、造价员等应分别在哪个部门,具体负责哪些方面的工作?
3. 路基施工前准备工作主要有哪些基本内容?
4. 通过观察和思考,说明公路与城市道路的区别。

任务2　道路施工技术交底

 任务描述

为了确保第一线的施工操作人员能领会设计人员的设计意图,并按部就班地完成施工项目,需要做些什么工作呢?

 **任务分析**

工程施工过程是设计意图实现的过程。为了确保第一线的施工操作人员能做到严格地按图施工,需要通过设计人员向施工单位的设计交底、项目部技术负责人向施工技术人员的施工组织设计交底、施工技术人员向班组长或操作工人的工序施工技术交底,三次交底工

作,将设计人员的设计意图,通过施工单位的技术人员的领会、组织、安排,由第一线的操作人员来实现工程设计蓝图。

1.2.1 设计交底

一、熟悉设计图纸

道路工程施工图是设计人员表达设计意图,施工人员进行工程施工的重要依据。按照道路工程的特点,分为路线施工图和路基路面施工图两部分,具体参见本专业核心课程教材《市政工程图识读与绘制》。

1. 路线施工图

道路路线设计的最后结果以平面图、纵断面图和横断面图的方式表达出来。由于道路建筑在大地表面的狭长地带上,道路竖向高差和平面的弯曲变化都与地面起伏形状紧密相关,因此,它是以地形图作为平面图(见图1-4),以纵向展开断面图作为立面图(图1-5),以横断面图(图1-6)为侧面图,来表达路线的空间位置、线形和尺寸。

2. 路基路面施工图

路基施工图(图1-7)用来表达道路各中心桩处横向地面的起伏情况以及路基横断面的设计情况。路面施工图包括路面结构图(图1-8)和结构类型图,图1-9为侧平石大样图。

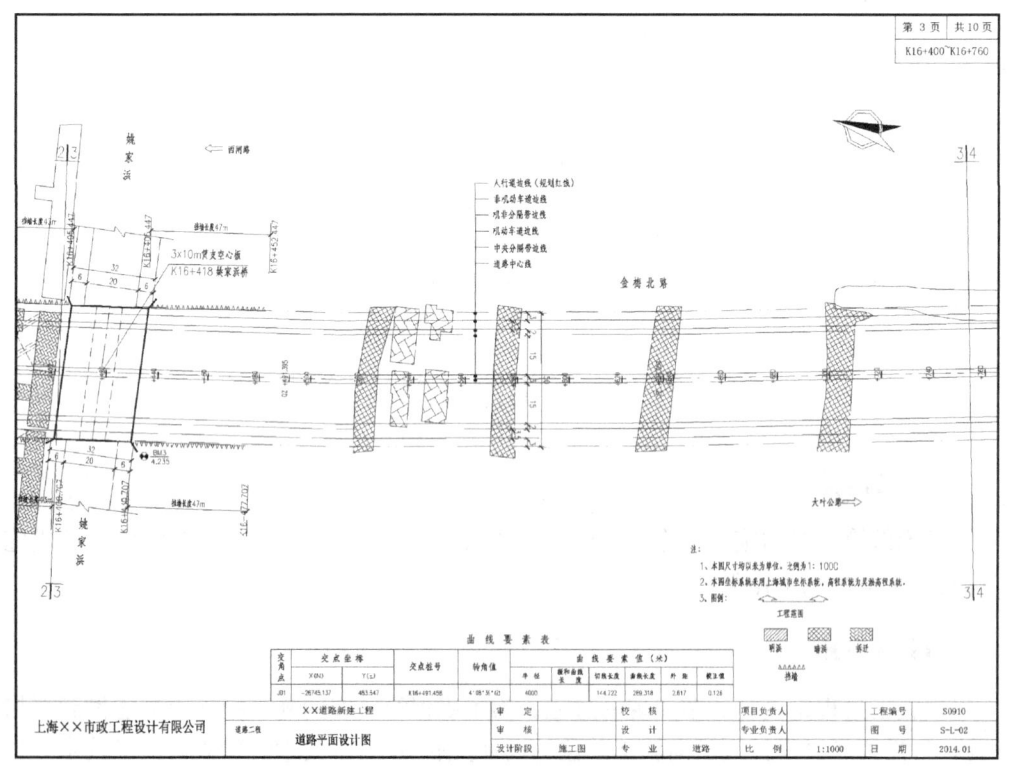

图1-4 道路平面设计图

项目1 道路施工管理基本知识 011

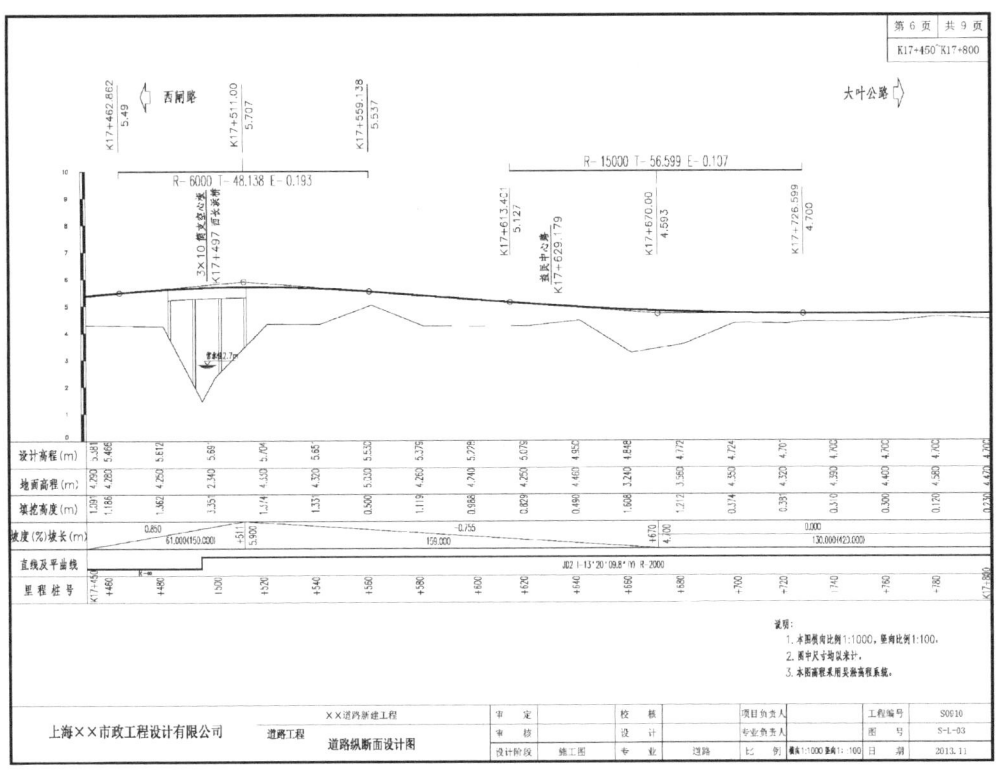

图1-5 道路纵断面设计图

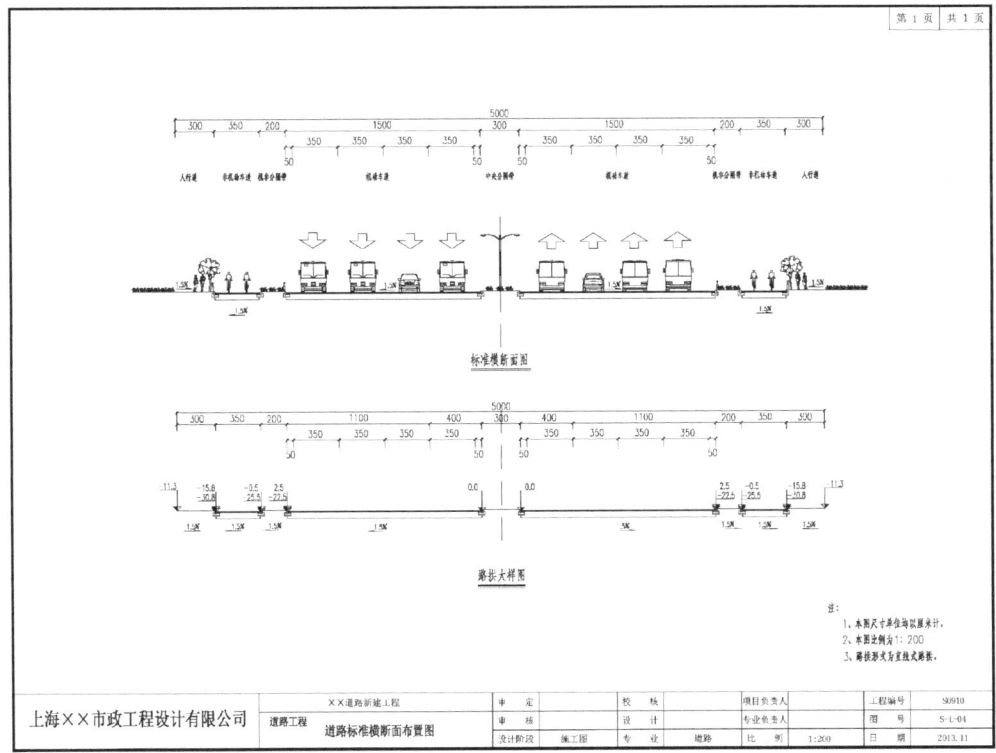

图1-6 道路标准横断面设计图

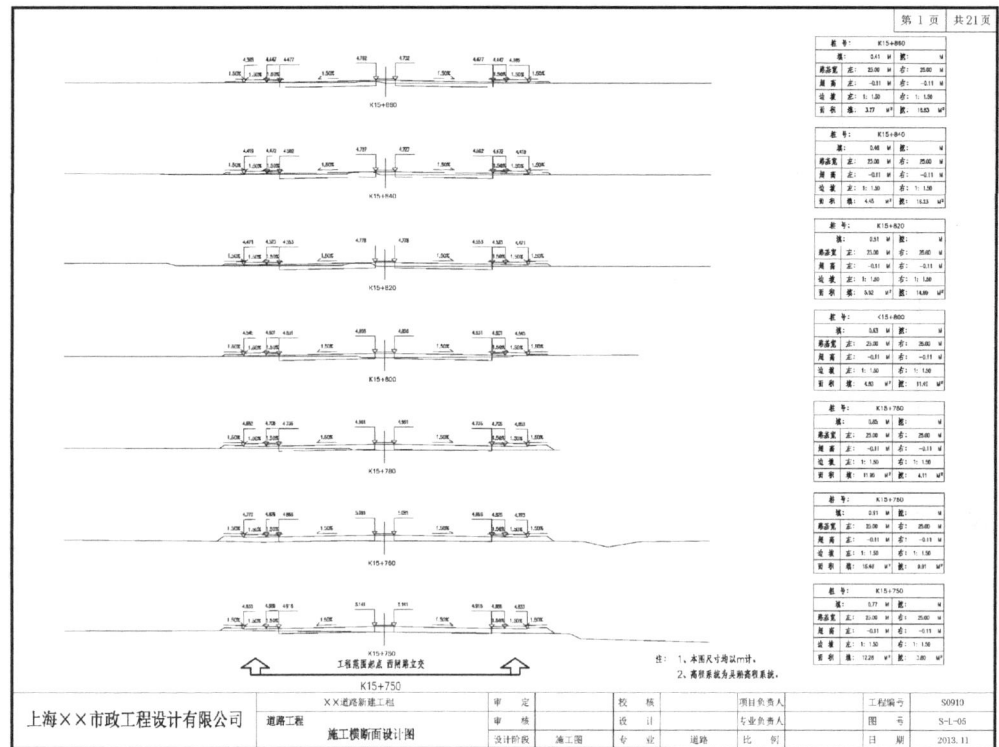

图1-7 道路路基施工图

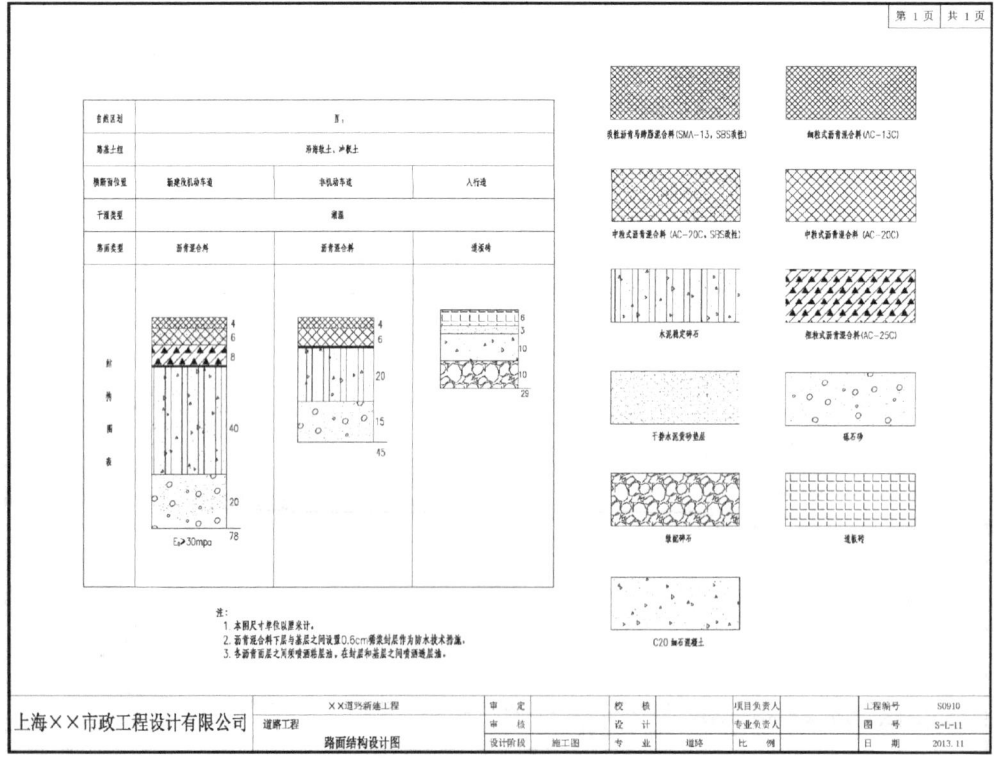

图1-8 路面结构图

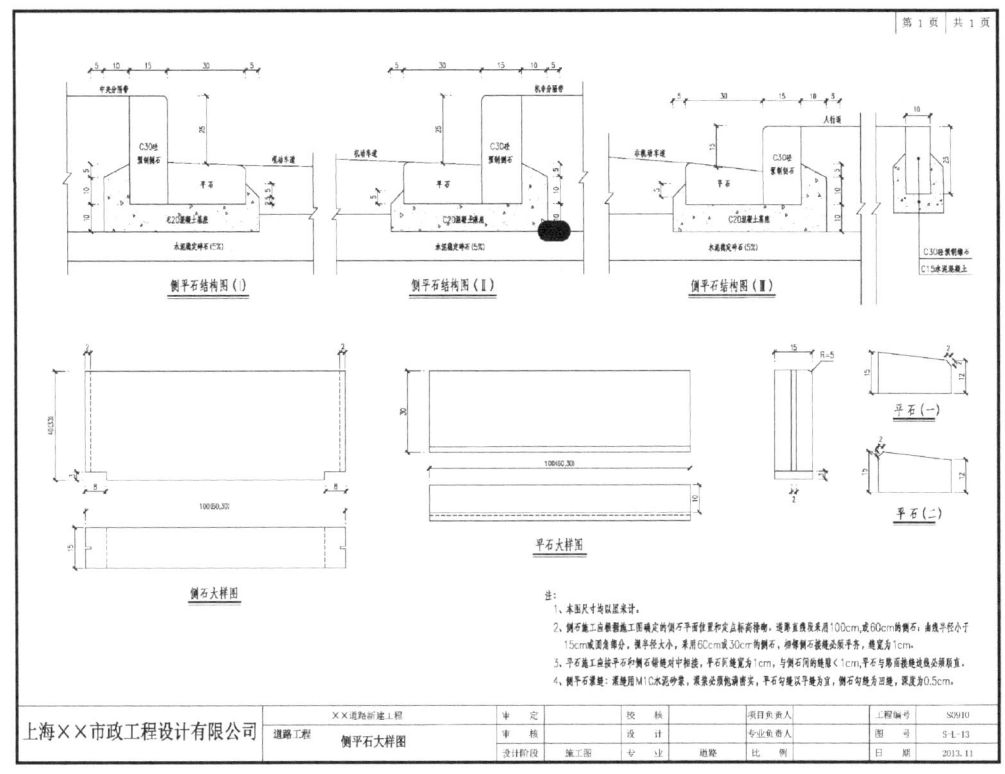

图 1-9 侧平石大样图

二、图纸自审

施工单位在收到施工图纸之后,项目经理部总工程师应及时安排或组织技术部门有关人员进行自审,并提出各专业自审记录。及时召集有关人员,组织内部会审,针对各专业自审发现的问题及建议进行讨论,弄清设计意图和工程的特点及要求。

三、图纸会审

图纸会审是指监理单位组织施工单位及建设单位、材料、设备供货等相关单位,在收到审查合格的施工图设计文件后,在设计交底前进行的全面细致熟悉和审查施工图纸的活动。

1. 图纸会审的目的

(1) 使施工单位和各参建单位熟悉设计图纸,了解工程特点和设计意图,找出需要解决的技术难题,并制定解决方案;

(2) 解决图纸中存在的问题,减少图纸的差错。

2. 图纸会审的内容

(1) 施工图设计是否符合国家有关的技术标准、规范,是否经济合理。

(2) 施工图设计是否符合施工技术装备条件;如需要采取特殊技术措施时,技术上有无困难,能否保证安全施工和工程质量。

(3) 有无特殊材料(含新材料)要求的品种、规格、数量等,且是否满足需要。

(4) 工程结构与安装之间有无重大矛盾。

(5) 施工图设计及说明是否齐全、清楚、明确。

(6) 施工图设计所示的结构尺寸、标高、坐标、管线与实际地形地貌、原有构筑物、道路等是否相阻碍等。

3. 图纸会审的程序

(1) 会审由监理单位负责组织,并分别通知施工、建设、设计单位参加。施工单位的项目经理、项目技术负责人、专业技术人员、内业技术人员、质检员及其他相关人员应参加会审会议。

(2) 在会审之前,应先由设计单位交底,交代设计意图、重要及关键部位,采用的新技术、新结构、新工艺、新材料、新设备等的做法、要求、达到的质量标准,然后由各单位提出问题。

(3) 会审时由施工单位整理会议纪要,会审后整理好图纸会审记录,各参加会审单位盖章后生效。

4. 图纸会审记录表

图纸会审记录由施工单位整理,各会审单位应签字盖章,记录表格式见表 1-3。

表 1-3 图纸会审记录

工程名称			
图纸会审部位		日期	
会审中发现的问题:			
处理情况:			
参加会审人签字:			

填表人:

四、设计交底

设计交底是指在施工图完成并经审查合格后,设计单位在设计文件交付施工时,按法律规定的义务就施工图设计文件向施工单位和监理单位做出详细说明。

1. 设计交底的目的

(1) 使施工单位和监理单位正确贯彻设计意图;

(2) 加深对设计文件特点、难点、疑点的理解;

(3) 掌握关键工程部位的质量要求,确保工程质量。

2. 设计交底的内容

(1) 介绍工程的总体概况;

(2) 说明设计的意图;

(3) 说明特殊的工艺要求;

(4) 说明各专业在施工中的难点、疑点和容易发生的问题;

(5) 解释施工单位、监理单位、建设单位等对设计图纸提出的各种疑问。

3. 设计交底的程序

(1) 设计交底由建设单位负责组织,并分别通知设计单位、施工单位和监理单位等相关参建单位参加。

(2) 设计交底应由设计单位整理会议纪要,参加交底的各单位会签后生效。

4. 设计交底记录

设计交底记录由施工单位整理,各参加交底的单位应签字盖章。

1.2.2 施工组织设计交底

一、编制施工组织设计

施工组织设计是指导拟建工程进行施工准备和正常施工的全面性技术经济文件。施工单位在施工之前,必须编制施工组织设计。施工组织设计的编制工作一般由项目部技术负责人组织,主要分部分项工程施工技术人员参与。施工组织设计的内容包括:

1. 工程概况

简要说明工程的名称、参建单位、开竣工日期、合同价;工程所处的地理位置、气象资料等;施工组织机构设置以及职能部门之间的关系等。

2. 施工进度计划

施工进度计划是施工组织设计的重要组成部分,是其他各项计划的核心,通常有横道图、垂直图和网络图三种形式表达,列出了各分项工程的施工顺序和计划进度。图1-10是采用横道图表示的工程进度。

3. 施工平面布置

施工平面布置也称为现场平面布置图,它是施工组织设计的意图在空间上的体现。对合理安排现场布置,进行文明施工具有指导意义。道路工程施工过程中,应根据工程进度及现场条件的变化,分别绘制不同施工阶段的施工平面布置图。

4. 施工顺序及施工方法

施工组织作业的基本方式有三种:顺序作业、平行作业和流水作业。进行施工方式组织的目的是希望在时间上,各作业项目之间能按施工方案确定的施工顺序紧密衔接,在符合

编号	工序名称	工程量 单位	工程量 数量	1月	2月	3月	4月	5月	6月	7月	8月	9月	10月	起止时间 开工	起止时间 结束
1	临时通信线路	km	80	6										1月初	1月底
2	基底处理	处	1	35										1月上旬	5月上旬
3	清除路基	m²	700 000			4								3月初	7月底
4	集中性土方	m³	430 000				60							4月上旬	9月底
5	沿线土方	m³	89 000					36						5月初	10月底
6	基层	m²	560 000					48						5月上旬	10月上旬
7	面层	m²	560 000						18					5月上旬	10月上旬
8	整修工程	km	80							10				5月上旬	10月上旬

图 1-10 工程进度图(横道图)

施工工艺要求、充分利用工时和设备的条件下,尽量缩短工期。

顺序作业是指有多个施工任务,在完成一个任务后接着完成另一个任务,依次按顺序逐个进行,直到完成全部任务为止的作业方式。平行作业是指有多个施工任务,各个施工任务同时开工,各工序平行进行,同时完成的作业方式。流水作业是指有多个施工任务,每个施工任务间隔一定的时间依次投入施工,相同的工序依次进行,不同的工序平行进行的一种施工方式。如图 1-11 为道路流水作业进度图。明确工程施工采取的施工顺序,一般采用流程图的形式表示各分项工程的施工顺序和相互关系。

工序名称	施工进度(天)				
	4	8	12	16	20
路床整形	A	B	C		
基层铺筑		A	B	C	
路面浇筑			A	B	C

图 1-11 道路流水作业进度图(横道图)

施工方法是施工组织设计的重点,它包含主要分项工程的施工方法,重点是技术难度大、工种多、机械设备配合多、经验不足的工序和结构关键部位。

5. 劳动力需用量计划

列出各技术工种和普通工按施工进度计划需要的人数,以便有计划地进行人员的调配。

6. 物资需用量计划

列出按施工进度所需要的施工材料和用量,以便有计划地进行物资的采购。

7. 设备需用量计划

列出按施工计划需要的机械、车辆设备的名称、规格、型号和数量等,以便有计划地进行设备的调用、购置或租借。

8. 质量保证计划

明确工程的质量目标,制定质量保证措施。

9. 安全劳保技术措施

制定安全措施以及劳动保护技术措施,比如安全用电、高空作业、机械作业安全措施等。

10. 文明施工与环境保护措施

工程施工的过程中要维护好周围的环境,做到文明施工,列出相应的措施和要求。

二、施工组织设计审批及交底

1. 施工组织设计审批

一般工程的施工组织设计或施工方案由项目技术负责人进行审核其内容的完整性、合理性及可行性,公司总工程师批准并在施工组织设计审批表上签署意见。如果选择的施工方案与投标时的施工方案有较大差异,应征得监理工程师和业主的认可。

2. 施工组织设计交底

经过审批后的施工组织设计在开工前应进行交底。由项目经理主持,项目技术负责人向项目全体施工人员进行施工组织设计交底,介绍工程特点、施工部署、任务划分、施工方法、施工进度、各项管理措施、平面布置等。交底手续应表明时间、地点、交底人签字,保存记录并归档。

3. 施工组织设计审批表

施工组织设计必须经上一级具有法人资格的技术负责人进行审批,加盖公章方为有效,并须填写施工组织设计审批表。在施工过程中发生变更时,应有变更审批手续,审批表格式见表1-4。

表1-4 施工组织设计审批表

年　　月　　日

工程名称		施工单位	

续 表

结论：			
审批单位(章)		审批人	

注：本表审批单位(章)以合同法人单位为准，审批人要求总工一级签，本页不够使用时可增加附后。

1.2.3 工序施工技术交底

道路工程各道工序和关键部位都应进行工序施工技术交底。工序施工技术交底是预控和保证工序质量的技术措施，认真实施交底记录的内容，则是这一措施的体现。

工序施工技术由项目部技术人员向各班(组)长和直接操作人员进行交底。工序施工技术交底应有交底记录。交底方式有两种：一是技术人员口头交底，接受交底人做记录；二是技术人员将书面的交底记录交给接受交底人，之后再进行讲解。

工序交底的内容应包括工序简介、工艺流程、操作规程、绘制的施工简图、质量检验标准等，要求与施工组织设计一致。

设计交底、施工组织设计交底、工序施工技术交底记录三表合一，均采用表1-5技术交底记录表的形式，但是在填写时的侧重点有所不同。

表1-5 技术交底记录

年　月　日

工程名称		工程部位名称	
工程工序名称			
技术负责人		项目负责人		班组长	

相关知识与拓展

1.2.4 施工方案与施工组织设计

一、施工方案的概念

施工方案是工程中单位工程或分部(分项)工程中某施工方法的分析,是对工程实施过程中所耗用的劳动力、材料、机械、费用以及工期等在合理组织的条件下,进行技术经济的分析,力求采用新技术,从中选择最优施工方法即最优方案。对于工程项目中一些施工难点和关键分部、分项工程,应编制施工方案。

施工组织设计是指导拟建工程进行施工准备和组织实施的基本技术经济文件,是对整个施工过程,在人力和物力、时间和空间、技术和组织上,做出一个安全、经济、全面、有效的计划安排。

因此,施工方案有包含在施工组织设计里和独立编制两种形式。

二、施工方案的基本组成与编制要求

1. 基本组成

施工方案指工、料、机等生产要素的有效结合方式,一个完整的施工方案一般包括以下内容:施工顺序、施工阶段划分、施工方法和施工机械选择、质量标准、质量管理及控制措施、安全文明施工措施、环境保护措施等。

2. 编制要求

(1) 切实可行。

制定方案前,须深入细致地做好调查研究,掌握情况,进行反复的分析比较。方案的优劣,并不取决于技术上是否最先进,工期是否最短,而是取决于是否切实可行。只有先保证可行的前提下,再考虑先进和快速。

(2) 施工期限满足合同规定的要求。

保证工程项目按期竣工并交付使用,使之迅速发挥投资效果,施工方案必须保证施工期限符合合同的要求。这就要求在制定方案时,在施工组织上统筹安排,保证工期要求。

(3) 确保工程质量和生产安全。

道路基础设施建设是百年大计,工程施工首先要保证质量,同时在生产过程中要保证安全,因此在制定施工方案时要充分考虑到工程的质量和生产安全问题,符合技术规范和安全规程的要求。

(4) 施工费用最低。

施工方案在满足各种条件的同时,还必须使方案经济合理,以增加生产的盈利。在制定方案时,要发掘降低施工费用的一切正当、有效的措施,使工料消耗和施工费用降低到最低的限度。

 思考与练习

1. 图纸会审与设计交底有何区别?
2. 施工组织设计包括哪些内容?
3. 试述施工方案与施工组织设计的区别。

任务3　道路施工现场材料管理的准备

任务描述

道路施工现场材料的合理使用是材料管理员的工作职责,除此以外,材料管理员还应采取什么方法和措施做好这项管理工作呢?

任务分析

道路施工现场材料管理的好坏,是衡量建筑企业经营管理水平和实现文明施工的重要标志,也是保证工程进度和工程质量,提高劳动效率,降低工程成本的重要环节;对企业的社会声誉和投标承揽任务都有极大影响(见图1-12、图1-13)。加强现场材料管理,是提高材料管理水平、克服施工现场混乱和浪费现象,提高经济效益的重要途径之一。

图1-12　施工现场整齐堆放的钢材

图1-13　施工现场堆放的砂、石

方法与步骤

1.3.1　道路施工现场材料管理的职责

(1)全面规划。在开工前做出现场材料管理规划,参与施工组织设计的编制,规划材料存放场地,做好材料造价,制定现场材料管理目标。

(2)计划进场。按施工进度计划,组织材料分期分批有秩序地入场,既要保证施工生产需要,又要防止形成大批剩余材料。

(3)严格验收。按照各种材料的品种、规格、质量、数量要求,严格对进场材料进行检查,办理收料。验收是保证进场材料品种、规格对路、质量完好、数量准确的第一道关口,是保证工程质量、降低成本的重要保证。

(4)合理存放。按照现场平面布置要求,做到合理存放,在方便施工、保证道路畅通、安全可靠的原则下,尽量减少二次搬运。

(5)妥善保管。按照各项材料的自然属性,依据物资保管技术要求和现场客观条件,采取各种有效措施进行维护、保养,保证各项材料不降低使用价值。

(6) 控制领发。按照操作者所承担的任务,依据定额及有关资料进行严格的数量控制。

(7) 监督使用。按照施工规范要求和用料要求,对已转移到操作者手中的材料,在使用过程中进行检查,督促班组合理使用,节约材料。

(8) 准确核算。用实物量形式,通过对消耗活动进行记录、计算、控制、分析、考核和比较,反映消耗水平。

1.3.2 道路施工现场材料管理的内容

现场材料管理是在现场施工过程中,根据工程类型、场地环境、材料保管和消耗特点,采取科学的管理办法,从材料投入到产品产出全过程进行计划、组织、协调和控制,力求保证生产需要和材料的合理使用,最大限度地降低材料消耗。

一、现场材料的验收和保管

1. 收料前的准备

现场材料人员接到材料进场的预报后,要做好以下准备工作:

(1) 检查现场施工便道有无障碍及平整通畅,车辆进出、转弯、调头是否方便,还应适当考虑回车道,以保证材料能顺利进场。

(2) 按照施工组织设计的场地平面布置图的要求,选择好堆料场地,要求平整、没有积水。

(3) 必须进现场临时仓库的材料,按照"轻物上架、重物近门、取用方便"的原则,准备好库位,防潮、防霉材料要事先铺好垫板,易燃易爆材料,一定要准备好危险品仓库。

(4) 夜间进料,要准备好照明设备,在道路两侧及堆料场地,都有足够的亮度,以保证安全生产。

(5) 准备好装卸设备、计量设备、遮盖设备等。

2. 材料验收的步骤

现场材料的验收主要是检验材料品种、规格、数量和质量。验收步骤如下:

(1) 查看送料单,是否有误送。

(2) 核对实物的品种、规格、数量和质量,是否和凭证一致。

(3) 检查原始凭证是否齐全正确。

(4) 做好原始记录,逐项详细填写收料日记,其中验收情况登记栏,必须将验收过程中发生的问题填写清楚。

二、现场材料发放和耗用管理办法

1. 现场材料发放

(1) 将施工造价员签发的限额领料单下达到班组。工长对班组交代生产任务的同时,做好用料交底。

(2) 班组料具员持限额领料单向材料员领料。材料员经核实工程量、材料品种、规格、数量等无误后,交给领料员和仓库保管员。

(3) 班组凭限额领料单领用材料,仓库依次发放材料。发料时应以限额领料单为依据,限量发放,可直接记载在限额领料单上,也可开领料小票,双方签字认证。

(4) 当领用数量达到或超过限额数量时,应立即向主管工长和材料部门主管人员说明情况,分析原因,采取措施。

2. 材料的耗用

现场材料的耗用简称耗料,是指在材料消耗过程中,对构成工程实体的材料消耗所进行的核算活动。

对于工程中耗用的原材料、半成品、成品,根据领料凭证所发出的材料经核算后,对照领料单进行核实,并按实际工程进度计算材料的实际耗料数量。由于设计变更、工序搭接造成材料超耗的,也要如实计入耗料台账,便于工程结算。

3. 加强材料消耗管理,降低材料消耗

材料消耗过程的管理,就是对材料在施工生产消耗过程中进行组织、指挥、监督、调节和核算,消除不合理的消耗,达到物尽其用,减低材料成本,增加企业经济效益的目的。在市政工程中,材料费用占工程造价的比重很大,施工企业的利润大部分来自材料采购成本的节约和降低材料消耗,特别是降低现场材料消耗。

为改善现场材料管理水平,强化现场材料管理的科学性,达到节约材料的目的,应从以下几个方面着手:

(1) 加强施工管理,采取技术措施节约材料。
(2) 提高企业管理水平,加强材料管理,降低材料消耗。
(3) 实行材料节约奖励制度,提高节约材料的积极性。
(4) 实行现场材料承包责任制,提高经济效益。

 **思考与练习**

1. 施工单位项目材料管理员的工作职责是什么?
2. 道路施工现场材料管理包括哪些内容?

任务4 道路施工资料管理的基本知识

 **任务描述**

工程资料是道路工程竣工验收的重要依据,施工单位的资料管理人员应如何开展资料管理工作,以保证工程的顺利竣工呢?

 **任务分析**

工程资料是城市建设档案的重要组成部分,是市政工程进行维修、管理、使用、改建和扩建的依据。同时工程施工资料是工程实体质量在形成过程后定型后的客观见证。道路工程竣工之后,除了工程实体之外,工程资料应作为工程的一部分提供给建设单位,"未经档案验收或档案验收不合格的项目,不得进行项目竣工验收"。因此,在道路工程施工之前应明确专人负责资料管理,并了解资料管理的一般要求,确定资料管理的目标也是非常重要的工作。

  方法与步骤

1.4.1 道路施工单位资料管理员岗位职责

(1) 应负责施工资料的管理工作,实行主管负责人责任制,逐级建立健全施工资料管理岗位责任制,各级施工资料的管理部门应配备工程技术人员,经培训考试合格后,方可从事施工资料的编制、收集、整理和归档工作。

(2)总承包单位负责汇总、审核各分包单位编制的施工资料,分包单位应负责其分包范围内施工资料的收集和整理,并对其施工资料的真实性、完整性和准确性负责。

(3)实行施工总承包的,应在与分包单位签订的分包施工合同中明确施工资料的编制要求、质量标准、移交期限和编制份数,分包工程完工后应按约定移交施工资料。

(4)建设工程项目由建设单位分别向几个单位分包的,各承包单位负责编制、收集、整理其承包项目的工程施工资料,交建设单位汇总整理,或由建设单位委托一个承包单位汇总、整理。

(5)施工过程中形成的施工资料应及时通过报检、报审程序,通过施工单位相关部门或总承包单位审核后,方可报建设监理单位。

(6)施工单位的申报和审批应有时限要求,并应在合同中明确相关各单位的责任,如无约定,施工资料的申报和审批不得影响工程的正常施工。

(7)主要分部工程、单位工程竣工验收前,工程质量控制资料核查记录应通过本单位技术质量部门审核后,才能报监理(建设)单位检验、审批并办理签章验收手续。

(8)应按有关规程要求在工程竣工交验前将施工资料整理汇总完毕并移交建设单位进行工程竣工验收。

(9)负责编制的施工资料除自行保存1套外,移交建设单位2套,其中包括移交城建档案馆原件1套。资料的保存年限应符合相应规定,如建设单位对施工资料的编制套数有特殊要求的,可另行约定。

1.4.2 道路施工资料管理的内容及分类

施工单位是工程项目施工任务的最终完成者,施工单位通过生产活动,把各种工程材料和构配件建成各种建筑物和构筑物。工程施工是使建设单位及工程设计意图最终实现并形成工程实体的阶段,也是最终形成工程质量、工程产品功能和使用价值的关键阶段。因此,施工单位质量的管理和控制是工程质量管理和控制的重点。

道路工程资料是指在工程建设过程中形成并收集汇编的各种形式的信息记录。工程资料按照管理职责和资料性质,分为A类基建文件,B类监理资料,C类施工资料,D类竣工图,E类工程资料、档案封面和目录。

基建文件是建设单位在工程建设过程中形成并收集汇编的立项、测绘、设计、招投标、工程验收等文件或资料的统称,表1-6所列为由施工单位保存的A类基建文件资料。

表1-6 施工单位保存的基建文件资料

类别编号	资 料 名 称	资料来源
A类	**基建文件**	
A4-1-4	施工招投标文件	建设、施工单位
A4-1-6	设备、材料招投标文件	
A4-2-4	施工合同	建设、施工单位

续 表

类别编号	资 料 名 称	资料来源
A4-2-6	材料设备采购合同	建设、中标单位
A5-3	建设工程规划许可证、附件、附图	规划部门
A5-5	建设工程施工许可或开工审批手续	建委
A5-6	工程质量监督注册登记表	质量监督机构
A6-3	施工图预算	造价咨询单位
A6-4	施工预算	施工单位
A6-5	工程决算	建设(监理)、施工单位
A7-2	工程竣工验收备案表	建设单位
A7-5	规划、消防、环保、技术监督、人防等部门出具的认可文件或准许使用文件	主管部门
A7-6	工程质量保修书	建设、施工单位
A7-7	厂站、设备使用说明书	施工单位
A8-1	物质质量证明文件	建设单位
A8-2	工程竣工总结(大、中型工程)	建设单位

监理资料是监理单位在工程建设监理过程中形成的资料统称。

施工资料是施工单位在工程施工过程中形成的资料统称，表1-7所列为由施工单位保存的C类施工资料。

表1-7 施工单位保存的施工资料

类别编号		资 料 名 称
C1		**施工管理资料**
	C1-1	工程概况表
	C1-2	项目大事记
	C1-3	施工日志
	C1-4	工程质量事故资料
C2		**施工技术文件**
	C2-1	施工组织设计(项目管理规划)
	C2-2	施工组织设计审批表
	C2-3	图纸审查记录
	C2-4	设计交底记录
	C2-5	技术交底记录
	C2-6	工程洽商记录

续 表

类别编号		资料名称
	C2-7	工程设计变更、洽商一览表
	C2-8	安全交底记录
C3		**施工物质资料**
	C3-1	工程物资选样送审表
	C3-2	主要设备、原材料、构配件质量证明文件及复试报告汇总表
	C3-3	产品合格证
	C3-4	设备、材料进场检验及复验
C4		施工测量检测记录
	C4-1	工程定位测量记录
	C4-2	测量复核记录
C5		**施工记录**
	C5-1	通用记录
	C5-2	基础/主体结构工程通用施工记录
	C5-3	道路工程施工记录
C6		**施工试验记录**
	C6-1	施工试验通用记录
	C6-2	基础/主体结构工程通用试验记录
	C6-3	道路工程试验记录
C7		**施工验收记录**
	C7-1	基础/主体结构工程验收记录
	C7-2	部位验收记录(通用)
	C7-3	工程竣工验收鉴定书
	C7-4	工程竣工报告
	C7-5	竣工测量委托书
	C7-6	竣工测量报告
	C7-7	单位工程质量控制资料核查表
C8		**质量评定资料**
	C8-1	单位工程质量评定表
	C8-2	分部工程质量评定表
	C8-3	分项工程质量评定表

竣工图是工程竣工验收后,真实反映建设工程项目施工结果的图样。一般由施工单位负责编制。

表1-8所列为由施工单位保存的E类工程资料、档案封面和目录。

表 1-8 施工单位保存的工程资料、档案封面和目录

类 别 编 号		资 料 名 称
E1		**工程资料、档案封面和目录**
	E1-1	工程资料总目录汇总表
	E1-2	工程资料总目录
E2		**工程资料封面和目录及备考**
	E2-1	工程资料案卷封面
	E2-2	工程资料卷内目录
	E2-3	工程资料卷内备考表

1.4.3 资料的编制要求

在工程建设活动中直接形成了许多施工技术文件,其中具有归档保存价值的文字、图表、声像等各种形式的历史记录称为工程档案,向城建档案馆提供的文件、资料称为档案。为保证档案的质量,在施工过程中,必须认真地编制技术文件。

一、施工技术文件的编制要求

1. 施工技术文件必须真实地反映工程施工中的实际情况,具有永久和长期保存价值的文件材料必须完整、准确、系统,各种程序责任者的签字手续必须齐全。

2. 施工文件必须使用原件。如有特殊原因不能使用原件的,应在复印件或抄件上加盖公章并注明原件存放处。

3. 施工文件的签字必须使用档案规定用笔。工程文件应采用打印的形式并手工签字。

4. 施工文件的照片及声像资料,要求图像清晰,声音清楚,文字说明或内容准确。

二、关于原件和复印件的规定

1. 合格证的复印件说明

若产品合格证是抄件(复印件)时,应保留原件所有内容,其上必须注明原件存放单位,经办人签字、日期及加盖原件存放单位公章(公章不得复印)。此时原件存放单位可能是厂家,也可能是物资供应商。

2. 洽商记录的复印件说明

对于群体工程,若多个单位工程需用同一份洽商记录,则其他工程可用复印件,但其上必须注明原件存放单位,经办人签字、日期及加盖原件存放单位公章(公章不得复印)。

3. 提交的工程档案的复印件说明

(1) 施工单位向建设单位移交的 2 套施工技术文件必须是原件,手写签名、单位公章。

(2) 施工单位向监理单位移交的以及施工单位自存的文件可以用复印件,但必须手写签名、加盖单位公章,即签名和单位公章不允许复印。

(3) 若建设单位要求的文件套数超过 2 套,增加的套数可全幅复印,即整页复印。

1.4.4 资料管理的程序

对与工程建设有关的重要活动、记载工程建设主要过程和现状、具有保存价值的各种载

体的文件,均应收集齐全,整理立卷后归档。

一、收集

收集工作是资料管理的关键,始终贯穿于整个施工过程,应及时、全面、真实,不得弄虚作假。资料员应根据文件材料的形成规律和特点,及时收集、妥善管理,做好收发、传递、保管等工作。

1. 随时收集

同日常工作相配合,随时发现问题,随时进行整改,注意零散材料和技术人员工作调动时的材料收集。

2. 阶段收集

在每一个建设阶段进行收集,如路基施工完工、路面施工完工等阶段。

3. 集中收集

关键是抓好工程竣工验收阶段,道路工程竣工,应形成的文件材料都已形成,施工活动已经结束。因此,抓住工程竣工验收这一工作环节,集中力量做好资料的收集工作。

二、整理

收集的资料为便于利用和保管,应按照有关规定进行整理。整理时应遵循工程文件材料的自然形成规律和保持科技文件材料之间的有机联系。

三、组卷

按照一定的原则和方法,将有保存价值的文件分门别类整理成案卷,保持卷内文件的有机联系,利于档案的保管和利用。

四、归档

文件形成单位完成其工作任务,将形成的文件整理立卷后,按规定移交档案管理机构。归档可以分阶段分期进行,也可以在单位或分部工程通过竣工验收后进行。施工单位在收齐工程文件并整理立卷后,监理单位应根据城建档案管理机构的要求对档案文件完整、准确、系统情况和案卷质量进行审查,审查合格后向建设单位移交。施工单位应当在工程竣工验收前,将形成的有关工程档案向建设单位归档。施工单位向建设单位移交档案时,应编制移交清单,双方签字、盖章后方可交接。凡施工单位需要向本单位归档的文件,应按国家有关规定要求单独立卷归档。

五、验收与移交

工程资料是工程项目竣工验收和质量保证的重要依据之一,施工单位应按合同要求提供全套竣工验收所必需的工程资料。经监理工程师审核,确认无误后,方能同意竣工验收。各分包施工单位在项目竣工后三个月内向总包单位移交竣工资料,施工总包单位负责收集汇总各分包单位的竣工资料,并向建设单位移交。竣工验收后,建设单位应在六个月内向城建档案馆报送移交。

思考与练习

1. 施工单位资料员的岗位职责有哪些?
2. 资料管理应按照怎样的程序进行?

任务5　道路施工安全管理的基本知识

 **任务描述**

在工程施工准备阶段,施工单位的安全管理员应具备哪些知识,才能胜任道路施工项目的安全管理工作呢?

 任务分析

安全工作是企业的生命,而安全管理工作,除了贴标语、开安全会议之外,关键在于落实安全制度。在项目施工伊始,首要工作是成立安全管理组织机构,明确分工,责任到人,并根据施工项目特点,制定安全管理制度,布置落实。

 **方法与步骤**

1.5.1　道路施工单位项目安全管理员的工作职责

（1）贯彻执行国家及上级有关安全生产的方针政策、法律、法规、企业安全制度,对所在项目的安全管理负监督检查和规范指导的管理责任。

（2）检查施工组织设计及专项安全技术方案的编审和交底,参与专项安全技术方案的会审,对安全技术措施依据规范标准及时提出完善补充意见。

（3）参与项目安全管理目标的制定,在主管领导的组织指导下,实施目标管理的检查、落实、考核,并建立目标管理档案和责任考核档案,协助有关人员抓好员工的进场教育、工前安全教育和换岗安全教育。

（4）参与定期安全检查、季节性检查、专项治理检查,认真行使检查监督、整改职责。

（5）对专业工程的分包、劳务分包、机械租赁实施监督检查,落实法定程序和规范要求,抓好有关制度措施的检查落实。

（6）对重大隐患要实施跟踪整改措施,及时反馈上级整改通知的要求,做好隐患整改的建档工作。

（7）参加事故调查,组织实施事故应急预案的启动,依法做好事故报告、抢救伤员、现场保护、事故通报工作,完善内部基础资料的管理。

（8）参与事故整改措施的制定和检查落实,预防重复事故的发生。

1.5.2　道路施工安全管理的概念和主要控制措施

随着我国基础设施建设的不断发展,道路工程施工的任务也越来越艰巨,对建设工程施工中的安全要求也越来越高。贯彻国家有关部门颁布的安全生产文明施工的各项要求,推行现代化管理方法,科学组织施工,创建标准化工地,切实做好施工现场的各项安全生产与文明施工的管理工作是施工安全与文明生产的重要工作。

一、安全管理的主要内容

安全包括人身安全、健康和财产安全。安全法规、安全技术和工业卫生是安全控制的三大主要措施。安全法规侧重于对劳动者的管理、约束劳动者的不安全行为,其控制的主要内容是安全生产责任制、安全教育、安全事故的调查处理。安全技术侧重于对劳动对象和劳动手段的管理,消除、减弱物的不安全状态,其控制的主要内容是安全检查和安全技术管理。工业卫生侧重于环境的管理,以形成良好的劳动条件,其控制的主要内容是安全检查和安全技术管理。

安全控制的对象是人、物、环境,它们构成了安全施工体系。只有加强对施工中的人、物、环境进行安全组织、场地与设施、行为控制与安全技术等方面的具体管理与控制,才能实现施工安全的目标。

二、安全管理措施

1. 安全教育培训

安全是生产赖以正常进行的前提,安全教育又是安全管理工作的重要环节,是提高全员安全素质、安全管理水平和防止事故,从而实现安全生产的重要手段。

安全教育主要包括安全生产思想、安全知识、安全技能和法制教育四个方面。

2. 安全生产责任制

施工项目承担控制、管理施工生产进度、成本、质量、安全等目标的责任,因此,必须同时承担进行安全管理、实现安全生产的责任。

(1)建立、完善以项目经理为首的安全生产领导组织,有组织地开展安全管理活动。承担组织、领导安全生产的责任。

(2)建立各级人员安全生产责任制度,明确各级人员的安全责任。抓制度落实,抓责任落实。定期检查安全责任落实情况,及时报告。

项目经理是施工项目安全管理第一责任人。

各级职能部门、人员在各自业务范围内,对实现安全生产的要求负责。

全员承担安全生产责任,建立安全生产责任制,从经理到工人的生产系统做到纵向到底,一环不漏。各职能部门、人员的安全生产责任做到横向到边,人人负责。

(3)施工项目应通过监察部门的安全生产资质审查,并得到认可。

一切从事生产管理与操作规程的人员,依据其从事的生产内容,分别通过企业、施工项目的安全审查,取得安全操作许可证,持证上岗。

特种作业人员,除经企业的安全审查,还需按规定参加安全操作考核,取得监察部门核发的"安全操作合格证",坚持"持证上岗"。施工现场出现特种作业无证操作现象时,施工项目必须承担管理责任。

(4)施工项目负责施工生产中物的状态审验与认可,承担物的状态漏验、失控的管理责任,接受由此而出现的经济损失。

(5)仪器管理、操作人员均需与施工项目签订安全协议,向施工项目做出安全保证。

(6)安全生产责任落实情况的检查,应做认真、详细的记录,作为分配、补偿的原始资料之一。

3. 安全生产检查制度

安全检查是揭示和消除安全管理缺陷、事故隐患,交流经验,促进安全生产的有效措施。因此,企业必须建立、完善安全检查制度。

为了全面提高项目安全生产管理水平,及时消除安全隐患,落实各项安全生产制度和措施,在确保安全的情况下正常地进行施工、生产,施工项目实施逐级安全检查制度。

(1)公司对项目实施定期检查和重点作业部位巡检制度。

（2）项目经理部每月由现场经理组织，安全总监配合，对施工现场进行一次安全大检查。

（3）区域责任工程师每半个月组织专业责任工程师（工长）、分包商、行政、技术责任人，对所管辖的区域进行安全大检查。

（4）专业责任工程师（工长）实行日巡检制度。

（5）项目安全总监对上述人员的活动情况实施监督与检查。

（6）项目分包单位必须建立各自的安全检查制度，除参加总包组织的检查外，必须坚持自检，及时发现、纠正、整改本责任区的违章、隐患。对危险和重点部位要跟踪检查，做到预防为主。

（7）施工（生产）班组要做到班前、班中、班后和节假日前后的安全自检工作，尤其作业前必须对作业环境进行认真检查，做到身边无隐患，班组不违章。

（8）各级检查都必须有明确的目的，做到"四定"，即定整改责任人、定整改措施、定整改完成时间、定整改验收人，并做好检查记录。

4. 劳动防护用品管理

施工应为劳动者免费提供符合国家规定的劳动防护用品。应教育劳动者按照劳动防护用品使用规则和防护要求正确使用劳动防护用品。应建立健全劳动防护用品的购买、验收、保管、发放、使用、更换、报废等管理制度；并应按照劳动防护用品的使用要求，在使用前对其防护功能进行必要的检查。应到定点经营单位或生产企业购买特种劳动防护用品。购买的劳动防护用品须经本单位的安全技术部门验收。

1.5.3 文明施工和环境保护

一、文明施工

施工单位应在工程施工期间，制定相关的制度、条例，严格遵守，认真执行，做到文明施工，体现施工现场现代化管理的风貌。

（1）施工现场按规定的格式设置正规施工标志牌，标明合同段的名称、承包单位名称、项目部负责人姓名、总工程师姓名及监理工程师姓名。

（2）施工现场管理人员一律佩证上岗，内容标明职务、姓名并印有本人相片。

（3）施工现场的技术人员应常设现场安全员，佩证应为红色，以示醒目。

（4）所有人员上岗期间，一律穿着整齐。

（5）施工现场各种施工机械设备分类划区，摆放要整齐，施工材料四周设围堆放，要求合理、整齐，并挂牌明示。对怕雨、怕晒、怕冻、怕污染的材料进行遮盖。

（6）生活设施的设置布局要合理、整齐，做好保洁工作，创造一个良好、卫生的生活及工作环境。

（7）建立明确的交接班制度，交接班者要交清和了解作业的情况和注意事项。

（8）加强与当地政府、群众的联系，尽量做到施工不扰民。

二、环境保护

施工现场环境保护的目的在于保护和改善施工环境，它是保证人身健康的需要，是消除外部干扰，保证施工顺利进行的需要。环境保护是国家和政府的需要，是企业行为准则，是企业生存发展的重要条件，是保证施工生产安全的重要条件。环境保护一般包括：

(1) 避免冲刷和破坏农田灌溉系统。
(2) 污水及垃圾处理。
(3) 消除尘土和噪声。
(4) 严格保持驻地周围的环境卫生,保证每个员工身体的健康。
(5) 保护历史文物,在拆迁建筑及基坑开挖时,要注意做好保护文物的工作,如发现文物要及时保护现场,迅速上报有关部门,积极协助业主,妥善处理好各种建筑的拆迁工作,不延误工期。
(6) 在施工过程中,要特别注意做好便道修筑,维持运料土石方车辆行驶的畅通,对复杂交通的路口应派专人指挥,防止事故的发生。
(7) 切实做好文明施工,在深夜尽可能避免影响附近居民的生活和休息,施工现场场地要保持整洁,创造文明的工作环境,以提高工作效率。
(8) 桩基施工时,严禁将泥浆直接排放到下水管道中,应用特制的泥浆汽车将其运至政府环保部门指定地倒掉。
(9) 现场焊接作业,要采取挡板隔离,避免影响居民生活。
(10) 施工场地在工程竣工后,必须认真清理,以便当地居民恢复生产,方便交通,美化环境。

 思考与练习

1. 施工单位项目安全管理员的工作职责是什么?
2. 道路工程的安全管理措施有哪些?
3. 道路工程的安全施工和环境保护包括哪些内容?

任务6 道路施工质量检查与验收的准备

 任务描述

施工质量是道路工程建设的关键,施工单位的质量管理人员应如何做好质量检验工作,来保证道路工程的施工质量呢?

 任务分析

工程质量检查与验收是道路工程质量管理的法定程序、关键环节和必要手段,是工程内在质量、外观质量的基本保证。在工程项目施工之前,施工单位的质量管理人员应明确岗位职责,了解国家有关规范对道路工程质量检查与验收的基本规定,熟悉质量评定的方法,并制定工程质量的目标。

 方法与步骤

1.6.1 施工单位质量管理员的岗位职责

(1) 严格遵照国家和地区颁发的施工规范、工程质量检验评定标准和有关规定,进行工程质量管理。履行工程质量监督职责,根据设计对工程质量的要求,施工组织设计中质量技术措施的内容,负责制定和执行工程施工计划。

(2) 负责对进场材料、构件、成品、半成品、设备、器材以及现场制作的混凝土、砂浆、预制和加工构件等的质量监督(包括对质保试验资料)和验证工作,发现劣质产品应要求材料员退换。

(3) 协同施工员进行定位放线及复查工作,确保工程质量。

(4) 负责对分部分项工程的内部检测等级评定,发现不合格项目应令其返工直至合格,才能准许转入下道工序,层层把好质量关。

(5) 负责对班组、个人所完成工程量的质量验收工作,对质量低劣,经指出屡教不改者,有权按规定处罚。

(6) 负责对职工进行质量控制和职业道德教育,以及质量技术指挥和质量技术交底工作,深入现场,及时反映质量动态,找出原因,提出改进质量的措施,参加质量事故的处理。

(7) 参加上级组织的质量检查活动,接受上级指导和批评,负责监督整改事项的实施,参加隐蔽工程的验收、中间验收、竣工验收,负责整理和向资料员提供质量检验评定资料,并对现场文明施工的有关规定进行落实检查。

1.6.2 道路工程质量单元的划分

根据建设任务、施工管理和质量检验评定的需要,在施工准备阶段将建设项目划分为单位工程、分部工程、分项工程和检验批。每一项工程质量验收单元的具体划分应在工程开工阶段由建设、监理、施工等单位依据有关规定商议确定。

一、单位工程

是指在建设项目中,根据签订的合同,具有独立施工条件的工程。道路工程中沥青混凝土道路和水泥混凝土道路单独分别作为一个单位工程。

二、分部工程

是指在单位工程中,按结构部位、路段长度及施工特点或施工任务划分的质量单元,称为分部工程。城市道路工程一般 500 m 作为一个分部工程。

三、分项工程

是指在分部工程中,按不同的施工办法、材料、工序及路段长度等划分的质量单元,称为分项工程。按照《上海市城市道路工程质量验收规范》分项工程的划分见表 1-9。

表 1-9 分项工程的划分表

序 号	分项工程(分项内容)
1	路基(土路基、粉煤灰路基、石灰处理土路基、发泡聚苯乙烯轻质路基、软土地基处理)
2	垫层(砂砾垫层、碎石垫层)
3	基层(石灰土基层、石灰粉煤灰土基层、级配碎石基层、水泥稳定碎石基层、石灰粉煤灰稳定碎石基层、沥青稳定碎石基层)
4	面层(水泥混凝土面层、钢纤维混凝土面层、热拌沥青混凝土面层、沥青玛蹄脂碎石混合料面层、再生沥青混合料面层)
5	附属工程(人行道、进出口坡道、无障碍设施、侧平石、雨水口和连管、路名牌、隔离防护、防眩屏)

四、检验批

检验批是工程验收的最小单位,可根据施工段、质量控制和专业工程特点等进行划分。

1.6.3 工程质量验收程序和要求

一、检验批及分项工程质量验收

(1) 检验批合格质量应符合的规定:

1) 主控项目的质量应经抽样检验合格;

2) 一般项目的质量应经抽样检验合格;当采用计数检验时,除有专门要求外,一般项目的合格点率应达到80%及以上,且不合格点的最大偏差值不得大于规定允许偏差值的1.5倍;

3) 具有完整的施工原始资料和质量检查记录。

(2) 分项工程质量验收合格应符合的规定:

1) 分项工程所含检验批均应符合合格质量的规定;

2) 分项工程所含检验批的质量验收记录应完整。

二、分部工程质量验收

分部工程质量验收合格应符合的规定:

1) 分部工程所含分项工程的质量均应验收合格;

2) 质量控制资料应完整;

3) 涉及结构安全和使用功能的质量应按规定验收合格;

4) 外观质量验收应符合要求。

三、单位工程质量验收

单位工程质量验收合格应符合的规定:

1) 所含分部工程的质量均应验收合格;

2) 质量控制资料应完整;

3) 所含分部工程验收资料应完整;

4) 影响道路安全使用和周围环境的参数指标应符合设计规定;

5) 外观质量验收应符合要求。

四、工程竣工验收

工程竣工验收应在构成道路的各分项工程、分部工程、单位工程质量验收均合格后进行。当设计规定进行道路弯沉试验、荷载试验时,验收必须在试验完成后进行。道路工程竣工资料应于竣工验收前完成。竣工验收时,应对各单位工程的实体质量进行检查。

工程竣工验收应符合的规定:

1) 质量控制资料应符合规范相关的规定。

检查数量:查全部工程。

检查方法:查质量验收、隐蔽验收、试验检验资料。

2) 安全和主要使用功能应符合设计要求。

检查数量:查全部工程。

检查方法:查相关检测记录,并抽检。

3）观感质量检验应符合规范要求。

检查数量：全部。

检查方法：目测并抽检。

 **思考与练习**

1. 某城市次干路设计长度为 2 km，某施工单位在工程施工前应如何进行质量单元的划分？

2. 试述城市道路工程质量验收的程序。

项目 2　路基施工管理

**能力目标**

(1) 能熟悉填方路基和挖方路基的施工工艺流程；
(2) 能进行路基压实度判断；
(3) 能进行土路基检验批质量检验；
(4) 会整理路基施工资料；
(5) 会检查路基施工安全。

任务 1　路基施工基本知识

**任务描述**

某施工单位项目部的施工管理人员进驻道路施工现场，在做好施工前准备工作的前提下，进行路基工程施工，之前应先掌握相关路基施工的基本知识。

**任务分析**

路基是路面的基础，分填方路基和挖方路基两类。路基施工的质量好坏直接影响道路工程的整体质量。因此，只有掌握了正确的施工工序，才能顺利地完成路基施工任务，保证施工质量，为路面基层和面层的施工打好基础。

方法与步骤

2.1.1　路基的概念和基本要求

一、路基的概念

路基是在地面上按路线的平面位置和纵坡要求开挖或堆填成一定断面形状的土质或石质结构物，它是道路这一线性建筑物的主体，又是路面的基础。

路基的修筑大多是由土石填筑或挖掘而成，路基工程虽然工艺简单、工程数量大，但是耗费劳力多，占用投资大，对环境影响大，涉及面广。

二、路基设计与施工应满足的基本要求

1. 具有足够的整体稳定性

整体稳定性是指路基修建后，虽然改变了原地面的天然平衡状态，但在行车荷载及自然因素作用下，依然能保持整体的平衡状态，不发生过大的变形和破坏。

2. 具有足够的强度

路基强度是指路基抵抗变形的能力,路基过大的变形会降低路面的使用品质,甚至会造成路面的损坏。

3. 具有足够的水温稳定性

水温稳定性是指路基在水和温度的作用下保持其强度的能力。

2.1.2 路基施工图的识读

通常工程施工都应该"按图施工",也就是施工人员必须领会设计人员的设计意图,通过一定的施工工艺和方法,按照施工图的要求实现工程建设项目。

路基是路面的基础,是带状构筑物,它与路面共同承担汽车荷载的作用。道路的路面靠路基来支承,没有稳固的路基就没有稳固的路面,所以保证路基工程的施工质量是非常重要的。

一、路基的横断面形式

道路路基的基本横断面形式基本有三种:路堤、路堑、半填半挖路基。

1. 路堤

施工道路的路基标高高于原地面标高,由填方构成的路基断面形式称为路堤(见图2-1)。

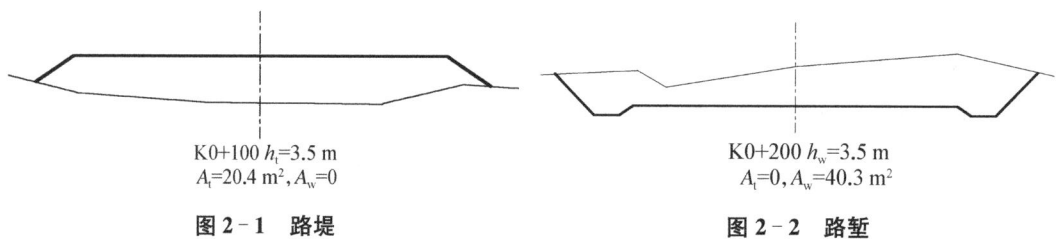

图 2-1 路堤   图 2-2 路堑

K0+100 h_t=3.5 m, A_t=20.4 m², A_w=0

K0+200 h_w=3.5 m, A_t=0, A_w=40.3 m²

2. 路堑

施工道路的路基标高低于原地面标高,由挖方构成的路基断面形式称为路堑(见图2-2)。

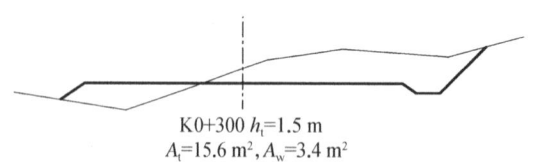

K0+300 h_t=1.5 m, A_t=15.6 m², A_w=3.4 m²

图 2-3 半填半挖路基

3. 半填半挖路基

是路堤和路堑的综合形式,也就是既有填方又有挖方的路基断面形式(见图2-3)。

二、路基施工图的识读

路基横断面施工图的作用是用来表达道路各中心桩处横向地面的起伏情况以及路基横断面的设计情况。一般图纸中用细线表示原地面线,用粗线表示设计线。当设计线标高高于地面线标高时,为填方路基,即路堤。当地面线标高高于地面线标高时,为挖方路基,即路堑。每个断面图的下方都注明该断面的标高值,以及该断面的填挖方面积。如图2-1,表示在桩号为 K0+100 处,路基中心线的填方高度为 3.5 m,该断面的填方面积为 20.4 m²,挖方面积为 0 m²。

识读路基横断面施工图可知道施工路段各桩号位置的填挖方情况,路基施工图可作为道路施工的依据,同时也可作为计算道路土石方工程量的依据。

2.1.3 填方路基施工

一般情况下,填方路基施工按"三阶段、四区段、八流程"的施工工艺进行。"三阶段"是指施工准备阶段、施工阶段、整修验收阶段;"四区段"是指填筑区、平整区、碾压区、检测区;"八流程"是指施工准备→基底处理→分层填筑→摊铺整平→洒水晾晒→碾压夯实→检测签证→路基整修,具体流程见图2-4。

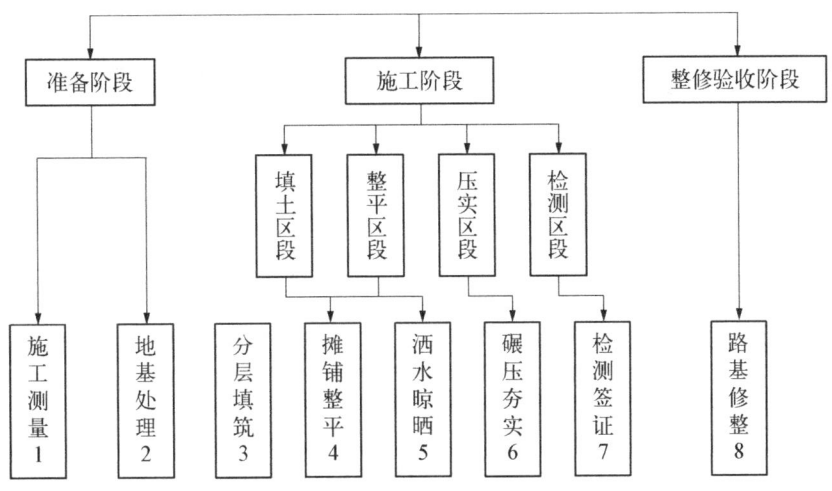

图2-4 填方路基施工流程图

一、施工测量

路基施工控制测量分为中线测量、高程测量和横断面测量。城市道路路基施工前,建设单位组织有关勘测设计单位在现场向施工单位进行交桩。施工单位对控制点进行复核并加以固定保护和加密控制桩,同时另用桩志移到红线之外栓桩,并做好交接手续。

路基放样是把路基设计横断面的主要特征点根据路线中桩把路基边缘、路堤坡脚、路堑坡顶或边沟具体位置标定在地面上,以便定出路基轮廓作为施工的依据。包括道路中心桩放样、路基边桩放样以及边坡放样。随着路基的开挖和填筑,施工测量要反复进行多次,一般情况下,每填挖1m左右,便要重新进行路基施工测量放样。

(1) 复测道路中心桩。

用导线控制点恢复中线:根据导线点坐标与道路中线坐标之间的关系,借以高精度的测距手段,将道路的中线放到实地。

如图2-5所示,P点为道路中心点,坐标(X_P, Y_P),A、B为导线点,坐标分别(X_A, Y_A)、(X_B, Y_B),利用公式计算得到A点至P点的距离S_{AP}和方位角α_{AP}。通过在A点架设全站仪,放出P点的位置。

(2) 边桩放样。

路基边桩放样就是在地面上将每一个横断面的路基边坡线与地面的交点用木桩标定出来。边桩的位置由两侧边桩至中桩的距离来确定。当地势平坦或地面横向坡度均匀一致时,可用计算法放样(见图2-6)。

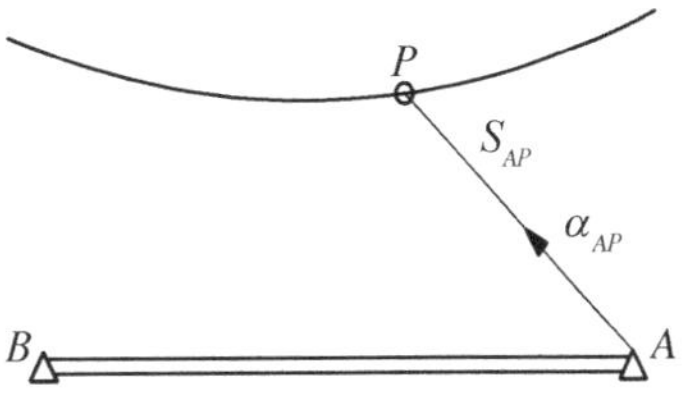

图2-5 坐标法复测道路中心桩

路堤坡脚至中桩的距离 D 为

$$D = \frac{B}{2} + m \cdot H$$

式中，B——路基设计宽度，m；

m——边坡设计坡率；

H——路基中心设计填挖高度，m。

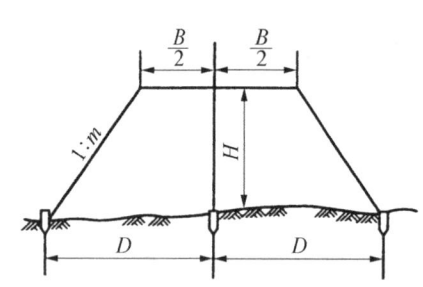

图 2-6 填方平坦路段边桩放样

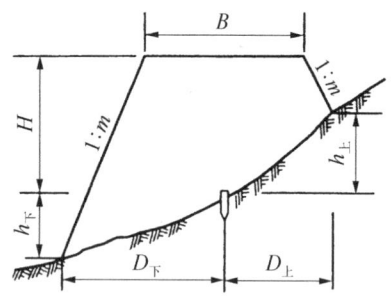

图 2-7 填方倾斜路段边桩放样

【思考】如果是在坡地上放边桩，应该如何操作（见图 2-7）？

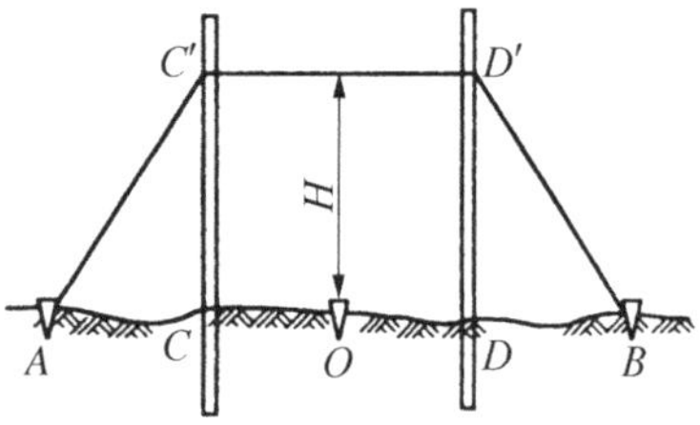

(3) 路基边坡放样。

在放样出边桩后，为了保证填、挖的边坡达到设计要求，还应把设计边坡在实地标定出来，以方便施工。用竹竿绳索进行边坡放样：如图 2-8 所示，O 为中桩，A、B 为边桩，CD 为路基宽度。放样时，在 CD 处竖立竹竿于高度等于中桩填土高度 H 之处 C'、D'，用绳索连接 AC'、BD'，则路基边坡线就放样成功了（见图 2-8）。

图 2-8 路基边坡放样示意图

二、地基处理

基底是指路堤填料与原地面的接触部分。为使在天然地基上人为构筑的路堤土体与基底结合紧密，必须在路基用地范围内认真清除地表植被、杂物、积水和表土，处理坑塘，并对基底进行认真处理和压实，达到设计要求的密实度。

1. 密实稳定的土质基底

当路堤高度低于 0.5 m 的地段，应将原地面草皮等杂物清除。

当地面横坡为 1∶10～1∶5 时，需铲除地面草皮、杂物、积水和淤泥。

当地面横坡度陡于 1∶5 时，在清除草皮杂物后，还应将原地面挖成台阶，台阶宽度不小于 1 m，高度为 0.2～0.3 m。台阶顶面做成向内倾斜 2%～4% 的斜坡。在沙土地段可不做台阶，但应翻松表层土。

2. 耕地或松土基底

路堤基底为耕地或松土时，应先清除有机土、种植土，平整压实后再进行填筑。

在深耕地段，必要时应将松土翻挖，土块打碎，然后回填、找平、压实。

经过水田、池塘或洼地时，应根据具体情况采取排水疏干、挖除淤泥、打砂桩、抛填片石或砂砾石等处理措施,以保持基底的稳固。

加强现场的技术指导和调度指挥,在区段和流程严格按照规定要求施工,做到随填土、随整平、随压实、随检测。

施工时,填土时根据现场施工条件不同选择不同的填土方式,之后应马上进行路基质量检测。

三、分层填筑

路堤填筑必须考虑不同的土质,从原地面逐层填起并分层压实,不允许任意混填,每层厚度随压实方法而定。一般采用的填筑方法有:水平分层填筑法、竖向填筑法以及混合填筑法三种。

1. 水平分层填筑法

水平分层填筑法是按照横断面全宽分成水平层次,逐层向上填筑的方法(见图 2-9)。如原地面不平,应由最低处分层填起,每填一层,经压实合格后再填上一层。此法施工操作方便、安全,压实质量容易保证。

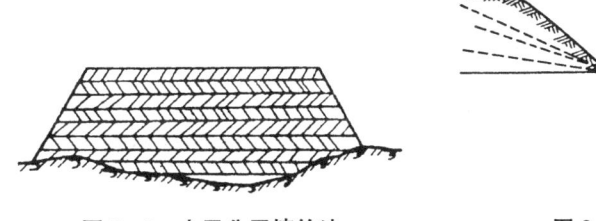

图 2-9 水平分层填筑法　　图 2-10 纵向分层填筑法

1,2,3—推土作业顺序

2. 纵向分层填筑法

纵向分层填筑法适用于推土机或铲运机从路堑取土填筑运距较短的路堤。纵向分层填筑法是依纵坡方向分层、逐层推土填筑的方法(见图 2-10)。原地面纵坡小于 20°的地段可用此法施工。

3. 横向填筑法

横向填筑法是从路基一端按各横断面的全部高度,逐步推进填筑的方法(见图 2-11),适用于无法自下而上分层填土的陡坡、断岩或泥沼地区。此法不易压实,且还有沉陷不均匀的缺点。为此,应采用必要的技术措施,如选用高效能压实机械(如振动压路机)进行碾压,采用沉陷量较小的砂性土或废石方做填料等。

4. 混合填筑法

混合填筑法是当路线穿越陡坡,尤其是要求上部的压实度标准较高,施工时下层采用横向填筑,上层采用水平分层填筑。此种方法称为混合填筑法(见图 2-12)。

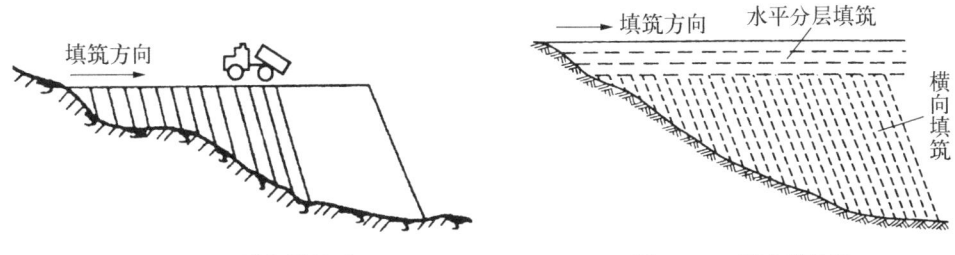

图 2-11 横向填筑法　　图 2-12 混合填筑法

四、摊铺整平

把选定的路基填料运送到路基上逐层填起后,再碾压施工。为方便碾压施工,应对其进行铺平,并自路中线向路堤两边整成2‰~4‰的横坡。一般摊铺整平可采用平地机进行(见图2-13)。

图2-13 平地机整平

五、洒水晾晒

碾压时土的含水量直接影响碾压后路基的质量,只有在最佳含水量时碾压才能得到最大密实度,才能获得最大强度和最好稳定性,因此,应严格控制碾压最佳含水量。路基土压实的最佳含水量及最大干密度等指标,应在路基修筑前半个月,在取土地点取具有代表性的土样进行击实试验确定。碾压前,当填土的含水量小于最佳含水量时,应均匀洒水;当含水量大于最佳含水量时,应对土进行翻晒处理,直到满足最佳含水量要求后,再进行碾压夯实施工。

六、碾压夯实

碾压是路基工程的一个关键工序,有效地压实路基填土,才能保证路基工程的施工质量。除了采用透水性良好的砂石材料外,其他填料均需使其水量在最佳含水量,方可进行碾压。因此,在施工中应分层碾压,每一层压实后,均应检验压实度,合格后才可以填筑上一层。影响压实效果的主要因素有土的含水量、土的性质、压实功能、铺土厚度、地基及下承层强度、碾压机具和方法等。

路基必须分层填筑压实,每层表面平整,路拱合适,排水良好。施工要点如下:

1. 严格控制松铺厚度

采用机械压实时,高等级道路分层的最大松铺厚度不应超过30 cm;其他道路,可通过现场试验确定,但最大不得超过50 cm。填筑至路床顶面最后一层的最小厚度,不应小于8 cm。

2. 严格控制路堤几何尺寸和坡度

路堤填土宽度每侧比设计宽度宽出50 cm,压实宽度不得小于设计宽度,压实合格后,最后削坡。

3. 做好不同作业段的接缝处理

若填方分几个作业段施工,两段交接处不在同一时间施工,则先填路段应按1:1坡度分层留台阶;若两个地段同时填筑,则应分层相互交叠衔接,其搭接长度不得小于2 m。

4. 压实作业顺序要求

压实作业时,应先边后中,以便形成路拱;先轻后重,以适应逐渐增长的土基强度;先慢后快,以免松土被机械推动。在弯道部分碾压时,应由低的一侧边沿向高的一侧边沿碾压,以便形成单向超高横坡。前后两次轮迹需重叠15~20 cm。碾压时应特别注意控制均匀压实,以免引起不均匀沉陷。

5. 控制压实遍数

各种压实机具碾压不同土类的适宜铺土厚度和所需压实遍数,与填土的实际含水量及所要求的压实度大小有关。碾压的技术参数应根据要求的压实度,按照所做试验路段的结果确定。如果控制压实遍数超过10遍,应当适当减少填土厚度。

6. 压实机械的选择

高等级道路的压实机械宜采用振动压路机或35～50 t的轮胎压路机。采用振动压路机时,第一遍应只静压、不振动,然后先慢后快,由弱至强。

7. 控制碾压速度

压路机的碾压行驶速度开始时宜用慢速,最大行驶速度不宜超过4 km/h,碾压时直线路段由两边向中间;小半径曲线段由内侧向外侧,纵向进退式进行。碾压施工中应无漏压、无死角,确保碾压均匀。

七、检测签证

路基施工质量检测应按照相关质量检验评定标准执行,路基填土压实的质量检测应随分层填筑碾压施工分层检测。每层土均需经压实度检验合格后,方可转入下一道工序施工。不合格处应进行补压后再进行检验,直到达到合格要求为止。

八、路基整修

路基工程基本完工后,应由施工单位会同施工、监理人员,按设计文件以及质量验收规范要求检测路基中线、高程、宽度、断面尺寸、压实度、边坡坡度等。

为加强工程质量管理以确保工程质量,在路基施工完成后,还应由施工单位会同设计、监理、建设、使用和养护单位进行验收,合格后,才能进行下道工序——基(垫)层施工。

2.1.4 挖方路基施工

挖方路基施工应综合考虑开挖段的地形、地质、地貌等自然因素,还应考虑各种施工机械的使用性能。开挖应根据路堑的深度、纵向长度,以及地形、地质、土石方调配情况和机械设备条件等因素确定。挖方路基具体流程见图2-14。其中施工测量、碾压夯实、检测签证、整修验收等施工步骤与填方路基要求相同,不再重复介绍。

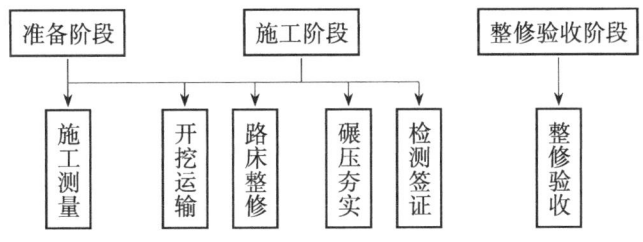

图2-14 挖方路基施工流程图

一、开挖运输

路基开挖根据挖方数量大小及施工方法的不同主要有横挖法、纵挖法和纵横混合法三种。不论采用何种方法,均应保证施工过程中及竣工后能顺利排水,随时注意边坡的稳定,防止因开挖不当导致坍方,并有计划地处理废方。注意有效地扩大工作面,提高生产效率,保证施工安全。各种挖掘方案的选择应视当地的地形条件、工程量大小、施工方法和工期长短而定。

1. 土方开挖规定

(1)挖土时应自上向下分层开挖,严禁掏洞开挖。作业中断或作业后,开挖面应做成稳定边坡。

(2) 机械开挖作业时,必须避开构筑物、管线,在距管道边 1 m 范围内应采用人工开挖;在距直埋缆线 2 m 范围内必须采用人工开挖。

(3) 严禁挖掘机等机械在电力架空线路下作业。需在其一侧作业时,垂直及水平安全距离应符合相关规定。

2. 开挖方法

路基开挖组织施工的方法,应根据其深度及纵向长度,采用横挖法、纵挖法及纵横混合法。

(1) 横挖法。

横挖法中全截面横挖法适用于短而深的路堑,可按其整个横断面从路堑的一端或两端进行,如图 2-15 所示。用人力挖掘时,为了增加工作面,加快施工进度,可以在不同高度处分为几个台阶进行开挖,其深度视施工操作便利与安全而定,一般为 1.5～2.0 m。无论自两端或分台阶挖掘,均应有其单独的运土路线和临时排水沟渠,以便顺利进行施工。

图 2-15 横挖法

机械按横挖法挖路堑且弃土(或以挖作填)运距较远时,宜用挖掘机配合自卸汽车运行。每层台阶高度可增加至 3～4 m,其余要求同人挖路堑。

路堑横挖法也可用推土机进行。若弃土或以挖作填运距超过推土机的经济运距时,可用推土机推土堆积,再用装载机配合自卸汽车运土。

(2) 纵挖法。

纵向开挖法可分为分层纵挖法、通道纵挖法和分段纵挖法。

分层纵挖法是沿路线全宽分为宽度及深度都不大的纵向层次挖掘,如图 2-16 所示。挖掘工作可用各式铲运机,在短距离及大坡度时可用推土机,较长较宽的路堑可用铲运机并配备运土机具进行挖掘。

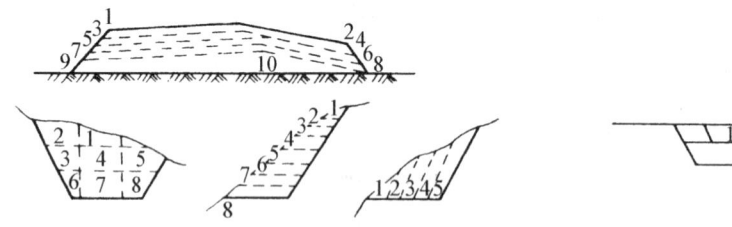

图 2-16 分层纵挖法　　　　图 2-17 通道纵挖法

1—第一次通道;2—第二次通道

通道纵挖法是先沿路堑纵向挖一通道,然后向两侧开挖,如图 2-17 所示。用此方法时,可采用人力或机械挖掘。本法适用于路堑较长、较深,两端地面纵坡较小的路堑开挖。

分段纵挖法是沿路堑纵向选择一个或几个适宜处,将较薄一侧堑壁横向挖穿,使路堑分成两段或数段,各段再纵向开挖的方法。本法适用于路堑过长、弃土运距过远的傍山路堑,其一侧堑壁不厚的路堑开挖。

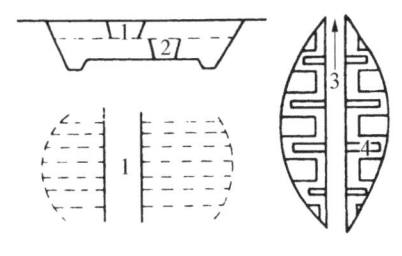

图 2-18 纵横混合法

（3）纵横混合法。

混合式开挖法是将横挖法和通道纵挖法混合使用，即先沿路堑纵向挖通道，然后沿横向坡面挖掘，以增加开挖坡面，每一开挖坡面应能容纳一个施工作业组或一台机械，如图 2-18 所示。在较大的挖土地段，还可沿横向再挖掘通道，以装置运土传动设备或布置运土车辆。

二、路床整修

当开挖接近路基面标高时，鉴别核对土石状况，土质路堑要调查核对基床范围内土质是否满足技术要求，必要时进行补充勘探。检验基床范围地基允许承载力是否满足设计要求，如满足设计要求，测设基床表层断面和标高，按每 10 m 间距挂线，人工开挖基床表层，并按规范要求进行整修；如不满足设计要求，需对基床底层进行改良或加固处理后，再分层填筑到设计标高。

土方地段的路床顶面标高，考虑因压实而产生的下沉量，其值由实验确定。路床顶面以下 30 cm 的压实度不小于设计值。

相关知识与拓展

2.1.5 路基防护与加固

一、路基防护与加固的原则

（1）路基的防护与加固工程可分为：边坡坡面防护，沿河、滨海路堤防护与加固，路基支挡工程三类。工程中应根据当地条件，因地制宜选用经济合理、耐久实用的防护措施，以改善环境，保护生态平衡。

（2）工程施工前应进行现场核对，如发现设计与实地不符，应及时做补充调查，进行变更设计并报有关部门批准后施工。

（3）路基防护与加固工程施工应严格执行砌筑砌体的有关规定和质量标准，材料必须符合设计规定的强度、规格和其他品质要求；防护工程的砂浆、混凝土，应用机械拌和，并应随拌随用；回填土应选用砂性土，严格控制含水量，分层填筑，充分压（夯）实；泄水孔、伸缩缝的位置要准确，孔正缝直，尺寸符合设计要求。

（4）在路基土石方施工时或完毕后，应及时进行路基防护施工和养护。各类防护与加固应在稳定的基础或坡体上施工，施工前必须检查验收，严禁对失稳的土体进行防护。

二、坡面防护与加固的方法

坡面防护包括植物防护和工程防护，施工必须适时，以防止水、气温、风沙等的作用破坏边坡的坡面。

1. 植物防护

植物防护一般采用铺草、种草或植灌木（树木）等形式，应根据当地气候、土质、含水量等因素，选用易于成活、便于养护和经济的植物类种。

（1）种草防护适用于边坡稳定、坡面冲刷轻微的路堤与路堑边坡，一般应选用根系发达、茎干低矮、枝叶茂盛、生长力强、多年生长的草种，并尽量用几种草籽混种。草籽应均匀撒布在已清理好的土质坡面或人工铺筑厚10～15 cm的种植土上,草籽入土深度不小于5 cm,种完后拍实松土,洒水润湿,并注意保养。路堑边坡较陡或较高时,可通过实验采用草籽与含肥料的有机质泥浆混合,喷射于坡面。

(2) 铺草皮防护适用于边坡较陡、冲刷较严重、径流速度大于0.6 m/s、附近草皮来源较易地区的路基,草皮品种与种草相仿。草皮规格应不过于损坏根系,便于成活、运输和铺植,一般为20 cm×40 cm,厚约6～10 cm。铺草皮前应将坡面整平,必要时加铺6～10 cm厚的种植土层。铺砌形式有平铺、水平叠铺、垂直叠铺、斜交叠铺及网络式等,每块草皮钉2～4根竹木梢桩,使草皮与坡面紧贴固定。

(3) 灌木(树木)防护适用于土边坡。在坡面上植物与铺草皮相结合,可使坡面形成一个良好的覆盖层,植物品种,以根系发达、枝叶茂盛、生长迅速的低矮灌木为主。

(4) 植物防护的标准、规模及检查项目等应按路基设计及环境保护设计规定执行。

2. 工程防护

工程防护适用于不宜于草木生长的陡坡面,一般采用抹面、捶面、喷浆、勾(灌)缝、坡面护墙等形式。在施工前,应将坡面杂质、浮土、松动石块及表层风化破碎岩体等清除干净;当有潜水露出时,应做引水或截流处理。

三、路基冲刷防护的方法

沿河、滨海路堤的防护与加固,可采用抛石、干砌或浆砌块(片)石、铺砌预制混凝土板、石笼、设置导流结构物和其他防护等方法。各种防护都必须加强基础处理和保证圬工质量,防止水流冲刷和淘空,保证路基稳定。

四、路基边坡施工中出现的问题及处理方法

1. 土质路基产生沉陷,致使边坡变形或破坏

(1) 主要原因:由于施工中填料选择不当、填筑方法不合理、压实不足或地基处理未达到要求等所致。

(2) 处理方法:

1) 填料选择不当时,视情况采用换填、掺好料改善、做灰土桩等方法处理。

2) 填筑方法不合理造成沉陷的,应进行检测,视检测结果,尽量采用1)中相应措施处理,否则应返工重做。

3) 压实不足,应视检验情况重新用重型压路机进行补压,如分析检测结果认为补压不行,则应对压实度不足的压实层进行返工。

4) 基底处理不当,造成承载力不足时,则应对地基进行加固处理或返工。

由于路基沉陷而导致边坡破坏的处理,关键是防止路堤沉陷,而加强路基排水并保持排水设施有效可靠,是防止发生沉陷的基本措施之一。若路堤铺筑后,有相当一段时间不铺筑路面,亦可待其自然沉落后,再视具体情况进行处理。

2. 路基边坡塌方

路基边坡塌方按其破坏规模与原因的不同,可分为剥落、碎落、滑塌、崩塌、坍塌等多种形式。在施工过程中,出现这些问题,应认真进行分析,采取相应的措施予以处理。

(1) 剥落、碎落。剥落是指边坡土层或风化岩层表面,在大气干湿或冷热的循环作用下,表面发生胀缩现象,使表层土或岩石层片或带状从坡面上剥落下来,而且老的脱落后,新的又不断产生。

碎落是指坡面的岩石成碎块的一种剥落现象,其规模与危害程度比剥落更严重。

处理方法:当设计文件中已有护坡设计时,应随着工程进展,及时进行护坡工程施工;若设计文件中没有护坡设计时,应视情况进行处理。

(2) 滑塌、崩塌。滑塌是指路基边坡土体或岩石沿着一定的滑动面整体向下滑动,其规模与危害程度较碎落更为严重,有时滑动体可达数百立方米以上。

崩塌是较大的石块或土块脱离原有岩体或土体而沿边坡倾落下来,崩塌体的各部分相对位置在移动过程中完全打乱。

(3) 坍塌(亦称堆坍)。坍塌是指由于土体(或土石混杂的堆物、松散地质层)遇水软化,整体性松散,而边坡坡度在 45°~60°之间,且边坡无支撑的情况下产生的塌方。

(4) 沿地质层面滑动。由于边坡中有许多地质构造层,且有些向路中线倾斜,这就可能造成沿地质层面的滑动。可采用植物防护(种草、铺草皮、植树)和工程防护(抹面与勾缝、灌浆与喷浆、坡面护墙、锚固)的方法处理。

思考与练习

1. 试述填方路基施工的程序。
2. 路基施工测量的内容包括哪些?
3. 路基碾压夯实的施工要点有哪些?
4. 试述挖方路基施工的程序。

任务 2　路基施工质量验收和资料管理

任务描述

在路基施工过程中以及施工完成后,施工单位项目部的管理人员都必须对其质量进行控制、检查和检验,并按规范要求形成相应的资料。

任务分析

路基的施工质量将直接关系到道路的整体质量,因此路基施工质量检验必须合格后,才能进行下一道工序——基(垫)层施工。如果检验不符合质量标准规定要求,应及时处理,直至合格为止。同时,工程资料作为工程竣工验收的必备资料,在质量检验、检查的过程中应做好完整的质量检查记录。

方法与步骤

施工质量验收和资料管理流程如图 2-19 所示。

2.2.1　组织施工

施工单位对路基进行填方或挖方施工,施工时应根据图纸、规范、施工方案、交底等内容开展,具体见项目 1 任务 2。

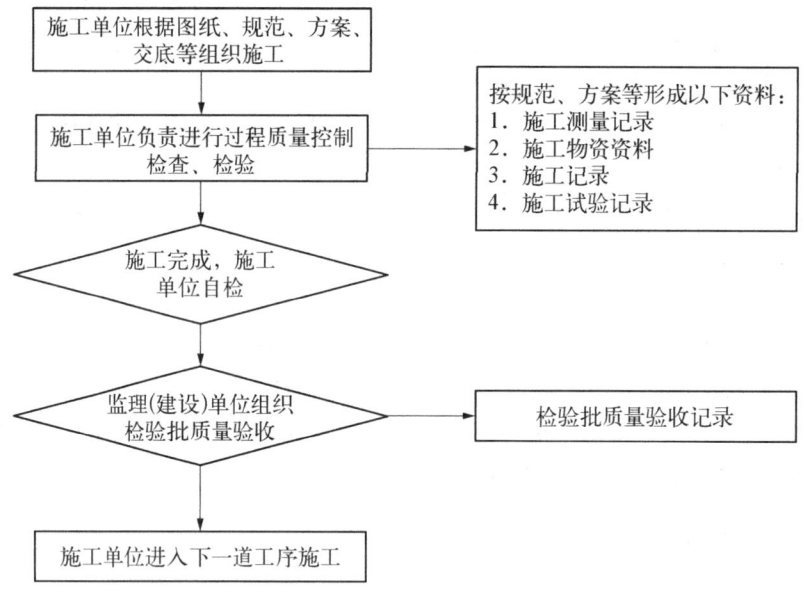

图 2-19 施工质量验收和资料管理流程

2.2.2 施工测量控制和测量记录

道路施工前建设单位组织有关勘测设计单位在现场向施工单位进行交桩。施工单位应根据交桩记录进行测量复核并做好记录。

在道路施工过程中,监理单位应对施工单位提交的施工放样报验单及测量资料进行审核和检查。对检查验收合格的,及时给予书面认可;发现有差错,应及时通知施工单位重测,合格后再予以书面认可。测量复核应做好记录,记录表格式如表 2-1 所示。

表 2-1 工程控制点放样(复核)记录

项目名称		桩号位置	
放样复核内容			
放样资料依据			
放样记录图示及说明			
施工单位		技术负责人		放样人		年 月 日

续　表

复核记录及意见签证			
复核人	年　月　日	监理工程师(签名)	年　月　日

道路工程完工后,施工单位测量人员必须进行竣工测量,测量成果应在竣工图中标明。监理单位应对竣工测量进行复核。

市政工程有测必有复,测量复核记录均应整理归档。

2.2.3　施工试验检查和试验记录

一、击实试验测定最大干密度

道路工程填方施工中的回填土一般在施工之前应对填料做压实试验,求出填料的干密度,并确定最大干密度和最佳含水量,再根据设计压实系数,分别计算出各种填料的施工控制干密度。

击实试验是我国路基土最大干密度确定的主要方法,通过试验得出的击实曲线,确定最大干密度和最佳含水量。土的最大干密度 $\rho_{d,max}$ 的测定按照《公路土工试验规程》的规定,分为轻型击实和重型击实试验两种类型。由于重型击实试验的击实功高,符合我国公路车辆荷载不断加重的实情,因此,对于土质路基压实度一般用重型击实标准为准。质量检验时应做到每种土源至少检验1次。

1. 试验方法与步骤

(1) 将具有代表性的风干土样放在橡皮板上,用圆木棍碾散,然后过5 mm筛。对于小试筒按四分法取筛下的土为 $N×3$ kg,N 为预估测点数,至少为4个。

(2) 按初步估计的最佳含水量低3%~4%左右,洒水拌匀风干土。

(3) 将重型击实筒放在坚硬的地面上,取制备好的土样分3次或5次倒入筒内。按三层法时,每次约800~900 g;按五层法时,每次约400~500 g。整平表面,并稍加压紧,然后用重型击实仪按规定的击数进行每层土的击实。

(4) 取出试筒内土样,并称量,精确至1 g。

(5) 从试样中心处取土测其含水量,计算至0.1%。

(6) 另取准备好的土样,按第(2)条方法进行洒水、拌和,每次约增加1.5%~2%的含水量。拌匀后按上述步骤进行其他含水量试样的击实试验,直至试件湿密度不再增加为止。

2. 最大干密度 $\rho_{d,max}$ 的确定

(1) 湿密度值 ρ_0 的计算:

$$\rho_0 = \frac{m}{V}$$

式中，m——湿土的质量，$m=$（模筒＋湿土质量）－模筒的质量；

V——模筒容积，$V=\dfrac{1}{4}\pi d^2 \times h$，$d$ 为模筒的内径值，h 为模筒的高度。

（2）含水量 ω 的计算公式：

$$\omega = \frac{m_w}{m_s}$$

式中，m_w——土中水的质量，$m_w=$（盒＋湿土质量）－（盒＋干土质量）；

m_s——干土的质量，$m_s=$（盒＋干土质量）－盒质量。

（3）干密度 ρ_d 的计算：

$$\rho_d = \frac{\rho_0}{1+\omega}$$

（4）确定最大干密度 $\rho_{d,max}$：

以干密度 ρ_d 为纵坐标，含水量 ω 为横坐标，绘制干密度与含水量的关系曲线，曲线上的纵、横坐标分别为最大干密度和最佳含水量。如曲线不能绘出明显的峰值点，应进行补点或重做。

［例 2-1］ 某道路工程路基土的重型击实试验结果如表 2-2 所示。

表 2-2　某道路工程路基土的重型击实试验结果

试验次数	1	2	3	4	5
土壤干密度 ρ_d(g/cm³)	1.587	1.629	1.656	1.649	1.612
含水量 ω(%)	12.8	15.2	17.6	19.8	22.1

试求该类土的最大干密度值 $\rho_{d,max}$。

解：根据施工现场的试验结果绘制含水量与干密度的关系曲线，如图 2-20 所示。

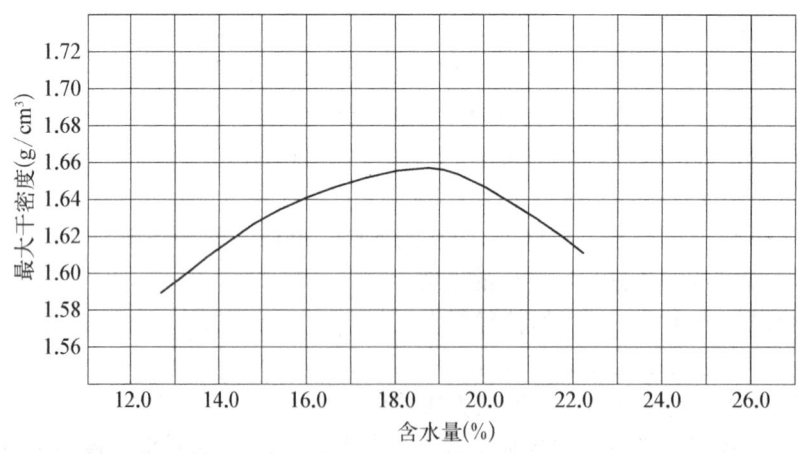

图 2-20　含水量与干密度的关系曲线

依据曲线关系得出，当该路基土达到最佳含水量为 16.6% 时，最大干密度为 1.58 g/cm³。

3. 填写土壤（无机料）最大干密度与最佳含水量试验报告

重型或轻型击实试验后，应填写土壤最大干密度与最佳含水量试验报告，如表 2-3 所示,试验结果留待压实度检验时用。

表 2-3 土壤(无机料)最大干密度与最佳含水量试验报告

工程名称:＿＿＿＿＿＿＿＿＿　　　　　取样日期:＿＿＿＿＿＿＿＿＿
取土地点:＿＿＿＿＿＿＿＿＿　　　　　试验日期:＿＿＿＿＿＿＿＿＿
土壤种类:＿＿＿＿＿＿＿＿＿　　　　　施工单位:＿＿＿＿＿＿＿＿＿

模筒体积(cm^3)							
试验次数		1	2	3	4	5	6
模筒＋湿土质量(g)							
模筒质量(g)							
湿土质量(g)							
土壤湿密度(g/cm^3)							
含水量测定	铝盒号码						
	盒＋湿土质量(g)						
	盒＋干土质量(g)						
	铝盒质量(g)						
	水分质量(g)						
	干土质量(g)						
	含水量(%)						
	平均含水量(%)						
土壤干密度(g/cm^3)							

最大干密度＿＿＿＿＿＿g/cm^3　　　最佳含水量＿＿＿＿＿＿％

（纵轴：最大干密度(g/cm^3)　横轴：含水量(%)）

审核:＿＿＿＿＿＿　　计算:＿＿＿＿＿＿　　试验:＿＿＿＿＿＿

报告日期:　　年　月　日

二、压实度(环刀法)试验

压实质量是道路工程质量施工管理最重要的关键指标之一,表征现场压实后的密实状况,压实度越高,密实度越大,材料整体性能越好。只有对路基进行充分压实,才能保证路基的强度、刚度,延长道路工程的使用寿命。

路基压实度检测可采用环刀法、灌砂法。细粒土现场压实度检查可以采用灌砂法或环刀法;粗粒土压实度检查可以采用灌砂法。

1. 环刀法试验方法与步骤

(1) 在道路施工现场确定试验地点,将一面积约 30 cm×30 cm 的地面铲平。如检查填土压实度时,应将表面未压实土层清除干净,并将压实土层铲去一部分(其深度视需要而定),使环刀打下后,能达到规定的取土深度。

(2) 将取土器置于铲平的地面上,用落锤将环刀打入土中,之后用镐将环刀及试样挖出。

(3) 轻轻取下环盖,用修土刀削去环刀两端余土,并将其修平。

(4) 擦净环刀外壁,在天平上称出湿土加环刀的质量。

(5) 自环刀中取出具有代表性的试样测定含水量。

2. 实测干密度计算

(1) 实测湿密度值 ρ_0 的计算:

$$\rho_0 = \frac{m}{V}$$

式中,m——土的质量,$m =$(环刀+土质量)−环刀的质量;

V——环刀容积,$V = \frac{1}{4}\pi d^2 \times h$,$d$ 为环刀的内径值,h 为环刀的高度。

(2) 实测含水量 ω 的计算

$$\omega = \frac{m_w}{m_s}$$

式中,m_w——土中水的质量,$m_w =$(盒+湿土质量)−(盒+干土质量);

m_s——干土的质量,$m_s =$(盒+干土质量)−盒质量。

(3) 实测干密度 ρ_d 的计算

$$\rho_d = \frac{\rho_0}{1+\omega}$$

3. 压实度计算

路基压实度是指工地实际测得的干密度与室内标准击实试验所得的最大干密度的比值。用公式表示为:

$$K = \frac{\rho_d}{\rho_{d,\max}}$$

式中,K——压实度;

ρ_d——工地实测干密度值；

$\rho_{d,max}$——室内标准压实试验所得的最大干密度值。

4. 压实度判定

按公式 $K = \dfrac{\rho_d}{\rho_{d,max}}$ 计算出路基施工现场每一个测点的 K 值。

根据道路等级和路基施工的填挖方情况，确定道路施工应达到的压实度标准值 K_0（见表2-4）；

当 $K \geqslant K_0$，判定该评定路段的压实度为合格；

当 $K < K_0$，判定该评定路段压实度为不合格。

表2-4 路基压实度标准

填挖类型	路床顶面以下深度(cm)	道路类别	压实度(%)（重型击实）	检验频率 范围	检验频率 点数	检验方法
挖方	0~30	城市快速路、主干路	≥95			
		次干路	≥93			
		支路及其他小路	≥90			
填方	0~80	城市快速路、主干路	≥95	1 000 m²	每层3点	环刀法、灌水法或灌砂法
		次干路	≥93			
		支路及其他小路	≥90			
	>80~150	城市快速路、主干路	≥93			
		次干路	≥90			
		支路及其他小路	≥90			
	>150	城市快速路、主干路	≥90			
		次干路	≥90			
		支路及其他小路	≥87			

5. 填写土壤压实度(环刀法)试验记录表

压实度试验后，应填写土壤压实度(环刀法)试验记录表，如表2-5所示。

表2-5 土壤压实度(环刀法)试验记录

工程名称：_____ 施工单位：_____

代表部位：_____ 击实种类：_____ 试验日期：_____

取 样 桩 号			
取 样 深 度			
取 样 位 置			
土 样 种 类			

续 表

湿密度	环刀号				
	环刀+土质量(g)				
	环刀质量(g)				
	土质量(g)				
	环刀容积(cm³)				
	湿密度(g/cm³)				
干密度	盒号				
	盒+湿土质量(g)				
	盒+干土质量(g)				
	水质量(g)				
	盒质量(g)				
	干土质量(g)				
	含水量(%)				
	平均含水量(%)				
	干密度(g/cm³)				
最大干密度(g/cm³)					
压实度(%)					
备注	本试验经二次平行测定后,其平行差值不得大于规定。取其算术平均值。				

审核：＿＿＿＿＿＿＿＿＿＿＿＿＿＿＿　　试验：＿＿＿＿＿＿＿＿＿＿＿＿＿＿＿

三、贝克曼梁测定路基路面回弹弯沉试验方法

1. 试验目的

用于测定各类路基、路面结构层的回弹弯沉(以 0.01 mm 为单位),用以评定其整体承载能力。

2. 适用范围

路基,基层、底基层、沥青路面面层。

3. 试验原理

图 2-21　路面弯沉仪

试验原理采用杠杆原理。

4. 主要仪器

(1) 测试车：BZZ—100(后轴重 100 kN,汽车轮胎充气压力 0.7 MPa)。

(2) 路面弯沉仪(见图 2-21)：由贝克曼梁(3.6 m 或 5.4 m)、百分表及表架组成。

(3) 接触式路面温度计、皮尺、油漆等。

5. 试验方法

前进卸载法。

6. 步骤

(1) 在测试路段布置测点,其距离随测试需要而定。测点应在路面行车车道的轮迹带上,并用白油漆或粉笔画上标记。

(2) 将试验车后轮轮隙对准测点后约 3~5 cm 处的位置上。

(3) 将弯沉仪插入汽车后轮之间的缝隙处,与汽车方向一致,梁臂不得碰到轮胎,弯沉仪测头置于测点上(轮隙中心前方 3~5 cm 处),并安装百分表于弯沉仪的测定杆上,百分表调零,用手指轻轻叩打弯沉仪,检查百分表是否稳定回零。

弯沉仪可以是单侧测定,也可以双侧同时测定。

(4) 测定者吹哨发令指挥汽车缓慢前进,百分表随路面变形的增加而持续向前移动。当表针转动到最大值时,迅速读取初读数 L_1。汽车仍在继续前进,表针反向回转,待汽车驶出弯沉影响半径(约 3 m 以上)后,吹口哨或挥动红旗,指挥汽车停止。待表针回转稳定后,再次读取终读数 L_2。汽车前进的速度宜为 5 km/h 左右。

初终值之差即为该点实测弯沉值:

$$L_T = (L_1 - L_2) \times 2$$

式中,L_T——在路面温度 T 时的回弹弯沉值(0.01 mm);

L_1——车轮中心临近弯沉仪测头时百分表的最大读数(0.01 mm);

L_2——汽车驶出弯沉影响半径后百分表的终读数(0.01 mm)。

7. 数据处理

(1) 沥青路面的弯沉以路表温度 20℃时为准,在其他温度(超过 20℃±2℃)测试时,对厚度大于 5 cm 的沥青路面,弯沉值应予温度修正。

(2) 测试车:双轴、后轴双侧 4 轮的载重车,高速公路、一级及二级公路应采用后轴 BZZ—100 标准车;其他等级公路可采用后轴 BZZ—60 标准车。

(3) 当在半刚性基层沥青路面或水泥混凝土路面上测定时,宜采用长度为 5.4 m 的贝克曼梁弯沉仪,并采用 BZZ—100 标准车。

(4) 不利季节修正。

8. 结果评定

(1) 按下式计算每一个评定路段的代表弯沉值:

$$L_r = L + Z_a S$$

式中,L_r——弯沉代表值(0.01 mm);

L——实测弯沉的平均值(0.01 mm);

S——标准差;

Z_a——与要求保证率有关的系数,见表 2-6。

表 2-6 Z_a 值

层 位	Z_a	
	快速路、主干路	其他道路
沥青面层、基层	1.645	1.5
路 基	2.0	1.645

（2）当路基和基层的弯沉代表值不符合要求时,可将超出 $L\pm(2\sim3)S$ 的弯沉特异值舍弃,重新计算平均值和标准差。对舍弃的弯沉值大于 $L\pm(2\sim3)S$ 的点,应找出其周围界限,进行局部处理。

用两台弯沉仪同时进行左右轮弯沉值测定时,应按两个独立测点计,不能采用左右两点的平均值。

（3）测定时的路表温度对沥青面层的弯沉值有明显影响,应进行温度修正。当沥青层厚度小于或等于 50 mm 时,或路表温度在 20℃±2℃ 范围内,可不进行温度修正。

若在非不利季节测定时,应考虑季节影响系数。

9. 填写回弹弯沉试验记录表

允许回弹弯沉值应由设计单位按有关规定计算确定,回弹弯沉值应小于允许弯沉值。回弹弯沉试验记录表的内容及格式如表 2-7 所示。

表 2-7 回弹弯沉试验记录表

工程名称：＿＿＿＿＿＿＿＿＿＿＿＿＿＿ 施工单位：＿＿＿＿＿＿＿＿＿＿＿＿＿＿

试验位置：＿＿＿＿＿＿ 起止桩号：＿＿＿＿＿ 实验时间：＿＿＿＿ 气温：＿＿＿＿ 天气：＿＿＿＿

设计弯沉值：＿＿＿＿＿＿＿＿ 试验车型：＿＿＿＿＿＿＿＿＿＿ 后轴重：＿＿＿＿＿＿＿

序号	桩 号	轮 位	行车道（ ）(mm)			行车道（ ）(mm)			行车道（ ）(mm)		
			百分表读数		回弹值	百分表读数		回弹值	百分表读数		回弹值
			L_1	L_2	1/100	L_1	L_2	1/100	L_1	L_2	1/100
结论：											

审核：＿＿＿＿＿＿＿＿＿＿＿ 计算：＿＿＿＿＿＿＿＿＿＿＿ 试验：＿＿＿＿＿＿＿＿＿＿＿

2.2.4 检验批质量检验和质量验收记录

路基工程施工完成后,施工单位质量管理人员应对路基施工质量进行自检,合格后报请监理单位进行检查。《城镇道路工程施工质量验收规范》(CJJ 1—2008)将施工质量检查项目分为主控项目和一般项目,主控项目的质量检验应全部合格,一般项目的合格点率应达到 80% 以上,且不合格点的最大偏差值不得大于规定允许偏差值的 1.5 倍。本书主要介绍土路基的质量检验要求。

合格率是评定质量的基础。合格率的计算公式为

$$合格率 = \frac{同一检查项目的合格点(组)数}{同一检查项目中实际检查点(组)数} \times 100\%$$

式中：检查项目是指质量检验标准的主控或一般项目中的实测项目；

合格点(组)数是指实测数据与规范规定值之间的偏差在允许范围内的点(组)数；

实际检查点(组)数是指检查时实测的点数。

一、主控项目

在质量检验中主控项目是指对质量、安全、卫生、环境保护和公众利益起决定性作用的检验项目。以土方填方路基为例，进行检验批质量检验和质量验收记录的介绍。土路基质量检验的主控项目有压实度和弯沉共2个。

1. 压实度

(1) 质量要求。

应符合表2-4的规定。

(2) 检验要求。

检验数量：每1 000 m^2、每压实层抽检3点。

检验方法：环刀法、灌砂法或灌水法。

2. 弯沉

(1) 质量要求。

不应大于设计规定。

(2) 检验要求。

检验数量：每车道、每20 m测1点。

检验方法：弯沉仪检测。

二、一般项目

在质量检验中一般项目是指主控项目以外的检验项目。

1. 路床纵断高程

高程检验是工程施工中一项重要检验项目，它贯穿于工程施工的全过程。高程检验主要用水准仪或全站仪。

(1) 质量要求。

符合表2-8的规定。

(2) 检验要求。

检验数量：每20 m测1点。

检验方法：水准仪测量。

先校核现场水准点或转引的临时水准点高程，确认无误；然后清除检验部位表面泥土和浮渣，划出中心线做标记，依次编号；最后抽取检测点测出高程。将检测点的高差值与相应的设计值一一对照，算出各测点的正负误差值，是否超出质量标准的允许偏差值，计算合格率。

[例2-2] 某城市主干路路基施工后进行道路路床纵断高程质量检查，按照每20 m测

1个点的要求,该分项工程共测量了10个点,各点与设计值的偏差如下:+8,+5,-2,0,+11,-1,+3,-11,-15,-22。试判断该检验批路床纵断高程项目检验的合格率。

解:实测点数为10个;合格点数为8个,按照表2-8的要求,路床纵断高程的允许偏差为+10,-20,在实测的10个点中,+11,-22超过允许的偏差,为不合格点。

$$合格率 = \frac{同一检查项目的合格点(组)数}{同一检查项目中实际检查点(组)数} \times 100\% = \frac{8}{10} \times 100\% = 80\%$$

答:该检验批中线高程项目检验的合格率为80%。

2. 中线平面偏位

(1) 质量要求。

符合表2-8的规定。

表2-8 路床质量检验标准及允许偏差表

项 目	允许偏差	检验频率			检验方法
		范围(m)	点 数		
路床纵断高程(mm)	-20,+10	20	1		用水准仪测量
路床中线偏位(mm)	≤30	100	2		用经纬仪、钢尺量取最大值
路床平整度(mm)	≤15	20	路宽(m)	<9	1	用3m直尺和塞尺连续量两尺,取较大值
				9~15	2	
				>15	3	
路床宽度(mm)	不小于设计值+B	40	1		用钢尺量
路床横坡	±0.3%且不反坡	20	路宽(m)	<9	2	用水准仪测量
				9~15	4	
				>15	6	
边坡	不陡于设计值	20	2		用坡度尺量,每侧1点

注:B为施工时必要的附加宽度。

(2) 检验要求。

检验数量:每100 m测2点。

检验方法:经纬仪、钢尺。

3. 宽度

(1) 质量要求。

符合表2-8的规定。

(2) 检验要求。

检验数量:每40 m测1点。

检验方法:钢尺测量。

4. 平整度

平整度是路面施工质量与服务水平的重要指标之一。它是指以规定的标准量规，间断地或连续地量测路表面的凸凹情况，即平整程度的指标。

(1) 质量要求。

符合表2-8的规定。

(2) 检验要求。

检验数量：路宽<9 m时，每20 m测1点；路宽9~15 m时，每20 m测2点；路宽>15 m时，每20 m测3点。

检测方法：3 m直尺法。

首先选择检测的位置和方向，将3 m长的检测尺沿行车方向放平在测试点的路面上，然后目测3 m直尺范围内直尺底面与路基顶面之间的间隙情况，确定间隙最大的位置；用有高度标线的塞尺塞进间隙处，测量最大间隙的高度，精确至0.2 mm。

根据实测数据，计算最大间隙的平均值、不合格尺数及合格率。

5. 横坡

横坡是指的是路幅和路侧带各组成部分的横向坡度，为道路机动车道、分隔带、人行道、绿化带等的横向倾斜度（见图2-22），用百分率表示，即

$$i = \tan\alpha = \frac{h}{d}$$

式中，i——横坡度；

h——路拱高度；

d——道路宽度。

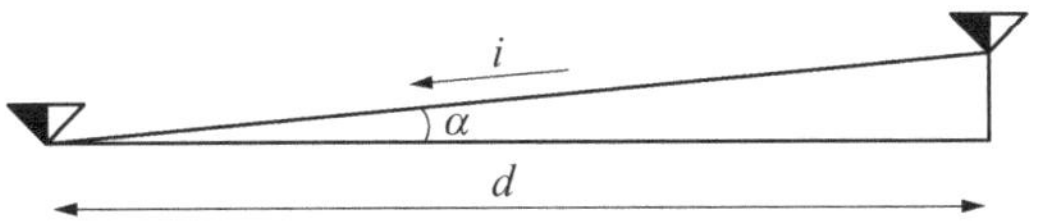

图2-22 横坡示意图

横坡可用道路横断面高差经过计算求出，所以横坡检验也是采用高程测量的方法。

(1) 质量要求。

符合表2-8的规定。

(2) 检验要求。

检验数量：路宽<9 m时，每20 m测2点；路宽9~15 m时，每20 m测4点；路宽>15 m时，每20 m测6点。

检验方法：水准仪。

[例2-3] 某城市主干路路基施工后进行车行道横坡质量检查，已知该道路机动车道横坡为2%，车行道共双向4车道，总宽为14 m。已测得道路中心线处高程为5.2 m，车行道边处高程为5.072 m。试判断该测点位置的横坡是否符合质量要求。

解： 按照2%的横坡率计算，车行道边处的高差应为

$$5.2 - 2\% \times (14 \div 2) = 5.2 - 0.14 = 5.06 \text{ m}$$

实际高程与允许高程之间的偏差为

$$5.72 - 5.06 = 0.012 \text{ m} = 12 \text{ mm} < 20 \text{ mm}$$

符合规范规定要求，该测点质量合格。

6. 边坡

(1) 质量要求。

符合表 2-8 的规定。

(2) 检验要求。

检验数量:每 20 m 测 2 点。

检验方法:坡度尺量。

7. 路床

路床应平整、坚实,无显著轮迹、翻浆、波浪、起皮等现象,路堤边坡应密实、稳定、平顺等。

三、土路基检验批质量记录

填写土路基检验批质量记录表(表 2-9)。

表 2-9 土方填方路基(路床)检验批质量检验记录

工程名称														
施工单位														
单位工程名称				分部工程名称										
分项工程名称				验收部位										
工程数量				项目经理					技术负责人					
制表人				施工负责人					质量检验员					
交方班组				接方班组					检验日期					
主 控 项 目				检查结果/实测点偏差值或实测值										
填挖类型	路床顶面以下深度(cm)	道路类别	压实度(%)(重型击实)	1	2	3	4	5	6	7	8	9	10	应测点数	合格点数	合格率(%)
1 土方路基(路床)压实	0~30	城市快速路、主干路	≥95													
		次干路	≥93													
		支路及其他小路	≥90													
	>80~150	城市快速路、主干路	≥93													
		次干路	≥90													
		支路及其他小路	≥90													
	>150	城市快速路、主干路	≥90													
		次干路	≥90													
		支路及其他小路	≥87													

续 表

主控项目				检查结果/实测点偏差值或实测值										应测点数	合格点数	合格率(%)
填挖类型	路床顶面以下深度(cm)	道路类别	压实度(%)(重型击实)	1	2	3	4	5	6	7	8	9	10			
2 弯沉值:不应大于设计规定(设计弯沉值:)																
一般项目				检查结果/实测点偏差值或实测值										应测点数	合格点数	合格率(%)
	项目		允许偏差	1	2	3	4	5	6	7	8	9	10			
3 土路基的允许偏差	路床纵断高程(mm)		−20 +10													
	路床中线偏位(mm)		≤30													
	路床平整度(mm)		≤15													
	路床宽度(mm)		不小于设计值+B													
	路床横坡		±0.3%且不反坡													
	边坡		不陡于设计值													
4 路床应平整、坚实,无显著轮迹、翻浆、波浪、起皮等现象,路堤边坡应密实、稳定、平顺等																
平均合格率(%)																
检验结论																
监理(建设)单位意见																

思考与练习

1. 什么是最大干密度和最佳含水量?
2. 什么是压实度?我国现行击实标准是什么?
3. 环刀法压实度检验的适用条件是什么?试述环刀法试验的步骤。
4. 土路基工程检验批质量检验的主控项目有哪些?试述各项目的检验方法、频率和允许偏差。
5. 土路基工程检验批质量检验的一般项目有哪些?试述各项目的检验方法、频率和允许偏差。
6. 某城市主干路路基填方路段,采用重型击实法已测得最大干密度 $\rho_{d,max}$ 为 1.72 g/cm³,下路床 30～80 cm 压实层按照检测频率进行压实度检验,得到一组实测干密度值如下:

试验次数	1	2	3	4	5
土壤干密度 ρ_d (g/cm³)	1.689	1.705	1.698	1.712	1.585

试判定该路段土的压实度质量。

7. 贝克曼梁测定弯沉值的试验步骤是什么？代表弯沉值的计算？

8. 哪些情况下需要对测得的弯沉值进行修正？

9. 已知：某新建城市快速路在不利季节测得某路段基层顶面实测弯层值如下表所示，路面设计弯层值为 40(0.01 mm)。

试计算判断该基层顶面弯层值是否符合要求。

序号	1	2	3	4	5	6	7	8	9	10	11	12	13	14	15	16	17	18	19	20	21	22
L_i (0.01 mm)	30	29	31	28	27	26	33	32	30	31	29	27	26	32	31	33	31	30	29	28	28

任务3　路基施工安全管理

任务描述

在路基施工过程中，在安全管理方面应做好哪些具体工作？

任务分析

不同的道路工程，由于所处的地理位置不同，地质条件、地下管线、现场施工条件等不尽相同，因此，路基施工的情况各不相同。路基施工前，应详细调查分析和核对各项技术资料，根据现有条件制定安全管理措施，确保路基施工的安全。

方法与步骤

2.3.1　路基安全施工要求

一、一般规定

（1）工程开工前，必须进行现场调查，根据施工地段的地形、地质、水文、气象、环境等，制订相应的安全技术和环境保护措施。施工中应及时掌握气温、雨雪、风暴、汛情等预报，做好防范工作。

（2）路基施工前，应了解施工范围内地下埋设的各种管线、电缆、光缆等情况并与相关部门联系，制订合理的安全保护措施。施工中发现有危险品及其他可疑物品时，应立即停止施工，报请有关部门处理。

（3）应按照国家有关规定配置消防设施和器材、设置消防安全标志。施工现场应设置醒目的安全、警示标志和安全防护设施。

（4）路基施工应制订安全预案，具备安全生产条件，确保施工安全。

（5）施工现场的临时用电，应严格执行现行《施工现场临时用电安全技术规范》

(JTJ46)。夜间施工时,现场应设有保证施工安全要求的照明设施。

(6) 施工便道、便桥应设立警示和交通标志,必要时应设专人维护、指挥交通。施工车辆必须遵守道路交通法规。

(7) 施工作业人员,必须遵守本工种的各项安全技术操作规程。作业人员、进入现场人员必须按规定佩戴和使用劳动防护用品。由人工配合机械进行辅助作业时,作业人员应注意观察,严禁在机械正在作业的范围内进行辅助作业。

(8) 多台机械同时作业时,各机械之间应注意保持必要的安全距离。机械在路基边坡、边沟、基坑边缘、不稳定体(地段)上作业时,应采取必要的安全措施。

(9) 在靠近结构物处挖土,必须采取安全防护措施。对于在路基范围内暂时不能迁移的结构物,应留出土台,土台周围应设警示标志。

二、路基施工人员安全技术

(1) 施工人员安全操作一般规定:

1) 作业人员必须经过安全技术培训,掌握本工种安全生产知识和技能。

2) 工人或转岗工人必须经入场或转岗培训,考核合格后方可上岗,实习期间必须在有经验的工人带领下进行作业;

3) 特种作业人员必须经过安全技术培训,取得主管单位颁发的资质证后持证上岗;

4) 机动车驾驶员必须取得公安交通管理部门颁发的驾驶证后方可上岗。

(2) 作业前应按安全技术交底要求了解地下管线、人防及其他构筑物的情况,按要求坑探,掌握构筑物的具体位置。作业中应避开管线和构筑物。

(3) 严禁在高压线下堆土、堆料、支搭临时设施和进行机械吊装作业。

(4) 作业时应保持作业道路通畅、作业环境整洁。在雨、雪后和冬期,露天作业时必须先清除水、雪、霜、冰,并采取防滑措施。

(5) 作业前必须检查工具、设备、现场环境等,确认安全后方可作业。

(6) 下沟槽(坑)作业前必须检查槽(坑)壁的稳定状况和环境,确认安全。上下沟槽(坑)必须走马道或安全梯,通过沟槽必须走便桥。严禁在沟槽(坑)内休息。

(7) 作业时必须按规定使用防护用品。进入施工现场的人员必须戴安全帽,严禁赤脚,严禁穿拖鞋。

(8) 临边作业时必须在作业区采取防坠落的措施。施工现场的井、洞、坑、池必须有防护栏或防护篦等防护设施和警示标志。

(9) 沟槽边、作业点、道路口必须设明显安全标志,夜间必须设红色警示灯。

(10) 作业中出现危险征兆时,作业人员应暂停作业,撤至安全区域,并立即向上级报告。未经施工技术管理人员批准,严禁恢复作业。紧急处理时,必须在施工技术管理人员的指挥下进行抢救。

(11) 开挖土方的操作人员之间,必须保持足够的安全距离;横向间距不小于 2 m,纵向间距不小于 3 m。

(12) 土方开挖必须自上而下顺序放坡进行,严禁采用挖空底脚的操作方法。

(13) 在靠近建筑物、设备基础、电杆及各种脚手架附近挖土时,必须采取安全防护措施。

(14) 坡面上的操作人员对松动的土、石块必须及时清除,严禁在危石下方作业、休息和存放机具。

三、路基施工机械安全技术

土方工程施工主要包括土方的搬运、整平、压实等项目,其使用的机械设备称为土方施工机械。一般由推土机、铲运机、单斗挖掘机、装载机等,这些施工机械各有一定的技术性能和安全使用要求。作为施工管理人员,应熟悉机械的类型、性能和构造特点以及安全使用要求,合理选择施工机械和施工方法,建立安全技术管理制度,制定安全技术措施。

1. 一般技术要求

操作人员在工作中不得擅离岗位,不得操作与操作证规定不相符合的机械,不得将机械设备交给无本机种操作证的人员操作。

2. 推土机安全技术

推土机(见图2-23)主要进行短距离推运土方、石等作业。推土机作业时,依靠机械的牵引力来完成土壤的切割和推运。若配置其他工作装置,推土机可完成铲土、运土、填土、平地、压实以及松土、除根、清除石块及杂物等作业,是土方工程中广泛使用的施工机械。推土机的完整作业由铲土、运土、卸土三个工作过程和一个空载回驶过程组成。

(1) 推土机上下坡时,其坡度不得大于30°;在横坡上作业,其横坡度不得大于10°。下坡时,宜采用后退下行,严禁空挡滑行,必要时可放下刀片作辅助制动。

(2) 在陡坡、高坎上作业时,必须有专人指挥,严禁铲刀超出边坡的边缘。送土终了应先换成倒车挡后再提铲刀倒车。

(3) 在垂直边坡的沟槽作业,其沟槽深度,对大型推土机不得超过2 m,对小型推土机不得超过1.5 m。推土机刀片不得推坡壁上高于机身的孤石或大土块。

(4) 推土机在摘卸推土刀片时,必须考虑下次挂装的方便。摘刀片时辅助人员应同司机密切配合,抽穿钢丝绳时应带帆布手套,严禁将眼睛挨近绳孔窥视。

(5) 多机在同一作业面作业时,前后两机相距不应小于8 m,左右相距应大于1.5 m。两台或两台以上推土机并排推土时,两推土机刀片之间应保持20~30 cm间距。推土前进必须以相同速度直线行驶;后退时,应分先后,防止互相碰撞。

(6) 用推土机伐除大树或清除残墙断壁时,应提高着力点,防止其上部反向倒下。

图2-23 推土机

图2-24 铲运机

3. 铲运机安全技术

铲运机(见图2-24)是一种挖土兼运土的机械设备,它可以在一个工作循环中独立完成挖土、装土、运输和卸土等工作,还兼有一定的压实和平地作用。铲运机运土的距离较远,铲斗容量较大,是土方工程中应用最广泛的重要机种之一,主要用于大土方量的填挖和运输作业。

(1) 作业前应先将运行道路刮平,其宽度应大于机身宽约 2 m;

(2) 行驶中严禁把铲斗和斗门提升到最高点,以免在转弯时将钢丝绳崩断;下坡时应放下铲运机斗作辅助制动,严禁空挡滑行;

(3) 铲斗与机身不正时不得铲土;在开始铲土和提斗时,动作要缓慢;驾驶员离开机车时,应将变速杆放在空挡,关闭发动机,将铲斗放落在地面;

(4) 在新填的土堤上作业,应离开土堤边沿 1 m 以上;靠路堤边沿填土时,必须保持外侧高内侧低和纵向基本平顺,卸土时铲斗应放低,防止铲运机滑下;

(5) 多台铲运机作业,前后净距不得小于 10 m,左右净距不得小于 2 m;两机会车应减速慢行;

(6) 清除铲斗内积土时,必须先把铲斗牢固支起,推土板恢复常位后,人员才能进入铲斗内清除积土;

(7) 长距离拖运,必须用挂钩将铲斗挂牢,解除钢丝绳负荷。

4. 单斗挖掘机安全技术

单斗挖掘机(见图 2-25)在道路工程中用于挖掘和装载土、石、砂砾及散粒材料的重要施工机械,据统计,在工程施工中约有 60% 以上的土石方量是靠挖掘机来完成的。单斗挖掘机可将挖出的土石就近卸掉或配备一定数量的自卸车进行远距离的运输。此外,其工作装置根据建设工程的需要可换成钻孔、碎石、起重和抓斗等多种工作装置,从而扩大了挖掘机的使用范围。

(1) 发动机起动后,铲斗内、臂杆、履带和机棚上严禁站人。

(2) 工作位置必须平坦稳固。工作前履带应制动,轮胎式挖掘机应顶好支腿,车身方向应与挖掘工作面延伸方向一致,操作时进铲不应过深,提斗不得过猛。

(3) 在高陡的工作面上挖掘夹有石块的土方时,应将较大的石块和杂物除掉。如果土体挖成悬空状态而不能自然塌落时,则需用人工处理,严禁用铲斗将悬空土方砸下。

(4) 对吊杆顶端的滑轮和钢丝绳进行保养、检修拆换时,应将铲斗和吊杆放落地面,然后再进行维修。

(5) 严禁铲斗从运土车的驾驶室顶上越过。向运土车辆卸土时,应降低铲斗高度,防止偏载或砸坏车厢。铲斗运转范围内,严禁站人。

图 2-25 挖掘机

图 2-26 装载机

5. 装载机安全技术

装载机(见图 2-26)是一种作业效率较高的铲装机械,可用来装载松散物料,同时还能用于清理、平整场地,短距离装运物料,牵引和配合运输车辆装土。如更换相应的工作装置后,还可以完成推土、挖土、松土、起重等多种工作,具有较好的机动性。

(1) 起步前应将铲斗提升到离地面 0.5 m 左右。作业时应使用低速挡。用高速档行驶时,不得进行升降和翻转铲斗。严禁铲斗载人。

(2) 行驶道路应平坦,不得在倾斜度超过规定的场地上作业,运送距离不宜过大。铲斗满载运送时,铲斗应保持在低位。

(3) 在松散不平的场地作业,可将铲臂放在浮动位置,使铲斗平稳地推进。如推进阻力过大,可稍稍提升铲臂,装料时铲斗应从正面低速插入,防止铲斗单边受力。

(4) 向运输车辆上卸土时应缓慢,铲斗应处在合适的高度,前翻和回位不得碰撞车厢。

(5) 应经常注意机件运转声响,发现异响应立即停车排除故障。当发动机不能运转需要牵引时,应使各转向油缸能自由动作。

2.3.2 文明施工要求

一、主要内容及标准

1. 外部环境

(1) 打围作业,封闭施工,有"净化、绿化、美化、亮化"措施,内部标准化,外部景观化。

(2) 书写规范的宣传标语,严禁张贴商业广告,尽量做到围挡一段、施工一段,并设警示标志。

(3) "五牌一图"齐全,即施工现场平面图、工程概况牌、管理人员名录及监督电话牌、消防保卫牌、安全生产牌、文明施工牌。

(4) 出入口处用密筛网折叠或钢筋篦子、草帘等设置出入口,专人清理。

(5) 保证施工场地周边、出入口无垃圾、污水,安全、整洁、畅通。

2. 内部环境

(1) 施工现场总平面布置纳入施工组织设计。

按照布局紧凑、规划周密、管理方便和安全可靠的原则,符合劳动保护、安全生产、消防、卫生和文明施工规定。

(2) 料具场地平整夯实,裸露地面要绿化,施工通道可用沙石进行硬化。

(3) 施工现场的临时设施、机具设备、各类建筑材料应按总平面图合理布置,材料堆码整齐。

(4) 施工场区内无乱搭乱建,保持工地内干净整洁。

二、防止扬尘、污水、噪声措施

(1) 严禁在施工现场焚烧废弃物,防止有毒有害烟尘和恶臭气体产生。

(2) 防止尘土飞扬,清扫场地应洒水作业。未经处理,施工废水不得排入城市排水管。

(3) 合理安排施工进度,对易产生噪声(震动)的施工机械,应减轻噪声扰民。

三、环境卫生管理

施工现场建立健全卫生管理和有效保洁制度,落实各项卫生防病措施。搞好"除四害"及消毒工作,保持工地内部生活环境整洁。

(1) 临时用房按总平面布置设置,采光、通风、卫生、消防满足要求,简洁实用。

(2) 食堂必须符合《中华人民共和国食品卫生法》的规定,食堂工作人员有《卫生许可证》和《健康证》,各种用具应一清、二洗、三消毒。

(3) 施工运输车辆、挖掘土方设备驶出工地前,必须做除泥、除尘处理,泥尘严禁带出工地。

(4) 运输砂石、土方、垃圾、水泥等易产生扬尘物的车辆,应封置严密,严禁撒漏。

(5) 施工现场基础,通道土方开挖时,堆土要相对集中,存土时间超过一个月的应采取覆盖、固化或绿化措施。短期存放应采取洒水降尘。

(6) 四级风以上的天气,停止土方施工。

(7) 施工现场应设置冲洗车辆设备的设施。

(8) 工地临时办公室要整洁卫生,建立卫生责任制度。

(9) 有条件时应建立卫生标准的水冲式厕所和浴室并专人管理,定期施放药物杀灭蚊蟑,做到无蝇、无臭味等。

2.3.3 案例分析

某道路项目部施工技术人员,根据施工现场情况,对施工用机械设备进行安排。因取土区土壤松软潮湿,该施工技术人员做了如下具体的安排:

(1) 用具有适合湿地作业的挖掘机进行挖掘作业;

(2) 用自行式轮胎铲运机将土壤运至 350 m 外;

(3) 因无载入交通工具,机械操作工人可乘载在铲运机斗内返回驻地。

(4) 用推土机将作业场内的土推到 250 m 以外的填方区。

讨论以上安排的合理性或不合理性。

思考与练习

1. 路基安全施工的一般规定有哪些?
2. 路基施工机械中推土机和单斗挖掘机的安全技术应注意哪些内容?

项目3 基(垫)层施工管理

 **能力目标**

(1) 能做好基(垫)层施工准备工作；
(2) 能熟悉基(垫)层施工工艺流程；
(3) 能读懂原材料的技术指标,判断原材料质量；
(4) 能进行基(垫)层施工质量检查；
(5) 能进行灌砂法、弯沉值试验；
(6) 会整理基(垫)层施工资料；
(7) 会检查基(垫)层施工安全。

任务1 基(垫)层施工基本知识

 **任务描述**

路基施工完成后,下一步就是基(垫)层施工。道路工程中可采用不同类型的基(垫)层材料,各种材料的施工工艺各有不同,本工程垫层采用厚度为15 cm的级配碎石、基层采用厚度为40 cm水泥稳定碎石。施工人员在施工前应了解基(垫)层施工管理的相关知识,保证正确指导施工。

 **任务分析**

基层作为面层之下的结构层,主要承受由面层传来的车辆荷载竖向力,并把这种作用力扩散到垫层和土基中,故基层应有足够的强度和刚度；垫层设置在土基与基层之间,其功能是改善土基的湿度和温度状况,以保证面层和基层的强度、刚度的稳定性,并不受冻胀翻浆的作用。因此,基(垫)层质量的好坏直接关系着面层质量的好坏,控制好基(垫)层施工质量是确保面层使用寿命和品质的关键环节。

 **方法与步骤**

3.1.1 基(垫)层的分类

基(垫)层根据组成材料和使用性能的不同,主要分为结合料稳定类(有机结合料类和无机结合料类)和碎砾石粒料类。

无机结合料稳定类基层又称半刚性基层,这种基层整体性好,承载力高,刚度大,水稳性好,且较为经济。它广泛适用于各等级道路的路面基层和底基层。

碎砾石粒料类基层又称无结合料的粒料类结构层,这种结构层是用粗、细碎(砾)石、黏土(或不含黏土)按照嵌锁原则或级配原则铺筑而成的结构层。

各种常用基(垫)层类型见表3-1。

表3-1 常用基(垫)层类型

结合料稳定类	有机结合料稳定类		包括热拌沥青碎石或乳化沥青碎石混合料、沥青贯入碎石等
	无机结合料稳定类（半刚性）	水泥稳定类	包括水泥稳定砂粒、碎石、砂砾土、碎石土、未筛碎石、石屑、石渣、高炉矿渣、钢渣等
		石灰稳定类	包括石灰稳定细粒土、天然砂砾土、天然碎石土以及石灰稳定级配砂砾、级配碎石和矿渣等
	工业废渣稳定类	石灰粉煤灰类	包括石灰粉煤灰(二灰)、石灰粉煤灰土(二灰土)、二灰砂、二灰砂砾、二灰碎石、二灰矿渣等
		石灰煤渣类	包括石灰煤渣、石灰煤渣土、石灰煤渣碎石、石灰煤渣砂砾等
		水泥煤渣类	包括水泥粉煤灰稳定砂砾、碎石及砂等
碎砾石粒料类	嵌锁型		包括泥结碎石、泥灰结碎石、填隙碎石等
	级配型		包括级配碎石、级配砾石、符合级配的天然砂砾、部分砾石经轧制掺配而成的级配砾、碎石等

3.1.2 级配碎石施工

粗细碎石集料和石屑各占一定比例的混合料,当其颗粒组成符合密实级配要求时,称级配碎石。用级配碎石铺筑的基层称级配碎石基层。

级配碎石可采用路拌法和厂拌法进行施工。其路拌法施工工艺流程见图3-1。

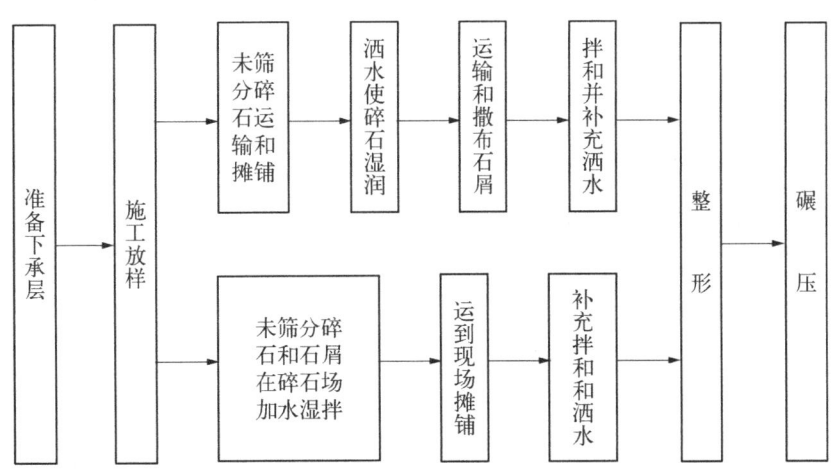

图3-1 级配碎石路拌法施工工艺流程

一、路拌法

1. 准备下承层

级配碎石的下承层表面应平整、坚实,具有一定的路拱,平整度和压实度应满足规范要求。并应逐个检查各断面的标高是否满足误差的要求。

下承层必须用 12~15t 的三轮或等效的压路机进行碾压(碾压 3~4 遍)检验,发现过干、表层松散时,应及时洒水。对于底基层,压实度检查和弯沉测定的结果不符合要求的,应采用补充碾压、换填好料、挖开晾晒等措施,使之达到规范的要求。

2. 施工放样

在下承层上恢复中线。直线段每 15~20 m 设一桩,平曲线段每 10~15 m 设一桩,并在两侧路肩边缘外 0.3~0.5 m 设指示桩。逐个断面进行高程测量,并在指示桩上标记结构层的设计高度。

3. 备料

根据各路段基层或底基层的宽度、厚度及预定的干密度和松铺系数,计算所需要的各种集料的数量,根据运料车辆的车厢体积,计算每车材料的堆放间距。

4. 运输和摊铺集料

集料装车时,应控制每车料的数量基本相同。

同一料场的路段,运输应由远到近按计算的间距堆放,堆放的时间不宜过长,一般仅提前数天。料堆间每隔一定距离应留缺口用以排水。

应事先通过试验确定集料的松铺系数并确定松铺厚度。一般人工摊铺时,其松铺系数为 1.40~1.50;平地机摊铺时,其松铺系数为 1.25~1.35。

采用粗细不同的多种集料时,应将粗集料铺在下面,并处于湿润状态,再将细集料铺洒在上面。级配碎石的未筛分碎石摊铺平整后,在其较湿润的情况下,向上运送石屑,用平地机并辅以人工将石屑均匀摊铺在碎石层上,或用石屑洒布机将石屑直接均匀洒布在碎石层上。铺料力求均匀,表面平整,必要时应进行减料或补料工作,并具有规定的拱度,最后要检验松铺材料的厚度。

5. 拌和及整平

对于级配碎石,应用稳定土拌和机拌和(见图 3-2)。拌和时,稳定土拌和机应拌两遍以上,且深度应达到级配碎石层底,在最后一遍拌和前,必要时可先用多铧犁贴底面翻拌一遍。拌和结束后,混合料的含水量应均匀,并较最佳含水量大 1% 左右,并且没有颗粒离析现象。

用平地机和轮胎压路机在已初平的路段上碾压一遍,找出潜在的不平整的地方,进行处理,最后再用平地机整平,整平后应禁止车辆通行。

6. 碾压

整平后,当含水量满足要求时,应立即用 12t 以上三轮压路机、振动压路机或轮胎压路

图 3-2 稳定土拌和机拌和

机进行碾压(见图3-3)。直线和不设超高的平曲线段,由两侧路肩向路中心碾压;在设超高的平曲线段,由内侧路肩向外侧路肩进行碾压。碾压时,后轮重叠1/2轮宽,且须超过两段的接缝处。后轮压完路面全宽时,即为一遍。碾压一直进行到要求的密实度为止。一般需碾压6~8遍,使表面没有明显轮迹。压路机的碾压速度头两遍宜为1.5~1.7 km/h,以后为2.0~2.5 km/h。路面两侧区域应多压2~3遍。严禁压路机在已完成或正在碾压的路段上掉头或急刹车。

图3-3 振动压路机碾压

凡含土的级配碎石层,都应进行滚浆碾压,一直到碎石层中无多余细土泛出表面为止。然后将表层滚浆(或事后变干的薄层土)清除干净。

7. 接缝处理

两作业段之间的横缝衔接处,应搭接拌和。第一段拌和后,应留5~8 m先不碾压,等第二段施工时,将留下的部分一起加水拌和,整平后进行碾压。施工时,应尽量避免纵向接缝。当必须分幅铺筑时,应搭接拌和。前半幅全宽碾压密实,后半幅拌和时,应将前半幅相邻处的边部0.3 m左右搭接拌和,整平后一起碾压。

二、厂拌法

中心站集中厂拌法施工方法除拌和与摊铺和路拌法不同外,其余均相同。

1. 拌和

级配碎石混合料在中心站用强制式拌和机、卧式双转轴桨叶式拌和机或普通水泥混凝土拌和机等机械进行集中拌和。中心站场内,不同粒径的碎石和石屑等细集料应隔离,分别堆放。细集料应有覆盖,防止雨淋。

2. 摊铺

对于高等级道路应采用沥青混凝土摊铺机或其他碎石摊铺机摊铺碎石混合料。对于其他等级的道路施工,如没有摊铺机可用自动平地机(或摊铺机)摊铺混合料。将混合料按计算每车混合料摊铺面积均匀地卸在路幅中央,路幅宽时,卸成两行,并用平地机进行摊铺。平地机摊铺时,应设专人跟在平地机后面,及时消除集料离析现象。对于粗集料"窝",对于细集料"带",应添加细集料,并拌和均匀;对细集料"窝",应添加粗集料,并拌和均匀。

3.1.3 水泥稳定碎石施工

水泥稳定碎石是以级配碎石作骨料,采用一定数量的胶凝材料和足够的灰浆体积填充骨料的空隙而形成的混合料。

水泥稳定碎石基层施工工艺流程图见图3-4。

一、准备工作

在施工前应按照有关检验标准对下承层进行复验,凡是不符合规范要求的路段,均应修整到符合规范要求的标准,对于已经遗失或松动的测桩,应进行补钉,对下承层应进行测量、

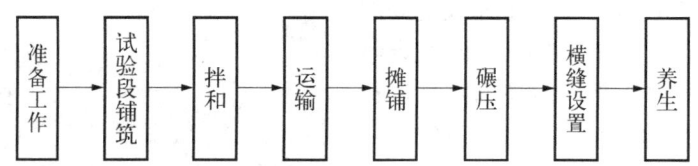

图 3-4 水泥稳定碎石基层施工工艺流程图

整修,下承层的表面应达到平整、坚实、路拱应符合要求,无软弱和松散的地方。

配备齐全施工机械,做好拌和机、摊铺机和压路机等设备的保养,并保证在施工期间一般不发生有碍施工进度和质量的故障。

二、试铺

提交试验段的施工方案,经监理工程师批准后进行试验段的施工,试验段长度为 200 m 左右。试铺段要解决的主要问题如下:

(1) 调试拌和机,检查混合料拌和的均匀性,并调整拌和机的产量。验证混合料的配合比例,试验混合料因时间的延迟而对成型路面强度的影响。

(2) 调整摊铺机的各项参数,确定合适的铺筑厚度,确定碾压工艺。

(3) 拌和、运输、摊铺和碾压机械的协调和配合,确定每一作业段的合适长度。

当试铺路面的各项检测结果都符合规定后,编写试铺总结,提出正式施工方案,经监理工程师批准后即作为申报正式开工的依据。

三、施工

1. 一般要求

(1) 清除作业面表面的浮土、积水等,并将作业面洒水湿润。

(2) 开始摊铺的前一天要进行测量放样,按摊铺机宽度与传感器间距,一般在直线上间隔为 10 m,在平曲线上间隔为 5 m,做出标记,并打好导向控制线支架,根据松铺系数算出松铺厚度,决定导向控制线高度,挂好导向控制线。用于控制摊铺机摊铺厚度的控制线的钢丝拉力应不小于 800 N。

2. 混合料的拌和

水泥稳定碎石混合料采用集中厂拌法。

(1) 开始拌和前,拌和厂的备料应能满足 3~5 d 的摊铺用料。

(2) 开始搅拌前,应检查场内各处集料的含水量,计算当天的配合比,外加水与天然含水量的总和要比最佳含水量略高。实际的水泥剂量可以大于混合料组成设计时确定的水泥剂量约 0.5%。

(3) 开始拌和之后,出料时要取样检查是否符合设计的配合比,正式生产之后,每 1~2 h 检查一次拌和情况,抽检其配合比、含水量是否变化。高温作业时,早晚与中午的含水量要有区别,要按温度变化及时调整。

(4) 拌和机出料不允许采用自由跌落式落地成堆、装载机装料运输的办法。一定要配备带活门漏斗的料仓,由漏斗出料直接装车运输,装车时车辆应前后移动,分平次装料,避免混合料离析。

3. 混合料的运输

(1) 运输车辆在开工前,要检验其完好情况,装料前应将车厢清洗干净。运输车数量一定要满足拌和出料与摊铺需要,并略有富余。

(2) 应尽快将拌成的混合料运送到铺筑现场。车上的混合料应覆盖,减少水分损失。如运输车辆途中出现故障,必须以最短时间排除,当有困难时,车内混合料不能在初凝时间内运到工地,或碾压完成最终时间超过2h,必须予以废弃。

4. 混合料的摊铺(见图3-5)

(1) 摊铺前应将底基层或基层下层适当洒水湿润。

图3-5 摊铺机摊铺

(2) 摊铺前应检查摊铺机各部件运转情况,调整好传感器臂与导向控制线的关系,严格控制基层厚度和高程,保证路拱横坡度满足设计要求。

(3) 摊铺机宜连续、低速摊铺,禁止摊铺机停机待料。根据经验,摊铺机的摊铺速度一般在1 m/min左右。

(4) 混合料摊铺应采用两台摊铺机梯队作业,一般间距在5~10 m,一前一后应保证速度一致、摊铺厚度一致、松铺系数一致、路拱坡度一致、摊铺平整度一致、振动频率一致等,两机摊铺接缝平整。

(5) 摊铺机的螺旋布料器应有2/3埋入混合料中。在摊铺机后面应设专人消除集料离析现象,特别应该铲除局部粗集料"窝",并用新混合料填补。

5. 混合料的碾压

(1) 每台摊铺机后面,应紧跟三轮或双钢轮压路机静压,振动压路机和轮胎压路机进行碾压,一次碾压长度一般为30~50 m。碾压段落必须层次分明,设置明显的分界标志,有技术人员旁站。

(2) 碾压应遵循试验路段确定的程序和工艺。注意稳压要充分,振压不起浪、不推移。压实时,可以先稳压(遍数适中,压实度达到要求)→开始振动碾压→重振动碾压→胶轮稳压,压至无轮迹为止。碾压过程中,可用核子仪初查密实度,不合格时,重复再压(注意检测压实时间)。碾压完成后用灌砂法检测压实度。

(3) 压路机碾压时应重叠1/2轮宽。压路机倒车换挡要轻且平顺,不要拉动基层,在第一遍初步稳压的一头换挡倒车位置错开,要成齿状,出现个别拥包时,应专配工人进行铲平处理。

(4) 压路机碾压时的建议行驶速度:第1~2遍为1.5~1.7 km/h,以后各遍应为1.8~2.2 km/h。压路机停车要错开,而且离开3 m远,最好停在已碾压好的路段上,以免破坏基层结构。

(5) 严禁压路机在已完成的或正在碾压的路段上调头和急刹车,以保证水泥稳定碎石层表面不受破坏。碾压宜在水泥终凝前及试验确定的延迟时间内完成,并达到要求的压实度,同时没有明显的轮迹。为保证水泥碎石基层边缘强度,应有一定的超宽。

6. 横缝设置

(1) 混合料摊铺时,必须连续作业不中断,如因故中断超过水泥初凝时间时,则应设横缝;每天收工之后,第二天开工的接头断面也要设置横缝;每当通过明涵、明通,在其两边需要设置横缝,基层的横缝最好与桥头搭板尾端吻合。要特别注意桥头搭板前水泥碎石的碾压。

(2)横缝应与路面中心线垂直设置,其设置方法如下：第一,人工将含水量最合适的混合料末端整理整齐,紧靠混合料放两根方木,方木的高度应与混合料的压实厚度相同,整平紧靠方木的混合料;第二,方木的另一侧用砂砾或碎石回填 3 m 长,其高度应略高出方木;第三,将混合料碾压密实;第四,在重新开始摊铺混合料之前,将砂砾或碎石和方木撤除,并将作业面顶面清扫干净;第五,摊铺机返回到已压实的末端,重新开始摊铺混合料;第六,如摊铺中断超过 2 h,而又未按上述方法处理横向接缝,则应将摊铺机附近及其下面未压实的混合料铲除,并将已碾压密实且高程和平整度符合要求的末端挖成与路中心线垂直并垂直向下的断面,然后再摊铺新的混合料。

7. 养生及交通管制

碾压完成检测合格后立即应封闭交通,覆盖养生,养生不少于 7 d,覆盖物应保证饱水后 4 h 内处于湿润状态。用洒水车洒水养生时,洒水车的喷头要用喷雾式,不得用高压式喷管,以免破坏基层结构。每天洒水次数应视气候而定,整个养生期间应始终保持水泥稳定碎石层表面湿润。

相关知识与拓展

3.1.4　路面结构层次的划分

路面是用各种材料或混合料分层修筑在路基顶面供车辆行驶的层状结构物,直接经受车辆荷载与自然因素综合作用,且影响随着深度而逐渐减弱。因此,对路面材料的强度、刚度和稳定性的要求也随着深度而降低。所以,通常从受力情况、自然因素等对路面作用程度的不同以及经济的角度考虑,将路面分成若干层次来铺筑,如图 3-6 所示。

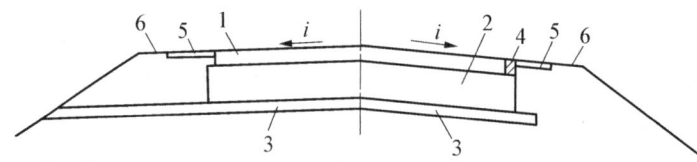

图 3-6　路面结构层次示意图
1—面层；2—基层(有时包括底基层)；3—垫层；4—路缘石；5—硬路肩；6—土路肩

一、面层

面层是直接承受行车荷载反复作用及大气降水和温度变化影响,并为车辆提供行驶表面的结构层次,直接影响行车的舒适性、安全性和经济性,同时会给周围环境带来不同程度的负面影响。因此,面层应具有足够的结构强度和稳定性、良好的表面特性。面层可由一层或多层组成,上层可为磨耗层,其下层可为承重层、联结层或整平层。

二、基层

基层是设置在面层之下的结构层,主要承受由面层传递来的车辆荷载垂直力,并将其分布到底基层和土基上。因此,它也应具有足够的强度、刚度和耐久性,并具有良好的扩散应力的能力(应有较好的板体性)。由于基层不直接与车轮接触,故一般对基层材料的耐久性不予严格要求,但因基层本身不能阻挡地下水和地表水的侵入,所以基层结构应具有足够的水稳性。

当基层分为多层时,其最下面的一层称底基层,并与面层、基层一起承受车轮荷载反复作用,起次要承重作用。

三、垫层

垫层是设置在基层或底基层和土基之间的结构层,它的主要作用是加强土基、改善基层的工作条件。垫层往往是为蓄水、排水、隔热、防冻等目的而设置的,所以通常设在路基处于潮湿和过湿以及有冻胀翻浆的路段。

设置垫层的目的一般是蓄水、排水、隔热、防冻等,所以通常设在路基处于潮湿和过湿以及有冰冻翻浆的路段。在地下水位较高地区铺设的能起隔水作用的垫层称隔离层;在冰冻较深地区铺设的能起防冻作用的垫层称防冻层。此外,垫层还能扩散由基层或底基层传下来的应力,以减少土基的应力和变形;而且它也能阻止路基土挤入基层中,从而保证了基层的结构性能。

修筑垫层所用的材料,强度不一定很高,但水稳性和隔热性要好。常用的材料有两类:一类是用如粗砂、砾石和炉渣等松散粒料组成的透水性垫层;另一类是由石灰土或炉渣石灰土等整体性材料组成的稳定性垫层。

3.1.5 粉煤灰三渣施工

粉煤灰三渣是以集中拌和方法,由熟石灰、粉煤灰和同粒径碎石拌制而成的混合料。由粉煤灰三渣混合料铺筑而成的基层称为粉煤灰三渣基层。其施工工艺流程及要求与水泥稳定碎石基层基本相同,养生时间不少于 14 d。

  思考与练习

1. 简述级配碎石基层路拌法施工工艺流程。
2. 简述水泥稳定碎石施工工程流程。
3. 水泥稳定碎石横向接缝如何处理?
4. 路面分为几个层次?各层次有何特点?
5. 什么是半刚性基层?

任务2 基(垫)层施工质量验收和资料管理

 **任务描述**

在基(垫)层施工过程中及施工完成后,施工单位项目部的管理人员须对其施工质量进行控制、检查和检验,并按规范要求形成相应的资料。

 任务分析

基(垫)层位于面层之下,是整个路面结构的主要承重层,其质量的好坏直接关系着面层质量的好坏,控制好基(垫)层施工质量是确保面层使用寿命和品质的关键环节。因此基(垫)层施工质量检验必须合格后,方可进行下一道工序——面层的施工。如果检验不符合质量标准规定要求,应及时处理,直至合格为止。同时,工程资料作为工程竣工验收的必备资料,在质量检验、检查的过程中应做好完整的质量检查记录。

方法与步骤

施工质量验收和资料管理流程图见图3-7。

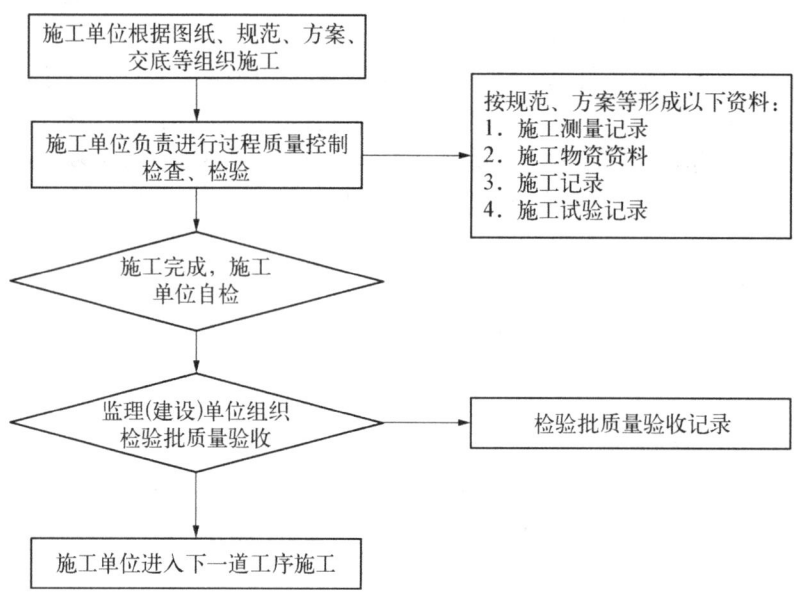

图3-7 施工质量验收和资料管理流程图

3.2.1 组织施工

级配碎石及水泥稳定碎石基(垫)层的施工组织在本项目任务1已详述,此处不再赘述。

3.2.2 施工测量控制和测量记录

施工测量控制和测量记录的内容在项目2任务2中已介绍,此处不再赘述。

3.2.3 施工物资检查和资料管理

一、级配碎石材料

级配碎石材料应符合下列规定:

(1)轧制碎石的材料可为各种类型的岩石(软质岩石除外)、砾石。轧制碎石的砾石粒径应为碎石最大粒径的3倍以上,碎石中不得有黏土块、植物根叶、腐殖质等有害物质。

(2)碎石中针片状颗粒的总含量不得超过20%。

(3)级配碎石颗粒范围和技术指标应符合表3-2的规定。

表 3-2 级配碎石颗粒组成范围

项目		通过质量百分率(%)			
		基层		底基层	
		次干路及以下道路	城市快速路、主干路	次干路及以下道路	城市快速路、主干路
筛孔尺寸(mm)	53			100	
	37.5	100		85~100	100
	31.5	90~100	100	69~88	83~100
	19	73~88	85~100	40~65	54~84
	9.5	49~69	52~74	19~43	29~59
	4.75	29~54	29~54	10~30	17~45
	2.36	17~37	17~37	8~25	11~35
	0.6	8~20	8~20	6~18	6~21
	0.075	0~7②	0~7②	0~10	0~10
液限(%)		<28	<28	<28	<28
塑性指数		<6(或9①)	<6(或9①)	<6(或9①)	<6(或9①)

注：① 表示潮湿多雨地区塑性指数宜小于6,其他地区塑性指数宜小于9；
② 表示对于无塑性的混合料,小于0.075 mm 的颗粒含量接近高限；
③ 表示底基层所列为未筛分碎石颗粒组成范围。

(4) 级配碎石石料的压碎值应符合表 3-3 的规定。

表 3-3 级配碎石石料压碎值要求

项目	压碎值	
	基层	底基层
城市快速路、主干路	<26%	<30%
次干路	<30%	<35%
次干路以下道路	<35%	<40%

(5) 碎石或碎砾石应为多棱角块体,软弱颗粒含量应小于5%；扁平细长碎石含量应小于20%。

二、水泥稳定碎石材料

水泥稳定碎石材料应符合下列规定：

(1) 水泥应采用 32.5 或 42.5 等级的普通硅酸盐水泥、矿渣硅酸盐水泥或火山灰硅酸盐水泥,初凝时间应在 3 h 以上,终凝时间 6 h 以上。水泥应有出厂合格证与生产日期,复验合格方可使用。水泥贮存期超过 3 个月或受潮,应进行性能试验,合格后方可使用。

(2) 集料：

1) 当作基层时,粒料的最大粒径不宜超过 37.5 mm。

2）当作底基层时,粒料的最大粒径：对城市快速路、主干路不应超过 37.5 mm；对次干路及以下道路不应超过 53 mm。

3）碎石应按其自然级配状况,经人工调整使其符合表 3-4 的规定。

表 3-4 水泥稳定碎石颗粒范围及技术指标

项 目		通过质量百分率(%)			
		底 基 层		基 层	
		次干路	城市快速路、主干路	次干路	城市快速路、主干路
筛孔尺寸(mm)	53	100			
	37.5		100	100	90～100
	31.5			90～100	100
	26.5			66～100	90～100
	19			67～90	54～100	72～89
	9.5			45～68	39～100	47～67
	4.75	50～100	50～100	29～50	28～84	29～49
	2.36			18～38	20～70	17～35
	1.18				14～57	
	0.6	17～100	17～100	8～22	8～47	8～22
	0.075	0～50	0～30②	0～7	0～30	0～7①
	0.002	0～30				
液限(%)					<28	
塑性指数					<9	

注：① 集料中 0.5 mm 以下细粒土有塑性指数时,小于 0.075 mm 颗粒含量不应大于 5%,细粒土无塑性指数时,小于 0.075 颗粒含量不应超过 7%；
② 当用中粒土、粗粒土作城市快速路、主干路底基层时,颗粒组成范围宜采用作次干路基层的组成。

4）碎石压碎值应符合表 3-5 的规定。

表 3-5 水泥稳定碎石石料压碎值要求

道 路 等 级	基 层	底 基 层
快速路、主干路	≤30%	≤30%
其他道路	≤30%	≤35%

5）集料中有机质含量不应超过 2%。

6）集料中硫酸盐含量不应超过 0.25%。

(3) 水应符合国家现行标准《混凝土用水标准》(JGJ63)的规定。宜使用饮用水及不含油类等杂质的清洁中性水,pH 值宜为 6～8。

(4) 水泥稳定碎石混合料 7d 浸水抗压强度应符合表 3-6 的规定及设计要求。

三、粉煤灰三渣材料

粉煤灰三渣材料应符合下列规定：

表 3-6　水泥稳定碎石混合料 7d 抗压强度要求（单位：MPa）

道路等级	基层	底基层
快速路、主干路	3~4	1.5~2.5
其他道路	2.5~3	1.5~2.0

（1）石灰应符合下列要求：

1）宜用 1~3 级的新灰，石灰的技术指标应符合表 3-7 的规定。

表 3-7　石灰技术指标

项目 \ 类别	钙质生石灰			镁质生石灰			钙质消石灰			镁质消石灰		
等级	Ⅰ	Ⅱ	Ⅲ	Ⅰ	Ⅱ	Ⅲ	Ⅰ	Ⅱ	Ⅲ	Ⅰ	Ⅱ	Ⅲ
有效钙加氧化镁含量（%）	≥85	≥80	≥70	≥80	≥75	≥65	≥65	≥60	≥55	≥60	≥55	≥50
未消化残渣含 5 mm 圆孔筛的筛余（%）	≤7	≤11	≤17	≤10	≤14	≤20	—	—	—	—	—	—
含水量（%）	—	—	—	—	—	—	≤4	≤4	≤4	≤4	≤4	≤4
细度 0.71 mm 方孔筛的筛余（%）	—	—	—	—	—	—	0	≤1	≤1	0	≤1	≤1
细度 0.125 mm 方孔筛的筛余（%）	—	—	—	—	—	—	≤13	≤20	—	≤13	≤20	—
钙镁石灰的分类筛，氧化镁含量（%）	≤5			>5			≤4			>4		

注：硅、铝、镁氧化物含量之和大于 5% 的生石灰，有效钙加氧化镁含量指标，Ⅰ 等≥75%，Ⅱ 等≥70%，Ⅲ 等≥60%；未消化残渣含量指标均与镁质生石灰指标相同。

2）磨细生石灰，可不经消解直接使用；块灰应在使用前 2~3 d 完成消解，未能消解的生石灰块应筛除，消解石灰的粒径不得大于 10 mm。

3）对储存较久或经过雨期的消解石灰应先经过试验，根据活性氧化物的含量决定能否使用和使用办法。

（2）粉煤灰应符合下列规定：

1）粉煤灰化学成分的 SiO_2、Al_2O_3 和 Fe_2O_3 总量宜大于 70%；在温度为 700℃ 的烧失量宜小于或等于 10%。

2）当烧失量大于 10% 时，应经试验确认混合料强度符合要求时，方可采用。

3）细度应满足 90% 通过 0.3 mm 筛孔，70% 通过 0.075 mm 筛孔，比表面积宜大于 2 500 cm²/g。

（3）碎石级配应符合表 3-8 的规定。

表 3-8 砂砾、碎石级配

筛孔尺寸(mm)	通过质量百分率(%)			
	级配砂砾		级配碎石	
	次干路及以下道路	城市快速路、主干路	次干路及以下道路	城市快速路、主干路
37.5	100		100	
31.5	85～100	100	90～100	100
19.0	65～85	85～100	72～90	81～98
9.50	50～70	55～75	48～68	52～70
4.75	35～55	39～59	30～50	30～50
2.36	25～45	27～47	18～38	18～38
1.18	17～35	17～35	10～27	10～27
0.60	10～27	10～25	6～20	8～20
0.075	0～15	0～10	0～7	0～7

(4) 粉煤灰三渣混合料配合比应符合表 3-9 的规定。

表 3-9 粉煤灰三渣混合料配合比

混合料种类	消石灰(%)	粉煤灰(%)	碎石(%)	碎石粒径(mm)
粗粒径	10	25	65	31.5～63
细粒径	6～8	14～19	73～80	0～31.5

(5) 细粒径石灰粉煤灰稳定碎石混合料以 7d 无侧限抗压强度为准,应符合表 3-9、表 3-10 的要求。粗粒径石灰粉煤灰碎石混合料抗压强度,应按石灰、粉煤灰混合料在 65℃、24 h 的快速养护、饱水抗压强度为准,应符合《道路、排水管道成品与半成品施工及验收规程》(DG/TJ 08)的规定及设计要求。

表 3-10 细粒径粉煤灰三渣混合料 7d 抗压强度要求

道 路 等 级	基层(MPa)	底基层(MPa)
快速路、主干路	≥0.8	≥0.6
其他道路	≥0.6	≥0.5

表 3-11 粗粒径粉煤灰三渣混合料快速饱水抗压强度要求

道 路 等 级	饱水抗压强度(MPa)	养 护 条 件
快速路、主干路	≥1.5	消石灰:粉煤灰(质量比)=25:75,65℃、24 h 湿治养护,饱水 24 h 后进行测无侧限抗压强度
其他道路	≥1.2	

3.2.4 施工过程管理与施工记录

基(垫)层施工过程管理与施工记录与路基工程的施工过程管理与施工记录基本相同,仅就具体内容略有区别,此处不再赘述。

3.2.5 施工试验检查和试验记录

一、压实度(灌砂法)试验法

灌砂法作为现场测定密度的主要方法之一,是利用均匀颗粒的砂去置换试洞的体积。该方法可用于在现场测定基层(或底基层)、砂石路面及路基土的各种材料压实层的密度和压实度,也适用于沥青表面处治、沥青贯入式面层的密度和压实度检测,但不适用于填石路堤等有大孔洞或大孔隙材料的压实度检测。它的缺点是:需要携带较多的量砂,而且称量次数较多,因此它的测试速度较慢。

1. 试验方法与步骤

(1) 标定筒下部圆锥体内砂的质量。

1) 在灌砂筒筒口高度上,向灌砂筒(图 3-8)内装砂至距筒顶 15 mm 左右为止。称取装入筒内砂的质量 m_1,准确至 1 g。以后每次标定及试验都应该维持装砂高度与质量不变。

2) 将开关打开,让砂自由流出,并使流出砂的体积与工地所挖试坑内的体积相当(可等于标定罐的容积),然后关上开关,称灌砂筒内剩余砂质量 m_5,准确至 1 g。

3) 不晃动储砂筒的砂,轻轻地将灌砂筒移至玻璃板上,将开关打开,让砂流出,直到筒内砂不再下流时,将开关关上,并细心地取走灌砂筒。

图 3-8 灌砂筒内装砂

4) 收集并称量留在板上的砂或称量筒内的砂,准确至 1 g。玻璃板上的砂就是填满锥体的砂 m_2。

5) 重复上述测量三次,取其平均值。

(2) 标定量砂的单位质量 γ_s。

1) 用水确定标定罐的容积 V,准确至 1 mL。

2) 在储砂筒中装入质量为 m_2 的砂,并将灌砂筒放在标定罐上,将开关打开,让砂流出,在整个流砂过程中,不要碰动灌砂筒,直到砂不再下流时,将开关关闭。取下灌砂筒,称取筒内剩余砂的质量 m_3,准确至 1 g。

3) 按下式计算填满标定罐所需砂的质量 m_a:

$$m_a = m_1 - m_2 - m_3$$

式中,m_a——标定罐中砂的质量,g;

m_1——装入灌砂筒内的砂的总质量,g;

m_2——灌砂筒下部圆锥体内砂的质量,g;

m_3——灌砂入标定罐后,筒内剩余砂的质量,g。

4) 重复上述测量三次,取其平均值。

5) 按下式计算量砂的单位质量：

$$\gamma_s = \frac{m_a}{V}$$

式中，γ_s——量砂的单位质量，g/cm^3；
V——标定罐的体积，g/cm^3。

（3）试验步骤。

1) 在试验地点（见图 3-9），选一块平坦表面，并将其清扫干净，其面积不得小于基板面积。

图 3-9 灌砂法现场压实度检测

2) 将基板放在平坦表面上。当表面的粗糙度较大时，则将盛有量 m_5 的灌砂筒放在基板中间的圆孔上，将灌砂筒的开关打开，让砂流入基板的中孔内，直到储砂筒内的砂不再下流时关闭开关。取下灌砂筒，并称量筒内砂的质量 m_6，准确至 1 g。当需要检测厚度时，应先测量厚度后再进行这一步骤。

3) 取走基板，并将留在试验地点的量砂收回，重新将表面清扫干净。

4) 将基板放回清扫干净的表面上（尽量放在原处），沿基板中孔凿洞（洞的直径与灌砂筒一致）。在凿洞过程中，应注意勿使凿出的材料丢失，并随时将凿出的材料取出装入塑料袋中，不使水分蒸发，也可放在大试样盒内。试洞的深度应等于测定层厚度，但不得有下层材料混入，最后将洞内的全部凿松材料取出。对土基或基层，为防止试样盘内材料的水分蒸发，可分几次称取材料的质量。全部取出材料的总质量为 m_w，准确至 1 g。

5) 从挖出的全部材料中取出有代表性的样品，放在铝盒或洁净的搪瓷盘中，测定其含水量（w，以%计）。样品的数量如下：用小灌砂筒测定时，对于细粒土，不少于 100 g；对于各种中粒土，不少于 500 g。用大灌砂筒测定时，对于细粒土，不少于 200 g；对于各种中粒土，不少于 1 000 g；对于粗粒土或水泥、石灰、粉煤灰等无机结合料稳定材料，宜将取出的全部材料烘干，且不少于 2 000 g，称其质量 m_d，准确 1 g。当为沥青表面处治或沥青贯入结构类材料时，则省去测定含水量步骤。

6) 将基板安放在试坑上，将灌砂筒安放在基板中间（储砂筒内放满砂质量 m_1），使灌砂筒的下口对准基板的中孔及试洞，打开灌砂筒的开关，让砂流入试坑内。在此期间，应注意勿碰动灌砂筒。直到储砂筒内的砂不再下流时，关闭开关。小心取走灌砂筒，并称量筒内剩余砂的质量 m_4，准确到 1 g。

7) 如清扫干净的平坦表面的粗糙度不大，也可省去上述 2) 和 3) 的操作。在试洞挖好后，将灌砂筒直接对准放在试坑上，中间不需要放基板。打开筒的开关，让砂流入试坑内。在此期间，应注意勿碰动灌砂筒。直到储砂筒内的砂不再下流时，关闭开关，小心取走灌砂筒，并称量剩余砂的质量 m_4'，准确至 1 g。

8) 仔细取出试筒内的量砂，以备下次试验时再用，若量砂的湿度已发生变化或量砂中混有杂质,则应该重新烘干、过筛,并放置一段时间,使其与空气的湿度达到平衡后再用。

2. 计算

(1) 按下式计算填满试坑所用的砂的质量 m_b:

灌砂时,试坑上放有基板时:

$$m_b = m_1 - m_4 - (m_5 - m_6)$$

灌砂时,试坑上不放基板时:

$$m_b = m_1 - m_4' - m_2$$

式中,m_b——填满试坑的砂的质量,g;

m_1——灌砂前灌砂筒内砂的质量,g;

m_2——灌砂筒下部圆锥内砂的质量,g;

m_4, m_4'——灌砂后,灌砂筒内剩余砂的质量,g;

$m_5 - m_6$——灌砂筒下部圆锥体内及基板和粗糙表面间砂的合计质量,g。

(2) 按下式计算试坑材料的湿密度 ρ_w:

$$\rho_w = \frac{m_w}{m_b} \times \gamma_s$$

式中,m_w——试坑中取出的全部材料的质量,g;

γ_s——量砂的单位质量,g/cm³。

(3) 按下式计算试坑材料的干密度 ρ_d:

$$\rho_d = \frac{\rho_w}{1 + 0.01w}$$

式中,w——试坑材料的含水量,%。

(4) 水泥、石灰、粉煤灰等无机结合料稳定土,可按下式计算干密度 ρ_d:

$$\rho_d = \frac{m_d}{m_b} \times \gamma_s$$

式中,m_d——试坑中取出的稳定土的烘干质量,g。

当试坑材料组成与击实试验的材料有较大差异时,可以试坑材料做标准击实,求取实际的最大干密度。

3. 填写压实度(灌砂法)试验记录表

压实度试验后,应填写压实度(灌砂法)试验记录表,如表 3-12 所示。

表 3-12 压实度(灌砂法)试验记录表

工程名称:_____ 施工单位:_____ 试验工序项目:_____

桩号									
层次及厚度(cm)									
(灌砂前砂+容器质量)(g)	(1)								
(灌砂后砂+容器质量)(g)	(2)								

续 表

灌砂筒下部锥体内砂质量(g)	(3)					
试坑灌入量砂的质量(g)	(4)	(1)−(2)−(3)				
量砂松散堆积密度(g/cm³)	(5)					
试坑体积(cm³)	(6)	(4)/(5)				
试坑中挖出的湿料质量(g)	(7)					
试样湿密度(g/cm³)	(8)	(7)/(6)				
含水量测定	盒号	(9)				
	盒质量(g)	(10)				
	(盒+湿料质量)(g)	(11)				
	(盒+干料质量)(g)	(12)				
	水质量(g)	(13)	(11)−(12)			
	干料质量(g)	(14)	(12)−(10)			
	含水量(W)(%)	(15)	(13)/(14)×100%			
干密度(g/cm³)	(16)	(8)/[1+(15)]				
最大干密度(g/cm³)	(17)					
压实度(%)	(18)	(16)/(17)×100%				

审核：＿＿＿＿＿＿＿＿＿＿　　计算：＿＿＿＿＿＿＿＿＿＿　　试验：＿＿＿＿＿＿＿＿＿＿

试验日期：＿＿＿年＿＿＿月＿＿＿日

3.2.6 检验批质量检验和质量验收记录

基(垫)层施工完成后，施工单位质量管理人员应对其施工质量进行自检，合格后报请监理单位进行检查。由于本工程垫层采用厚度为 15 cm 的级配碎石、基层采用厚度为 40 cm 水泥稳定碎石，所以以级配碎石垫层、水泥稳定碎石基层为例，进行检验批质量检验和质量验收记录的介绍。

道路工程质量验收单元应划分为单位工程、分部工程、分项工程和检验批。检验批是工程验收的最小单位，是指按同一生产条件或按规定的方式汇总起来供检验用的由一定数量样本组成的检验体。检验批可根据施工段、质量控制和专业工程特点等进行划分；而检验批的范围是以长度为单位，有时也可同分项工程范围相同。

《城镇道路工程施工质量验收规范》(CJJ 1—2008)规定：检验批的施工质量检查项目分为主控项目和一般项目，主控项目的质量检验应全部合格，一般项目的合格点率应达到 80% 以上，且不合格点的最大偏差值不得大于规定允许偏差值的 1.5 倍。

一、级配碎石垫层

1. 主控项目

主控项目是指对安全、卫生、环境保护和公众利益起决定性作用的检验项目。

(1) 碎石与嵌缝料质量及级配碎石与嵌缝料质量及级配应符合 3.2.3 节中级配碎石材

料的相关规定。

检验数量：按不同材料进场批次，每批检查不应少于 1 次。

检验方法：查检验报告。

(2) 压实度，基层不得小于 97%，底基层不应小于 95%。

检验数量：每 1 000 m²，每压实层抽检 1 点。

检验方法：灌砂法或灌水法。

(3) 弯沉值，不应大于设计规定。

检验数量：设计规定时每车道、每 20 m，测 1 点。

检验方法：弯沉仪检测。

2. 一般项目

一般项目是指除主控项目以外的检验项目。

(1) 外观质量：表面应平整、坚实，无推移、松散、浮石现象。

检验数量：全数检查。

检验方法：观察。

(2) 级配碎石及级配碎砾石基层和底基层的偏差应符合表 3-13 的有关规定。

表 3-13 级配碎石及级配碎砾石基层和底基层的允许偏差

项　目		允许偏差	检验频率			检验方法
			范围	点　数		
中线偏位(mm)		≤20	100 m	1		用经纬仪测量
纵断高程(mm)	基层	±15	20 m	1		用水准仪测量
	底基层	±20				
平整度(mm)	基层	≤10	20 m	路宽(m)	<9	1	用 3 m 直尺和塞尺连续量两尺，取较大值
	底基层	≤15			9~15	2	
					>15	3	
宽度(mm)		不小于设计规定+B	40 m	1		用钢尺量
横坡		±0.3%且不反坡	20 m	路宽(m)	<9	2	用水准仪测量
					9~15	4	
					>15	6	
厚度(mm)	砂石	+20 −10	1 000 m²	1		用钢尺量
	砾石	+20 −10%层厚				

3. 级配碎石层工程检验批质量记录

填写级配碎石层工程检验批质量记录表(表 3-14、表 3-15)。

表 3-14 级配碎石及级配碎砾石基层和底基层原材料检验批质量检验记录

工程名称					
施工单位					
单位工程名称			分部工程名称		
分项工程名称			验收部位		
工程数量		项目经理		技术负责人	
制表人		施工负责人		质量检验员	
交方班组		接方班组		检验日期	
主 控 项 目			检查结果/实测点偏差值或实测值		
1 碎石与嵌缝料质量及级配应符合《城镇道路工程施工与质量管理验收规范》(CJJ 1—2008)第 7.7.1 条的有关规定					
1) 轧制碎石材料					
2) 碎石针片状颗粒总含量					
3) 级配碎石及级配碎砾石技术指标					
4) 级配碎石及级配碎砾石压碎值					
5) 碎石或碎砾石质量					
平均合格率 (%)					
检验结论					
监理(建设) 单位意见					

表 3-15 级配碎石及级配碎砾石基层和底基层压实检验批质量检验记录

单位(子单位)工程名称			
分部(子分部)工程名称		验收部位	
施工单位		项目经理	
分包单位		分包项目经理	

续 表

施工执行标准名称及编号				城镇道路工程施工与质量验收规范 CJJ 1—2008			监理(建设)单位验收记录
施工质量验收规范的规定					施工单位检查评定记录		
主控项目	1	碎石与嵌缝料质量及级配					
	2	压实度	基层	≥97%			
			底基层	≥95%			
	3	弯沉值：不应大于设计规定					
一般项目	1	级配碎石及级配碎砾石基层和底基层的偏差（mm）	表面质量				
	2		中线偏位	≤20			
	3		纵断高程	基层 ±15			
				底基层 ±20			
	4		平整度	基层 ≤10			
				底基层 ≤15			
	5		宽度	不小于设计规定+B			
	6		横坡	±0.3%且不反坡			
	7		厚度	砂石 +20,-10			
				砾石 +20,-10%层厚			

施工单位检查评定结果	专业工长(施工员)		施工班组长	
	项目专业质量检查员：			年 月 日

监理(建设)单位验收结论	专业监理工程师： (建设单位项目专业技术负责人)：	年 月 日

二、水泥稳定碎石基层

1. 主控项目

(1) 原材料质量检验。

1) 质量要求。

水泥应符合 3.2.3 节中的水泥稳定碎石材料关于水泥的相关规定要求。

粒料应符合 3.2.3 节中的水泥稳定碎石材料关于集料的相关规定要求。

水应符合 3.2.3 节中的水泥稳定碎石材料关于水的相关规定要求。

2) 检验要求。

检验数量：按不同材料进场批次，每批检查 1 次。

检验方法：查检验报告、复验。

(2) 压实度。

1) 质量要求。

城市快速路、主干路基层大于等于 97%、底基层大于等于 95%；其他等级道路基层大于等于 95%、底基层大于等于 93%。

2) 检验要求。

检验数量：每 1 000 m², 每压实层抽查 1 点。

检验方法：灌砂法或灌水法。

(3) 基层、底基层 7d 的无侧限抗压强度

1) 质量要求。

应符合设计要求。

2) 检验要求。

检验数量：每 400 t 抽检 1 组(6 块)。

检验方法：现场取样试验。

2. 一般项目

水泥稳定碎石基层和底基层检验的一般项目包括：表面质量、中线偏位、平整度、纵断高程、宽度、横坡、厚度共计 7 项。除表面质量外，每一项的检验方法、检查频率、规定值及允许偏差详见表 3-16。

表 3-16 水泥稳定碎石基层和底基层质量一般项目实测要求

项目		允许偏差	检验频率			检验方法
			范围	点数		
中线偏位(mm)		≤20	100 m	1		用经纬仪测量
纵断高程(mm)	基层	±15	20 m	1		用水准仪测量
	底基层	±20				
平整度(mm)	基层	≤10	20 m	路宽(m)	<9	1	用 3 m 直尺和塞尺连续量两尺,取较大值
	底基层	≤15			9~15	2	
					>15	3	
宽度(mm)		不小于设计规定+B	40 m	1		用钢尺量
横坡		±0.3%且不反坡	20 m	路宽(m)	<9	2	用水准仪测量
					9~15	4	
					>15	6	
厚度(mm)		±10	1 000 m²	1		用钢尺量

表面质量：表面应平整、坚实、接缝平顺，无明显粗、细骨料集中现象，无推移、裂缝、贴皮、松散、浮料。

3. 水泥稳定碎石基层工程检验批施工质量记录

填写水泥稳定碎石基层工程检验批施工质量验收记录表(表3-17)。

表3-17 水泥稳定碎石基层工程检验批施工质量验收记录表

单位(子单位)工程名称									
分部(子分部)工程名称						验收部位			
施工单位						项目经理			
分包单位						分包项目经理			
施工执行标准名称及编号			城镇道路工程施工与质量验收规范 CJJ1-2008						
		施工质量验收规范的规定			施工单位检查评定记录				监理(建设)单位验收记录
主控项目	1	原材料质量检验应符合 CJJ 1—2008 的规定							
	2	压实度	城市快速路、主干路	基层	≥97%				
				底基层	≥95%				
			其他等级道路	基层	≥95%				
				底基层	≥93%				
	3	基层、底基层抗压强度							
一般项目	1	表面质量							
	2	基层及底基层的偏差	中线偏位(mm)		≤20				
	3		纵断高程(mm)	基层	±15				
				底基层	±20				
	4		平整度(mm)	基层	≤10				
				底基层	≤15				
	5		宽度(mm)		不小于设计规定+B				
	6		横坡		±0.3%且不反坡				
	7		厚度(mm)		±10				
施工单位检查评定结果		专业工长(施工员)				施工班组长			
		项目专业质量检查员：							年 月 日
监理(建设)单位验收结论		专业监理工程师： (建设单位项目专业技术负责人)：							年 月 日

 **思考与练习**

1. 级配碎石基层各原材料的要求是什么?
2. 水泥稳定碎石基层各原材料的要求是什么?
3. 水泥稳定碎石混合料 7d 抗压强度的要求是什么?
4. 粉煤灰三渣基层各原材料的要求是什么?
5. 水泥稳定碎石基层质量检验的主控项目有哪些?一般项目有哪些?
6. 各主控项目的检验方法是什么?检验频率及允许偏差是多少?
7. 各一般项目的检验方法是什么?检验频率及允许偏差是多少?
8. 灌砂法压实度检验的适用条件是什么?试简述灌砂法试验的步骤及计算。

任务 3　基(垫)层施工安全管理

 **任务描述**

在基(垫)层施工过程中,在安全管理方面应做好哪些具体工作?

 任务分析

道路基(垫)层的类型不同,所组成材料也各不相同;所处的地理环境不同,现场施工条件也千差万别。因此,在基(垫)层施工过程中,如何做好施工现场的安全防护,保证人员、机械设备的安全的施工安全,是确保工程质量和进度的关键所在。

 方法与步骤

3.3.1　施工现场安全要求

(1) 加强现场管理。

搞好工程的保卫、防盗,搞好永久工程和临时工程安全,防止发生安全事故。

(2) 加强安全生产教育和预防措施。

1) 对于施工现场及周围的高压电线、变压器等设立醒目的安全标志。

2) 对材料和设备储存的库房或堆放点,施工人员生活区,特别注意防火安全,配备足够的灭火器具,以备急用。

3) 项目负责人亲自抓安全生产和安全教育,定期召开安全生产会议,检查安全生产规章执行落实情况,建立安全生产奖罚制度,促使人人重视安全检查,安全生产有奖,使安全生产教育落实到实处。

(3) 加强工程中的环境保护管理,促进安全生产。

随时清除施工场地不必要的障碍物,设备、材料及各类存储物品安全堆放井然有序,即要保持施工现场环境的整齐,以对安全生产有利。

自觉遵守有关机构对卫生及劳动保护的要求,及时清洁工地上的废物、垃圾、水泥袋等,在全部工程竣工移交之前,将任何场地或地表面恢复原状,减少由于不符合环境规定而导致的罚款和经济损失,创造良好的文明施工环境。

(4) 各主要交叉道口均设置安全警告标志、标牌以提醒过往行人及车辆注意安全。

3.3.2 施工人员安全技术

(1) 消解石灰时,不得在浸水的同时边投料、边翻拌,人员应远避,以防烫伤。

(2) 沿路肩堆放石灰消解时,应慢洒水或泼水,操作人员应站在上风。

(3) 装卸、洒铺及翻动粉状材料时,操作人员应站在上风侧,轻拌轻翻减少粉尘,并应配戴口罩或其他防护用品。

(4) 碎石机轧制碎石时,不得从上方向碎石机口内窥视。若石料卡住进料口,应用铁钩翻动,严禁用手搬动。

(5) 人工清除粘在压路机滚动轮上的混合料时,必须跟在压路机后作业,严禁在压路机前面倒退作业。夜间施工必须有足够的照明设备。在开放交通的道路上施工时,对施工区域周围要进行围护并设置安全警示标志,施工人员要穿醒目的反光标志的服装,确保施工安全。

3.3.3 施工机械安全技术

一、碎石机(见图3-10)作业安全要点

(1) 对碎石机、电源、线路、开关等均应进行检查,必须保证符合安全要求和使用要求。

(2) 线路挂设稳定,不宜贴地面,因料场尖硬石块多,易对电线等造成损坏。场内道路应经常平整,保持畅通。搬运块料和堆放要注意安全,大块人工铁锤破碎时,要注意周围情况。

图 3-10 碎石机

(3) 固定式碎石机底座和混凝土基座间应垫以硬木。移动式碎石机的机座,必须用支腿顶好、用方木垫实,保持机身平稳。

(4) 作业前,检查飞轮转动方向必须与箭头指示方向一致,颚板无石块卡住,防护罩应齐全牢固,接地(接零)保护良好,方可启动。

(5) 作业中,不得送入大于规定的石料,注意勿使石块嵌入碎石机的张力弹簧中。

(6) 作业中,送料必须均匀,自由落入,不得用手、脚或撬棍等强行推入,严禁将手伸进轧石斗内。如发现送入的石料不能轧碎时,应立即停机取出。

(7) 作业中,如发现送料不正常或轴承温度超过60℃,应停机检查。排除故障后,方可继续作业。

(8) 碎石机应设防尘装置或用喷水防尘。作业时,操作人员须带防尘面罩或防尘口罩。

(9) 作业停止前,必须将已送入的石料全部轧完。作业后,切断电源,清扫机械。

二、洒水车(见图3-11)作业安全要点

(1) 洒水车在道路上抽水时,不得妨碍交通。

(2) 在有水草和杂物的水道中抽水,吸水管端应加设过滤网罩。

(3) 洒水车在上下坡及弯道运行中,不得高速行驶,并避免紧急制动。

(4) 洒水车驾驶室外不得载人。

（5）经常注意压力表是否工作正常，严防压力表失灵而超压发生罐体爆炸。

（6）经常查看转速表工作是否正常，以免超转而损坏空压机及取力箱。并经常清洗转速表探头（此探头在空压机飞轮处）。经常倾听取力箱及空压机转动声音。若有异常响声，应立即停机排除故障。

图 3-11　洒水车

图 3-12　稳定土拌和机

三、稳定土拌和机（见图 3-12）作业安全要点

（1）根据不同的拌和材料，选用合适的拌和齿，并对机械及各相关的配件等进行检查。

（2）拌和机作业时，应先将转子提起离开地面空转，然后再慢慢下降至拌和深度。

（3）在拌和过程中，不能急转弯或原地转向，严禁使用倒挡进行拌和作业。

（4）遇到底层有障碍物时，应及时提起转子，进行检查处理。

（5）拌和机在行走和作业过程中，必须采用低速，保持匀速。液压油的温度不得超过规定。停车时应拉上制动器，将转子置于地面。

图 3-13　稳定土拌和站

四、稳定土拌和站（见图 3-13）作业安全要点

（1）对机械及配套设施进行安全检查。

（2）皮带运输机应尽量降低供料高度，以减轻物料冲击。在停机前必须将料卸尽。

（3）拌和机仓壁振动器在作业中铁芯和衔铁不得碰撞。如发生碰撞应立即调整振动体的振幅和工作间歇。仓内不出料时，严禁使用振动器。

（4）拌和结束后，给料斗、贮料仓中不得有存料，应清理干净。

（5）搅拌壁及叶桨的紧固状况应经常检查，如有松动应立即拧紧，如有损坏，必须更换。

五、稳定土摊铺机（见图 3-14）作业安全要点

（1）检查仪表盘，接通电源，各仪表是否正常，开关、旋扭及控制台操纵挡把是否在规定位置。

（2）禁止非操作人员上机，特别是自动调平装置，未经允许严禁乱动。

（3）夜间施工须有足够的照明，倾料车须专人指挥倒车。

（4）摊铺机在工作或行驶时，发动机应经常保持中速以上的运转状态，以保证液压系统有足够的压力，行车速度的调整应使用变速器。不允许用油门大小调整车速。

(5) 摊铺机转移工地时,应将保险装置锁好并保持中速行驶。轮胎式的超过 10 km 须用拖运办法,不得自行。履带式的超过 1 km 运距也须用拖车拉运。

(6) 驾驶舱内的警示灯闪亮时,必须停机检查。

(7) 加注燃油时应关闭发动机。下坡地段行驶,不准换挡。

图 3-14 稳定土摊铺机

(8) 维修工作开始前,须关闭发动机将摊铺机停放平稳,并将所有提升起来的部分锁定、防止落下伤人。对液压管道进行维修工作时,管道内的油液应是无压力的。

3.3.4 案例分析

某城市次干路在建工程项目部施工技术人员,根据施工现场情况,对施工现场安全进行了安排,具体如下:

(1) 施工时采用半幅施工,另半幅正常交通,在施工区域周围要进行围护并设置安全警示标志。

(2) 稳定土拌和机在对基层稳定土进行拌和施工过程中,操作人员可以前行、后退行驶,以方便操作。

(3) 稳定土拌和机在行走和作业过程中,必须保持均速中速行驶。

(4) 稳定土摊铺机在工作或行驶时,发动机应经常保持高运转状态。

讨论以上安排的合理性或不合理性。

思考与练习

1. 基(垫)层施工需要从哪些方面做好安全管理工作?
2. 基(垫)层施工工程中需要做好哪些常用机械的安全管理?

项目 4　沥青混凝土面层施工管理

 **能力目标**

(1) 了解沥青路面的定义和分类；
(2) 掌握沥青路面的施工工艺流程；
(3) 读懂沥青混凝土路面原材料的技术指标，判断原材料质量；
(4) 能进行热拌沥青混合料路面施工质量检查；
(5) 会整理沥青混凝土路面施工资料；
(6) 能检查沥青混凝土路面施工安全。

任务 1　沥青混凝土面层施工

 **任务描述**

路面的基(垫)层施工完成后，下一步就是面层施工，当采用沥青混合料作面层时，称为沥青面层。某施工单位承接了一项道路工程施工任务，其主线机动车道沥青面层结构形式为：4 cm SMA-13(SBS 改性沥青)，6 cm AC-20C 中粒式沥青混凝土(SBS 改性沥青)，8 cm AC-25C 粗粒式沥青混凝土，以及 1 cm 稀浆封层。施工管理人员在施工前应了解沥青面层施工管理的相关知识。

任务分析

沥青路面属于柔性路面结构，面层直接承受行车荷载的作用力以及同大气相接触，遭受雨水和气温变化的影响较大，因此相对于基层和垫层，对面层的要求应更高。为保证面层的施工质量，应严格按照相关的施工操作程序和规程进行工程施工。

 **方法与步骤**

4.1.1　沥青玛蹄脂碎石路面施工

一、概念

沥青玛蹄脂(SMA)是一种由沥青、纤维稳定剂、矿粉及少量的细集料组成的沥青玛蹄脂填充间断级配的粗集料骨架间隙组成一体的沥青混合料。具有高含量粗集料、高含量矿粉、较大沥青用量、低含量中间粒径颗粒的组成特点。高含量的粗骨料在混合料中颗粒面与面直接接触、相互嵌锁构成的骨架直接承受了荷载作用，这种骨架对温度敏感性小。含量较高的矿粉、纤维稳定剂与沥青形成黏聚力很高的胶凝状物——玛蹄脂,使得混合料的整体力学性质提高。这两方面的作用使混合料具有足够的竖向与侧向约束,在车辆荷载的作用下,不产生或只产生微小的永久性变形。

沥青玛蹄脂碎石混合料的矿料,其粗集料应采用质地坚硬,表面粗糙,形状接近立方体,有良好嵌挤能力的破碎集料,粗集料在破碎作业时应采用反击式破碎机加工。细集料宜采用机制砂,当采用砂作为细集料时,必须测定其粗糙度指标。

二、特点

沥青玛蹄脂路面具有较高的抗车辙能力和温度稳定性、优良的抗裂性能、良好的耐久性能、较好的抗滑性能、初期投入较高,但考虑使用寿命后年平均投入较低等优点,广泛用于国内高速公路及主要干道、机场跑道等。

三、施工工艺流程

沥青玛蹄脂路面施工流程如图 4-1 所示。

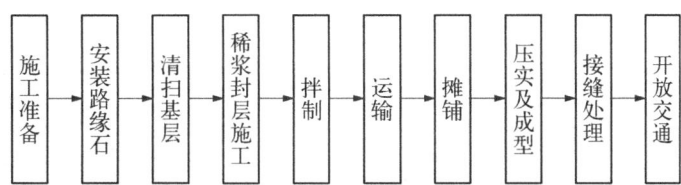

图 4-1 沥青玛蹄脂路面施工流程

1. 施工准备

(1) 确定原材料及质量检验。

对进场的沥青材料,每批到货均应检验生产厂家所附的试验报告、检查装运数量、装运日期、订货数量、试验结果等。对每批沥青进行抽样检测,检测指标应满足规范规定的要求。沥青材料的试验项目有针入度、延度、软化点等。

对进场的集料,应符合以下要求:各种集料应分隔堆放,不得混杂,集料(尤其是细集料)、矿粉、纤维稳定剂等不得受潮,须设置防雨棚储存;各种规格的矿料到达工地后,应对其强度、形状、尺寸、级配、清洁度、潮湿度等进行检查。

对粗集料重点检查石料的技术标准能否满足要求,如石料等级、饱水抗压强度、磨耗率、压碎值、磨光值及石料与沥青的黏结力,以确定石料料场。

进场的砂、石屑及矿粉、抗剥落剂、纤维稳定剂应满足规定的质量要求。

(2) 机械选择及检查。

沥青路面施工需要的机械设备有:拌和设备、洒油车(图 4-2)、沥青洒布车(图 4-3)、摊铺机和压路机等。

沥青混凝土摊铺机(图 4-4)是专门用于摊铺沥青混凝土路面的施工机械,可一次完成摊铺、捣压和熨平三道工序,与自卸汽车和压路机配合作业,可完成铺设沥青混凝土路面的全部工程。

道路工程施工常用的压路机有光轮压路机(图 4-5)、振动压路机(图 4-6)、轮胎压路机(图 4-7)。

图 4-2 洒油车

图 4-3 沥青洒布车

图 4-4 沥青混凝土摊铺机

图 4-5 光轮压路机

图 4-6 振动压路机

图 4-7 轮胎压路机

(3) 修筑试验路段。

试验路段的长度应根据试验目的确定,宜为 100~200 m,试验段宜在直线段上铺筑。热拌热铺沥青混合料路面试验段铺筑分试拌及试铺两个阶段,通过试验确定相关参数。

1) 根据沥青路面各种施工机械相匹配的原则,确定合理的施工机械、数量及组合方式。

2) 通过试拌,确定拌和机的上料速度、拌和数量与时间、拌和温度等操作工艺。

3) 通过试铺确定以下各项:

① 透层沥青的标号与用量、喷洒方式、喷洒温度;

② 摊铺机的摊铺温度、摊铺速度、摊铺宽度、自动找平方式等操作工艺;

③ 压路机的压实顺序、碾压温度、碾压速度及碾压遍数等压实工艺;

④ 松铺系数、接缝方法等。

4）验证沥青混合料配合比设计结果，提出生产用的矿料配比和沥青用量。

5）建立用钻孔法及核子密度仪法测定密实度的对比关系，确定粗粒式沥青混凝土或沥青碎石面层的压实标准密度。

6）确定施工产量及作业段的长度，制订施工进度计划。

7）全面检查材料及施工质量。

8）确定施工组织及管理体系、人员、通信联络及指挥方式。

在试验段的铺筑过程中，施工单位应认真做好记录分析，监理工程师或工程质量监督部门应监督、检查试验段的施工质量，及时与施工单位商定有关结果。铺筑结束后，施工单位应就各项试验内容提出试验总结报告，并取得主管部门的批复，作为施工依据。

2. 安装路缘石

在铺筑完下基层后，进行路缘石施工放样，根据道路宽度放出路缘石安装控制点（每10 m一个点）。安装时，首先沿路缘石安装控制线在下基层表面铺一层砂浆，以确保路缘石平面位置和高程准确；砂浆抹平后安放路缘石并进行勾缝，勾缝前对安放好的路缘石进行检查，检查其侧面、顶面是否平顺以及缝宽是否达到要求，不合格的重新调整，然后再勾缝。

路缘石铺设完毕后，质检小组对直顺度、缝宽、相邻两块高差及顶面高程等指标进行检测，不合格路段重新铺设，具体见项目6道路附属工程施工管理。

3. 清扫基层

沥青面层铺筑前，对下基层表面进行清理，清除表面的碎石、砂、土等杂物，使表面干净整洁，应检查工程范围内的井盖框、路缘石、消防栓等是否已固定到要求的高程和位置，侧壁是否已涂好沥青黏层，顶面是否已有保护隔离设施。

4. 稀浆封层施工

水泥稳定碎石基层养护结束后，需要进行1 cm乳化沥青稀浆封层施工，以封闭表面孔隙，防止水分侵入基层。基层检查合格后，并洒布透层油后，方可进行稀浆封层的铺筑。乳化沥青采用商品购买，在现场使用专门的摊铺机进行摊铺。

（1）最低施工温度不得低于10℃。雨天不进行施工，摊铺后尚未成型混合料遇雨应予以铲除。

（2）稀浆封层两幅纵缝的搭接宽度不宜超过80 mm，横向接缝宜做成对接缝。

（3）稀浆封层铺筑后在表面横向接缝和纵向接缝处出现的堆积余料予以铲除。

5. 拌制

（1）材料供给。

堆料场储存的集料数量应为平均日用量的5倍以上，而且应加以遮盖，以防雨水浸湿。集料要求干净，无垃圾、尘土等杂物，堆放要严格，防止不同粒径的料混杂。料场地面应经过硬化处理。

细集料和沥青储量应为平均日用量的2倍以上，储存的细集料，必须遮盖，不得浸水，否则影响矿料配合比精度和拌和机生产效率。

（2）拌制。

热拌沥青混合料必须在符合国家有关规定的沥青拌和厂（场、站）采用拌和机械拌制，其设备可采用间歇式拌和机或连续式拌和机。

高等级道路宜采用间歇式拌和机（图4-8），并且配备能够逐盘采集、打印各个传感器测定混合料拌和量、拌和温度等参数的相应计算机设备。连续式拌和机(图4-9)使用的集料必须稳定不变,当一项工程从多处进料、来源或质量不稳时,不得采用连续式拌和机。SMA沥青混合料应采用间歇式拌和机拌和,拌和机应有良好的除尘设备,并有检测拌和温度的装置和自动打印装置。

图4-8 间歇式拌和机　　　　　　　　图4-9 连续式拌和机

沥青混合料拌和时间以混合料拌和均匀、所有矿料颗粒全部裹覆沥青胶结料为度,外观应均匀一致、无花白料、无结团或严重的粗细分离现象。

SMA沥青混合料拌和温度应比一般混合料拌和温度提高10℃～20℃,混合料不得在储料仓内过夜。

每班抽样做沥青混合料性能、矿料级配组成和沥青用量检验。每班拌和结束时,清洁拌和设备,放空管道中的沥青,做好各项检查记录,不符合技术要求的沥青混合料禁止出厂。沥青混合料出厂时应逐车检测其重量和温度,记录出厂时间,签发一式三份的运料单(一份存拌和厂,一份交摊铺现场,一份交出厂运料司机)。

6. 运输

运输车辆的数量和总运输能力应较拌和机生产能力和摊铺速度有所富余,施工过程中摊铺机前方应有运料车在等候卸料,开始摊铺时现场待卸车辆不得少于5辆。

为防止沥青与车厢板黏结,车厢侧面板和底板可涂一薄层隔离剂,但严禁有余液积聚在车厢底部。隔离剂可以使用植物油等,严禁使用汽油、柴油等对沥青有腐蚀作用的隔离剂。将混合料从拌和厂运到摊铺现场,必须用篷布覆盖,以保温、防雨、防污染。拌和机向运料车上料时,应多次挪动汽车位置平衡装料,以减少粗细集料的离析现象。

运到摊铺现场的沥青混合料应凭运料单接收,检查拌和料的质量及温度,若不符合施工规范规定的摊铺温度要求、已结成团块或遭雨淋湿的混合料不得使用。

在卸料时,运输车在摊铺机前10～30 cm处停住,空挡等候,由摊铺机推动前进开始缓缓卸料,避免撞击摊铺机。

7. 摊铺

混合料应采用配备有自动找平装置的沥青摊铺机进行摊铺(图4-10),同时应具有振动熨平板或振动夯锤等初步压实装置。城市快速路、主干路等应尽可能采用全路幅面全宽一次铺筑。一台摊铺机械不足路宽时,可以用两台摊铺机梯队作业。一台摊铺机的铺筑宽度不宜超过6 m(双车道)～7.5 m(三车道以上),两台摊铺机前后错开10～20 m,呈梯队方式同步摊铺。

(1) 摊铺前准备。摊铺机开工前安装好自动找平仪及滑车装置,应提前0.5~1 h预热熨平板,温度不低于100℃,使夯锤能正常振动,并调整夯锤振动频率(40~50 Hz),料斗及相关部件适当喷洒油水混合物。

(2) 摊铺起步控制。为提高平整度,减少混合料的离析,摊铺机必须缓慢、均匀、连续不间断地摊铺,不得随意变换速度或中途停顿。根据摊铺平均厚度及松铺系数测定熨平板下垫块厚度,用前一天施工结束段的标尺读数校正

图4-10 沥青混凝土摊铺

熨平板摊铺角度至最佳状态。摊铺速度一般为3~4 m/min,SMA混合料宜放慢到1~3 m/min。如发现混合料出现明显的离析、波浪、裂缝、拖痕现象,应分析原因,及时予以消除。沥青混合料的松铺系数应根据混合料类型由试铺试压确定,也可按表4-1确定。摊铺过程中应随时检查摊铺层厚度及路拱、横坡,不合要求时应视情况及时调整。SMA混合料的松铺系数要比普通热拌沥青混合料小得多。

表4-1 沥青混合料的松铺系数

种　　类	机械摊铺	人工摊铺
沥青混凝土混合料	1.15~1.35	1.25~1.50
沥青碎石混合料	1.15~1.30	1.20~1.45

(3) 摊铺过程中。摊铺机的螺旋布料器应相应于摊铺速度调整到保持一个稳定的速度均衡地转动,按规定速度沿放样线向前摊铺,摊铺机推进过程中注意同料车的配合,并掌握好进料速度,两侧应保持有不少于送料器2/3高度的混合料,以减少在摊铺过程中混合料的离析。每隔10 m检查一次摊铺厚度,收料、测温人员做好收料和温度的检测工作并做好记录。根据铺筑层厚度、气温、风速及下卧层表面温度,其最低摊铺温度按有关规定执行。每天施工开始阶段宜采用较高温度的混合料。

(4) 摊铺后随时检查平整度、坡度及厚度,个别未达到要求时,适当用人工修正,不允许在摊铺机后面用人工大量摊铺沥青混合料,修整时尽量不站于刚铺好的热沥青混凝土表面或在其上行走。每条摊铺纵向搭接,以使接缝紧密。

8. 压实及成型

碾压工作是沥青混凝土路面施工的最后一道工序,对施工质量的保证至关重要,必须严格控制。施工中,为保证压实度达到98%,加开震动,震动频率拟采用30~50 Hz之间,振幅在0.4~1 mm之间。

(1) 压实厚度。

压实成型的沥青路面应符合压实度及平整度的要求。沥青混凝土的压实层最大厚度不宜大于100 mm,沥青稳定碎石混合料的压实层厚度不宜大于120 mm,但当采用大功率压路机且经试验证明能达到压实度时允许增大到150 mm。

(2) 碾压步骤。

碾压程序分为初压、复压、终压三个阶段,以达到最佳碾压效果。初压、复压宜用钢轮振动压路机碾压,碾压应遵循"紧跟、慢压、高频、低幅"的原则进行。碾压段长度控制在20~30 m为宜,SMA路面严禁使用轮胎压路机。压路机的碾压遍数及组合方式依据试铺段确定。一般初压1~2遍;复压用钢轮静压3~4遍,或振动碾压2~3遍,终压1遍。

在初压和复压过程中,宜采用同类压路机并列成梯队压实,不宜采用首尾相接的纵列方式。采用振动压路机压实SMA路面时,压路机轮迹的重叠宽度不应超过20 cm,当采用静载压路机时,压路机的轮迹应重叠1/4~1/3碾压宽度。不得向压路机表面喷涂油类或油水混合液,需要时可喷涂清水或皂水。

压路机应以慢速均匀碾压,碾压速度控制见表4-2。压路机的碾压路线及方向不应突然改变而导致混合料推移。碾压区的长度应大体稳定,两端的折返位置应随摊铺机前进而推进,横向不得在相同的断面上。

表4-2 碾压速度控制

压路机类型	初压(km/h)	复压(km/h)	终压(km/h)
钢筒式压路机	3	5	5
轮胎压路机	—	6	8
振动压路机	5(静压)	1.5~2(振动)	5(静压)

热拌沥青混合料施工温度要求见表4-3,并根据混合料种类、压路机、气温、层厚等情况经试压确定。在不产生严重推移和裂缝的前提下,应在尽可能高的温度下进行初压、复压、终压。同时不得在低温状况下做反复碾压,以免使石料棱角磨损、压碎,破坏集料嵌挤。

表4-3 热拌沥青混合料施工温度要求

项次	检查项目	单位	道路石油沥青	
			50号	70号
1	摊铺温度	℃	≥140	≥135
2	开始碾压的混合料内部温度		≥135	≥130
3	碾压终了的表面温度		≥75	≥70
4	开放交通的路表温度		≤50	≤50

9. 接缝处理

施工接缝必须仔细操作,保证紧密、连接平顺,不得产生明显的接缝离析。接缝施工应用3 m直尺检查,确保平整度符合要求。接缝的碾压分为纵向接缝和横向接缝碾压,它是压实工序的重要一环,其处理的好坏直接影响到路面质量(见图4-11)。

(1) 纵向接缝施工要求。

纵向接缝有热接缝和冷接缝两种。热接缝是指热料层与热料层相接,冷接缝是指热料层与冷料层相接。

热接缝施工一般使用两台以上摊铺机成梯队同步作业,两台摊铺机前后距离宜为 5~10 m,使相邻两条摊铺带的混合料在高温状态下相接。两台摊铺机的结构参数和运行参数应调整成相等;接缝两侧摊铺层的横坡和厚度均应一致,搭接重叠应在 6~10 cm 之间;将已铺部分留下 100~200 mm 宽暂不碾压,作为后续部分的基准面,然后作跨缝碾压以消除缝迹。

冷接缝施工宜加设挡板或加设切刀切齐,也可在混合料尚未完全冷却前用镐刨除边缘留下毛茬的方式,但不宜在冷却后采用切割机作

图 4-11 接缝施工

纵向切缝。加铺另半幅前应涂洒少量沥青,重叠在已铺层上 50~100 mm,再铲走铺在前半幅上面的混合料,碾压时由边向中碾压留下 100~150 mm,再跨缝挤紧压实。或者先在已压实路面上行走碾压新铺层 150 mm 左右,然后压实新铺部分。

上下层的纵缝应错开 150 mm(热接缝)或 300~400 mm(冷接缝)以上。

(2) 横向接缝施工要求。

相邻两幅及上、下层的横向接缝均应错位 1 m 以上;高等级道路的表面层横向接缝应采用垂直的平接缝,以下各层可采用自然碾压的斜接缝,沥青层较厚时也可作阶梯形接缝。其他等级道路的各层均可采用斜接缝(见图 4-12)。

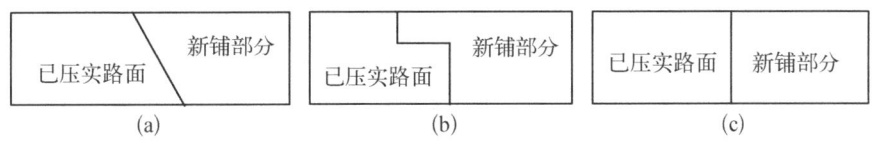

图 4-12 横向接缝的形式
(a) 斜接缝;(b) 阶梯形接缝;(c) 平接缝

斜接缝的搭接长度与层厚有关,宜为 0.4~0.8 m。搭接处应清扫干净并洒少量沥青,混合料中的粗集料颗粒应予剔除,并补上细料,搭接平整,充分压实。阶梯形接缝的台阶经铣刨而成,并洒黏层沥青,搭接长度不宜小于 3 m。

平接缝宜趁尚未冷透时用凿岩机或人工垂直刨除端部层厚不足的部分,使工作缝成直角连接。当采用切割机制作平接缝时,宜在铺设当天混合料冷却但尚未结硬时进行。刨除或切割不得损伤下层路面。切割时留下的泥水必须冲洗干净,待干燥后涂刷黏层油。铺筑新混合料接头应使接茬软化,压路机先进行横向碾压,再纵向碾压成为一体,充分压实,连接平顺。

10. 开放交通

热拌沥青混合料路面应待摊铺层完全自然冷却,混合料表面温度低于 50℃ 后,方可开放交通。需要提早开放交通时,可洒水冷却降低混合料温度。

铺筑好的沥青层应严格控制交通,做好保护,保持整洁,不得造成污染,严禁在沥青层上堆放施工产生的土或杂物,严禁在已铺沥青层上制作水泥砂浆。

4.1.2 热拌沥青混合料路面施工

热拌沥青混合料(HMA)路面施工程序见图 4-13。

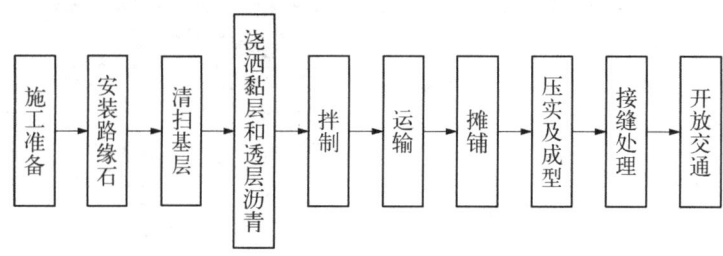

图 4-13　热拌沥青混合料路面施工工艺流程

热拌沥青混合料基本与沥青玛蹄脂碎石路面的施工工艺流程类似,只是在拌制、摊铺和压实操作尚稍有不同。另外,黏层和透层沥青施工将在下节详细叙述。

1. 拌制

沥青混合料的拌和应严格按顺序投放,保证沥青结合料先于矿粉进入搅拌仓。沥青混合料的拌和时间由试拌确定,普通沥青混合料每盘拌和时间不宜少于 45 s(其中干拌时间不少于 5~10 s);改性沥青和 SMA 混合料的拌和时间应适当延长。

2. 运输

普通沥青混合料在运料车装料时,采用三次或多次卸料法,汽车应前后移动,分几堆装料,以减小混合料发生粗细集料的离析,即第 1、2 次卸料分别位于车厢两端,第 3 次卸料位于车厢中部。

3. 摊铺

路面宽度单幅大于 6.0 m,且单台摊铺机摊铺效果不佳时,沥青中、下面层应采用双机联合作业,两幅搭接宜避开车道的轮迹带,前后两台摊铺机轨道重叠 30~60 mm。上下两层的搭接位置宜错开 200 mm 以上。两台摊铺机前后的距离一般为 10~20 m,以确保混合料不发生离析,并确保纵接缝是热接缝。

摊铺机开工前应调整到最佳工作状态,提前 0.5~1 h 预热熨平板至不低于 120℃。沥青路面不得在气温低于 10℃的情况下施工。沥青混合料的摊铺速度应控制在 2~6 m/min 为宜,以使其摊铺用料量和拌和机的产量相适应,同时为保证连续摊铺,摊铺机前至少应保证有 5 辆以上料车在等候卸料。

4. 压实及成型

初压应紧跟在摊铺机后碾压,并保持较短的初压区长度,以尽快使表面压实,减少热量散失。压路机在碾压开始时,前后滚轮喷水要充分,待前后轮全部喷湿后,再上摊铺层碾压。在连续碾压的过程中,前后滚轮在达到一定温度时应适当控制喷水的水量,喷水量以不粘轮为标准。对摊铺后初始压实度较大,经实践证明采用振动压路机或轮胎压路机直接碾压无严重推移并有良好效果时,可免去初压直接进入复压程序。初压通常采用轻型(6~8 t)钢轮压路机静压 1~2 遍。压路机从外侧向中心碾压,在超高路段则由低向高碾压,在坡道上应将驱动轮从低处向高处碾压。最后碾压路中心部分,压完全幅为一遍。碾压时不得出现推移、开裂。如果发生,应检查原因并及时采取补救措施。初压后检查平整度、路拱,有严重缺陷时进行修整乃至返工。

复压应紧跟在初压后开始,且不得随意停顿。压路机碾压段的总长度应尽量缩短,通常不宜超过 60～80 m。复压宜采用重型轮胎压路机(16 t 以上)、振动压路机(用振动压实)或钢筒式压路机,也可用组合式压路机、双轮振动压路机和轮胎压路机一起进行碾压,碾压方式与初压基本相同,碾压遍数参照铺筑试验段时所得的结果确定,通常不少于 4～6 遍,相邻碾压带应重叠 1/3～1/2 轮宽。对粗集料为主的较大粒径的混合料,宜优先采用振动压路机复压。

终压应紧接在复压后进行,如经复压后已无明显轮迹时可免去终压。终压可选用双轮钢筒式压路机或关闭振动的振动压路机碾压,不宜少于 2 遍,直至无明显轮迹为止。

注意:在碾压过程中,压路机不得在摊铺层上转向、调头、左右移动位置或突然急刹车,驾驶员必须防止压路机在同一断面上停顿,以及在回程过程中,在尚未冷却的面层上停留,压路机碾压每幅重叠 30 cm。振动式压路机倒车时应先停止振动,并在另一方向运动后再开始振动,以免混合料形成鼓包。

相关知识与拓展

4.1.3 沥青路面施工相关知识

一、沥青路面的定义和分类

1. 定义

沥青路面(见图 4-14)是指在矿质材料中,采用各种方式掺入沥青材料组成混合料,铺筑而成的各种类型路面的统称。它适用于各种交通量的道路,由于沥青路面呈黑色,故又称为黑色路面,广泛应用于城市道路和公路干线,成为目前中国铺筑面积最多的一种高级路面。

由于沥青路面使用了沥青结合料,因此增强了集料间的黏结力,提高了混合料的强度和稳定性,使路面的使用质量和耐久性得到提高。与水泥混凝土路面相比,沥青路面具有表面平整、无接缝、行车舒适、耐磨、振动小、噪声低、施工期短、养护维修简便和适宜分期修建等优点。缺点是易受履带车辆和坚硬物体损坏,表面常被磨光而影响行车安全。沥青路面受外界气温的影响较明显,夏季易

图 4-14 沥青路面

软而冬季易脆,它的施工受季节气候的影响较大,在低温季节和雨季,除乳化沥青外,一般不能施工。

2. 分类

(1) 按沥青路面的技术特性分。

按沥青路面的技术特性,可将其分为沥青混凝土路面、沥青碎石路面、沥青贯入式路面、沥青表面处治路面。

1) 沥青混凝土路面

由粗骨料、细骨料、填料、纤维、沥青拌和后混合料的孔隙率为3%～5%,混合料称为沥青混凝土混合料。混合料经压实后达到规定的强度,称为沥青混凝土。按最佳密实级配原理选配的矿料与适量沥青拌和均匀,经摊铺压实而成的路面称为沥青混凝土路面。沥青混凝土可用AC(Asphalt Concrete)表示。

2) 沥青碎石路面

沥青碎石路面是由几种不同大小的矿料(所用矿料为开级配),掺有少量矿粉或不加矿粉,用沥青作结合料,按一定比例配合,均匀拌和,拌和后混合料的孔隙率为6%～12%,混合料被称为厂拌沥青碎石,沥青碎石经摊铺碾压成型的路面称为沥青碎石路面,可用AM(Asphalt Macadamia)表示。沥青混凝土混合料与沥青碎石混合料矿料级配范围区别见表4-4。

表4-4 沥青混凝土混合料与沥青碎石混合料矿料级配范围比较

级配类型			通过下列筛孔(mm)的质量百分率(%)										
			26.5	19	16	13.2	9.5	4.75	2.36	1.18	0.6	0.3	0.15	0.075
沥青混凝土混合料	中粒式	AC-20	100	90～100	78～92	62～80	50～72	26～56	16～44	12～33	8～24	5～17	4～13	3～7
	细粒式	AC-13				100	90～100	68～85	38～68	24～50	15～38	10～28	7～20	5～15	4～8
沥青碎石混合料	中粒式	AM-20	100	90～100	60～85	50～75	40～65	15～40	5～22	2～16	1～12	0～10	0～8	0～5
	细粒式	AM-13				100	90～100	50～80	20～45	8～28	4～20	2～16	0～10	0～8	0～6

3) 沥青贯入式路面

沥青贯入式路面是在初步压实的碎(砾)石上,用沥青浇灌,再分层撒铺嵌缝料和浇洒沥青,并通过分层压实而形成的一种较厚的路面面层。

为了防止表面水的渗入,须加封层密闭表面空隙,以增强路面的水稳性和耐用性。如果封层采用拌和法施工,则其下部宜采用贯入法,铺筑而成的路石常称为沥青上拌下贯式路面。

4) 沥青表面处治路面

沥青表面处治路面是用沥青和集料按层铺法或拌和法铺筑而成的厚度不超过3 cm的沥青路面。沥青表面处治的作用是保护下层路面结构层,防水,抗磨耗,防滑和改善碎(砾)石路面的使用品质。

(2) 按强度构成原理分。

按强度构成原理可将沥青路面分为密实和嵌挤两大类。

1) 密实类沥青路面(见图4-15)的集料级配按最大密实原则设计,颗粒尺寸多样,其强度和稳定性主要取决于混合料的黏聚力和内摩阻力。属于密实类沥青路面的有沥青混凝土路面。

图 4-15　密实类沥青路石　　　　　　图 4-16　嵌挤类沥青路石

2) 嵌挤类沥青路面(见图 4-16)采用的是颗粒尺寸较为均一的集料,路面的强度和稳定性主要由骨料颗粒之间相互嵌挤所产生的内摩阻力决定,而黏聚力只起次要作用。嵌挤类沥青路面比密实类路面的热稳定性要好,但孔隙率大,易渗水,因而耐久性差。按嵌挤原则构成的沥青路面有贯入式沥青路面、沥青碎石和沥青表面处治。

(3) 按施工工艺分。

沥青路面按施工工艺可分为层铺法、路拌法和厂拌法。

1) 层铺法是沥青和集料分层撒铺、碾压成型的路面施工方法。其具有工艺设备简单、功效较高、施工进度快、造价低等优点;其缺点是需要经过炎热夏季行车碾压之后路面才能成型,因此成型期较长。用这种方法修筑的路面有沥青表面处治和沥青贯入式。

2) 路拌法是指在路上用人工或机械将矿料和沥青材料就地拌和和摊铺、碾压密实而形成的沥青面层施工方法。路拌法就地拌和,沥青材料在矿料中分布均匀,减少了路面的成型期。但是因矿料是冷料,需黏稠度较低的沥青材料黏结,所以路面强度较低。

3) 厂拌法是将规定级配的矿料和沥青材料用工厂的专用设备加热拌和,并在一定的时间内运到工地用摊铺机摊铺,然后碾压成型的沥青路面的施工方法。厂拌法施工集料清洁、级配准确、沥青黏稠度高、用量准确,因此混合料质量高、寿命长,但修建费用较高。

二、黏层和透层沥青

1. 浇洒黏层

在沥青路面施工时,为增加沥青层与沥青层之间、新旧沥青层之间、沥青层与混凝土底层之间的黏结力而在底层表面喷洒的沥青材料薄层称为黏层。

通常黏层是双层或多层热拌热铺沥青混合料路面在铺筑上层路面前,下层沥青已经被污染;在旧沥青路面上加铺新沥青路面;在旧混凝土路面上加铺沥青路面;与新铺沥青混合料接触的路缘石、雨水口、检查井等设施的侧面上喷洒。

黏层的沥青材料宜选用快裂的洒布型乳化沥青,也可采用快、中凝液体石油沥青或煤沥青。

黏层下承层的表面应清扫干净。扫不干净时要用水刷净,待表面干燥后浇洒。

当气温低于 10℃ 或基面潮湿时,不得浇洒黏层沥青。

黏层沥青宜用沥青洒布车喷洒,且应喷洒均匀。在路缘石、雨水进水口、检查井等局部应用人工涂刷,浇洒过量处应予刮除。

浇洒黏层沥青后,除沥青混合料运输车外,严禁其他车辆、行人通过。并应及时铺筑沥青层,但乳化沥青应待破乳(即乳化沥青与石料完全黏附),水分蒸发完后铺筑。

2. 浇洒透层

透层是指为使沥青面层与非沥青材料基层结合良好,在基层表面上喷洒乳化沥青、煤沥青或液体沥青而形成的渗入基层表面的薄层。

透层是沥青面层和非沥青材料基层的连接层,其主要作用可归结为:有效地增强沥青面层与基层之间的黏结力;封闭基层表面的孔隙,减少水分的渗透,防止水分对地基的影响;防止基层对铺筑的面层沥青的吸收;临时性保护基层表面,防止恶劣气候及轻交通对基层形成破坏。

沥青路面的级配砂砾、级配碎石基层上必须喷洒透层油,沥青层必须在透层油完全渗透入基层后方可铺筑。基层上设置下封层时,透层油不宜省略。气温低于10℃、遇大风或即将降雨时,不得喷洒透层沥青。

对于石灰(水泥)稳定土、石灰稳定工业废渣(土)等基层:

(1) 在基层完工后表面稍干,即采用沥青洒布车浇洒透层沥青(见图4-17),在4~8 h内渗入基层表面3~6 mm,以不留多余沥青为宜。

(2) 浇洒透层沥青后,宜立即洒布用量为2~3 m^3/1 000 m^2 的石屑或粗砂罩面。

对级配砂砾等基层,宜待基层完工、表面开始变干时,再采用沥青洒布车浇洒透层沥青(见图4-17),在4~8 h内渗入基层表面3~6 mm,以不留多余沥青为宜。

图4-17 沥青洒布车浇洒透层施工

思考与练习

1. 什么是沥青路面?可以怎样分类?
2. 沥青混凝土和沥青碎石路面有何区别?
3. 试述沥青混合料路面的施工流程。
4. 沥青玛蹄脂碎石路面施工与热拌沥青混合料路面的施工工艺流程有何区别?

任务2 沥青路面施工质量验收和资料管理

任务描述

在沥青路面施工过程中、施工完成后,施工单位项目部的管理人员都必须对其质量进行控制、检查和检验,并按要求形成相应的资料。

任务分析

面层是直接承受行车荷载反复作用及大气降水和温度变化影响,并为车辆提供行驶表面的结构层次,直接影响行车的舒适性、安全性和经济性,同时会给周围环境带来不同程度的负面影响。因此,面层施工质量控制是道路施工的重要环节,在施工过程中施工单位应负责进行过程质量控制检查、检验,并应做好相应的、完整的技术文件管理工作。

方法与步骤

通常,用沥青混凝土和沥青碎石采用热拌热铺法铺筑的沥青路面统称为热拌沥青混合料路面,属于高级路面,常用于高速公路、一级公路或立交桥桥面铺装、城市快速路、主干路等。为严格控制质量,大多采用厂拌法。

4.2.1 组织施工

施工单位对基(垫)层施工完成,并通过质量验收后就可以进行面层施工,施工时应根据图纸、规范、方案、交底等组织,具体见项目1任务1。

4.2.2 施工测量控制和测量记录

在沥青面层施工过程中,施工单位应负责进行过程质量控制检查、检验,包括对施工测量、施工物资材料、施工过程以及施工试验等过程,并形成相应的资料。

在施工前对关键控制桩点进行复测以确保准确性,并注意桩的保护。施工前应补钉路线中心桩及转点桩号,进行中线恢复和标定,直线段每 20~50 m 设一桩,平曲线、竖曲线段每 10~15 m 设一桩,并在两侧路边缘外 0.3~0.5 m 处设指示桩,在两侧指示桩上用红漆标出路床、垫层、基层和面层中线处顶面设计标高,以指导正确施工。

面层施工完后应进行测量复核,沥青路面面层的测量内容是恢复中线、测量边线和高程放样,方法与基层相同,主要检查的项目有中线平面偏位、中线高程、宽度、横坡、井框与路面的高差,应做好测量复核记录,测量复核记录表见表 4-5。

表 4-5 测量复核记录

工程名称		施工单位	
复核部位		日 期	
原施测人签名		复核测量人签字	
测量复核情况(草图)			
备 注			

注:采用三角网法测定构筑物位置时,需注明闭合差及测回数等允许闭合偏差值且以正倒镜各测一次为一个测回。

4.2.3 施工物资检查和资料管理

一、施工物资的质量要求

1. 热拌沥青混合料路面(HMA)

热拌沥青混合料路面施工原材料主要有沥青、粗集料、细集料、矿粉、沥青混合料等,所有材料必须有产品出厂合格证和复试检验报告。

(1)沥青及聚合物改性沥青。

沥青及聚合物改性沥青的技术要求应符合表4-6、表4-7的要求。

表4-6 道路石油沥青技术要求

指 标	单位	等级	沥青标号			试验方法
			70号	50号	30号	
针入度(25℃,5 s,100 g)	0.1 mm		60~80	40~60	20~40	沥青针入度试验 T0604
适用的气候分区			1~4	1~4		
针入度指数 PI		A	-1.5~+1.0			沥青针入度试验 T0604
		B	-1.8~+1.0			
软化点 $T_{R\&B}$,不小于	℃	A	46	49	55	沥青软化点试验 T0606
		B	44	46	53	
60℃动力黏度,不小于	Pa·s	A	180	200	260	沥青试样准备方法 T0620
10℃延度,不小于	cm	A	15	15	10	沥青延度试验 T0605
		B	10	10	8	
15℃延度,不小于	cm	A,B	100	80	50	
蜡含量(蒸馏法),不大于	%	A	2.2			沥青蜡含量试验 T0615
		B	3.0			
闪点,不小于	℃		260			沥青闪点试验 T0611
溶解度,不小于	%		99.5			沥青溶解度试验 T0607
密度(15℃)	g/cm³		实测记录			沥青密度与相对密度试验 T0603
TFOT(或RTPOF)						沥青旋转薄膜加热试验 T0610 或沥青薄膜加热试验 T0609
质量变化,不小于	%		±0.8			
残留针入度比,不小于	%	A	61	63	65	沥青针入度试验 T0604
		B	58	60	62	
残留延度(10℃),不小于	cm	A	6	4	—	沥青延度试验 T0605
		B	4	2	—	

表 4-7 聚合物改性沥青技术要求

指　　标	单位	SBS类（Ⅰ类）		SBR类（Ⅱ类）	EVA、PE（Ⅲ类）		试验方法
		Ⅰ-C	Ⅰ-D	Ⅱ-C	Ⅲ-C	Ⅲ-D	
针入度(25℃,5 s,100 g)	0.1 mm	60～80	30～60	60～80	40～60	30～40	
针入度指数 PI		-0.4	0	-0.6	-0.6	-0.4	沥青针入度试验 T0604
软化点 $T_{R\&B}$,不小于	℃	55	60	50	56	60	沥青软化点试验 T0606
135℃动力黏度,不大于	Pa·s	3			3		沥青布氏旋转粘度试验 T0625/沥青运动粘度试验 T0619
5℃延度,5 cm/min 不小于	cm	30	20	40	—		沥青延度试验 T0605
闪点,不小于	℃	230		230	230		沥青闪点试验 T0611
溶解度,不小于	%	99		99	—		沥青溶解度试验 T0607
弹性恢复25℃,不小于	N·m	65	75	—			改性沥青弹性恢复试验 T0662
粘韧性,不小于	N·m	—		-5			沥青粘韧性试验 T0624
韧性,不小于				2.5			沥青粘韧性试验 T0624
贮存稳定性离析,48 h 软化点差,不大于	℃	2.5		—	无改性剂明显析出、凝聚		聚合物改性沥青离析试验 T0661
TFOT（或 RTPOF）后残留物							沥青旋转薄膜加热试验 T0610 或沥青薄膜加热试验 T0609
质量变化,不小于	%			±1.0			
残留延度（25℃）,不小于	%	60	65	60	58	60	沥青针入度试验 T0604
延度5℃,不小于	cm	20	15	10			沥青延度试验 T0605

(2) 粗集料。

粗集料应干燥、清洁、表面粗糙、无风化、无杂质,并具有足够的强度、耐磨耗性。沥青混合料用粗集料应符合表 4-8 的质量要求。

表 4-8 沥青混合料用粗集料质量要求

指 标	单位	快速路及主干路		其他道路	试 验 方 法
		表面层	其他层次		
石料压碎值,不大于	%	26	28	30	沥青路面用粗集料压碎值试验 T0316
洛杉矶磨耗损失,不大于	%	28	30	35	粗集料磨耗试验(洛杉矶法) T0317
表观相对密度,不小于	—	2.60	2.50	2.45	粗集料密度及吸水率试验 T0304
吸水率,不大于	%	2.0	3.0	3.0	粗集料密度及吸水率试验 T0304
坚固性,不大于	%	12	12	—	粗集料坚固性试验 T0314
针片状颗粒含量(混合料),不大于 其中粒径大于 9.5 mm,不大于 其中粒径小于 9.5 mm,不大于	%	15 12 18	18 15 20	20 — —	沥青路面用粗集料针片状颗粒含量试验(游标卡尺法) T0312
水洗法＜0.075 mm 颗粒含量,不大于	%	1	1	1	粗集料含泥量及泥块含量试验 T0310
软石含量,不大于	%	3	5	5	粗集料软弱颗粒试验 T0320
磨光值 PSV		42			粗集料磨光值试验 T0321
粗集料与沥青粘附性		5	4	4	沥青与粗集料的粘附性试验 T0616 沥青抗剥落剂性能评价试验 T0663

(3) 细集料。

细集料应干净、坚硬、干燥、无风化、无杂质或其他有害物质,并有适当的级配,应符合表 4-9 的规定。

表 4-9 沥青混合料用细集料质量要求

项 目	单 位	快速路主干路	其他道路	试 验 方 法
表观相对密度,不小于	—	2.50	2.45	细集料表观密度试验 T0328
坚固性(＞0.3 mm 部分),不小于	%	12	—	细集料坚固性试验 T0340
含泥量,不小于	%	3	5	细集料含泥量试验 T0333
砂当量,不小于	%	60	50	细集料砂当量试验 T0334
亚甲蓝值,不大于	g/kg	25	—	破碎砾石含量试验 T0346
棱角性(流动时间),不小于	s	30	—	细集料粗糙度试验 T0345

(4) 矿粉。

热拌沥青混凝土所用的矿粉应洁净、干燥,其质量要求的指标有表观密度、含水量、粒径、外观、亲水系数、塑性指数和加热安定性,应符合表4-10的要求。

表4-10 沥青混合料用矿粉质量要求

项 目	单 位	快速路主干路	其他道路	试 验 方 法
表观相对密度,不小于	t/m³	2.50	2.45	矿粉密度试验 T0352
含水量,不大于	%	1	1	土的含水率试验 T0103
粒径范围<0.6 mm <0.15 mm <0.075 mm	%	100 90~100 75~100	100 90~100 70~100	矿粉筛分试验(水洗法)T0341
外观	—	无团粒结块		—
亲水系数	—	<1		矿粉亲水系数试验 T0353
塑性指数	—	<4		矿粉塑性指数试验 T0354
加热安定性	—	实测记录		矿粉加热安定性试验 T0355

(5) 沥青混合料。

沥青混合料的技术性能应符合表4-11的规定。

表4-11 热拌密级配沥青混凝土混合料马歇尔试验技术要求

(表适用于公称最大粒径≤26.5 mm的密级配沥青混凝土混合料)

试 验 指 标	单位	快速路、主干路		其他道路
		中轻交通	重载交通	
击实次数(双面)	次	75		50
空隙率 VV	%	3~5	4~6	3~6
稳定度 MS,不小于	kN	8		5
流值 FL	mm	2~4	1.5~4	2~4.5
动稳定度	次/mm	1 000/2 800		
浸水马歇尔残留稳定度,不小于	%	80/85		

注:1. 对改性沥青混合料,马歇尔试验的流值可适当放宽;
2. 分子为普通沥青混合料,分母为改性沥青混合料;
3. 动稳定度和浸水马歇尔残留稳定度适用于公称最大粒径等于或小于19 mm的密级配沥青混凝土,在必要时进行检验。

2. 沥青玛蹄脂碎石混合料路面(SMA)

沥青玛蹄脂碎石混合料路面的原材料主要有沥青、纤维稳定剂、砂粉及少量的细集料等,所有材料必须有产品出厂合格证和复试检验报告。其中矿粉、细集料的要求同热拌沥青混合料路面的材料要求。

(1) 沥青结合料。

沥青结合料应具有较高的黏度,并与集料有良好的黏附性,应采用A级沥青或改性沥青,沥青的技术要求应符合表 4-5、表 4-6 的规定。

(2) 纤维稳定剂。

沥青玛蹄脂碎石混合料中掺加的纤维稳定剂,应采用木质纤维或矿物纤维。纤维应能承受 250℃ 以上环境温度不变质、不变脆,并在拌和过程中充分分散。木质纤维质量技术要求及质量标准应符合表 4-12 的规定。

表 4-12 木质纤维质量技术要求

试验项目	单位	指标	试验方法
纤维长度,不大于	mm	6 mm	水溶液用显微镜观测
灰分含量	%	18±5	高温 590℃~600℃ 燃烧后测定残留物
pH 值	—	7.5±1.0	水溶液用 PH 试纸或 PH 计测定
吸油率,不小于	—	纤维质量的 5 倍	用煤油浸泡后,放在筛上经振敲后称量
含水率,不大于	%	5	105℃ 烘箱烘 2 h 后冷却称量

(3) 沥青玛蹄脂碎石混合料

沥青玛蹄脂碎石混合料的技术性能应符合表 4-13 的规定。

表 4-13 沥青玛蹄脂碎石混合料技术要求

检验项目	单位	技术要求		试验方法
		不使用改性沥青时	使用改性沥青时	
空隙率 VV	%	3~4		压实沥青混合料密度试验(体积法)T0708
稳定度 MS,不小于	kN	5.5	6.0	沥青混合料马歇尔稳定度试验 T0709
流值 FL	mm	2~5	—	沥青混合料马歇尔稳定度试验 T0709
浸水马歇尔残留稳定度,不小于	%	75	80	沥青混合料马歇尔稳定度试验 T0709

二、施工物资资料管理

1. 材料出厂产品合格证

所有原材料出厂时都附有出厂产品合格证,施工单位项目部的材料员对进场材料进行质量检验的同时,还应对合格证原件或抄件进行核查,符合要求后交给资料员进行汇总整理。

核查内容包括:

(1) 合格证上的出厂日期、批号、合格证编号等非技术要求指标栏目应填写齐全;

(2) 应有生产厂质检部门和技术负责人加盖的印章;如是抄件,除注明合格证上的品质指标外,尚应注明原件编号及存放处,加盖抄件人及抄件单位印章。

(3) 项目部材料员应在合格证或抄件上注明进场材料的数量,施工员应注明材料使用

部位;

(4) 合格证的各项技术指标应符合国家标准的规定。

沥青路面采用热拌沥青混合料时,物资资料应采取分级管理:

(1) 热拌沥青混合料生产厂家应向施工单位提供合格的沥青混合料,并随车提供混合料运输单、标准密度资料及沥青混合料出厂质量合格证;

(2) 热拌沥青混合料生产厂家除向施工单位提供上述资料外,还应完整保存以下资料,以供查询:热拌沥青混合料配合比设计及检验试验报告;路用沥青、乳化沥青、液体石油沥青出厂合格证及复试报告;集料试验报告、添加剂和料试验报告。

(3) 施工单位应收集、整理的资料有:热拌沥青混合料出厂合格证(生产厂家提供);热拌沥青混合料标准密度资料(生产厂家提供);沥青混合料压实度试验报告(有见证取样)。

2. 复试检验报告

施工单位应按规定对有见证取样要求的物资进行见证,并做好见证记录。对进场的材料,应按相关规定和有关检测规程的要求进行复试,一般复试应委托有资质的试验检测单位进行检测,并出具试验检测报告。

3. 汇总表

工程完工后,由施工单位汇总填写"主要原材料及构配件质量证明文件及复试报告汇总表"(表4-14),将进场材料的规格型号、生产厂家、使用部位、出厂编号、出厂日期等进行整理,方便查阅。

表4-14 主要原材料及构配件出厂证明及试验复验单汇总目录

单位工程名称:　　　　　　　　施工单位:

原材料、预制构配件名称	品种	型号(规格)产地	质保单合格证编号	代表数量	使用部位	复试单编号	复试日期年月日	备注采购方法

注:1. 施工、监理单位进行复验的要在"备注"栏内注明复验单编号或所在卷内页号。
　　2. 建设单位供应材料,需在原件复印件上注明供应单位,且加盖章和复印人签名、说明原件存放处。
　　3. 预制构件原材料(水泥、砂石、钢筋、高强钢筋)、预应力张拉设备、预制构件应分页填写。需标定的要注明。

4.2.4 施工记录检查和试验记录

施工记录是施工过程中的原始材料,是施工技术管理规定中的内容之一,也是工程竣工验收的资料内容,它必须全面、准确、真实反映施工情况,为竣工验收、施工企业的经济核算提供原始依据。

沥青混凝土面层施工的施工记录有沥青混合料到场及摊铺测温记录(表4-15)、沥青混合料碾压温度检测记录(表4-16)。在沥青混合料施工过程中应严格控制温度,技术要求见表4-17、表4-18。

表4-15 沥青混合料到场及摊铺测温记录

工程名称:_____ 部位:_____ 施工单位:_____

到场日期	到场时间（时：分）	沥青混合料生产厂家	运料车号	混合料规格	到场温度（℃）	摊铺温度（℃）	备 注

测温人：

表4-16 沥青混合料碾压温度检测记录

工程名称:_____ 部位:_____ 施工单位:_____

碾压日期	沥青混合料生产厂家	碾压段落（桩号）	初压温度（℃）	复压温度（℃）	终压温度（℃）	备 注

测温人：

表4-17 热拌沥青混合料的施工温度(℃)

工　　序		石油沥青的标号	
		50号	70号
沥青加热温度		160～170	155～165
矿料加热温度	间隙式拌和机	集料加热温度比沥青温度高10～30	
	连续式拌和机	矿料加热温度比沥青高5～10	
混合料出料温度		150～170	145～165
混合料到现场温度,不低于		150	145
混合料摊铺温度不低于	正常施工	140	135
	低温施工	160	150

续 表

工 序		石油沥青的标号	
		50号	70号
开始碾压的混合料内部温度,不低于	正常施工	135	130
	低温施工	150	145
碾压终了的表面温度不低于	钢轮压路机	80	70
	轮胎压路机	85	80
	振动压路机	75	70
开始交通的路表温度,不高于		50	50

注:1. 沥青混合料的施工温度采用具有金属探测针的插入式数显温度计测量。表面温度可采用接触式温度计测定。当采用红外线温度计测量表面温度时,应进行标定;
   2. 表中未列入的30号沥青的施工温度由试验确定。

表 4-18 聚合物改性沥青混合料的施工温度(℃)

工 序	石油沥青的标号		
	SBS类	SBR胶乳类	EVA、PE类
沥青加热温度	160~165		
改性沥青现场制作温度	165~170		165~170
成品改性沥青加热温度,不大于	175		175
集料加热温度	190~220	220~210	185~195
改性沥青混合料出厂温度	170~185	160~180	165~180
混合料最高温度(废弃温度)	195		
混合料贮存稳定	拌和出料后降低不超过10		
摊铺温度,不低于	160		
初压开始温度,不低于	150		
碾压终了的表面温度不低于	90		
开放交通时的路表温度,不高于	50		

4.2.5 施工试验检查和试验记录

施工试验是指在施工过程中检验施工质量必须进行的试验工作,是施工过程控制的一项重要内容,同时也是工程质量评定的重要依据之一。

沥青混凝土面层施工中相应的施工试验有沥青混合料压实度试验、路面弯沉值检验等。

钻芯法测定沥青面层密度

沥青混合料面层的施工压实度是指按规定方法测得的混合料试样的毛体积密度与标准密度之比,以百分率表示。钻芯法使用于检验从压实的沥青路面上钻取的沥青混合料芯样试件的密度,以评定沥青面层的施工压实度。对沥青混合料,国内外均以取样测定作为标准试验方法。

1. 试验方法与步骤

(1) 钻取芯样

按"路面钻孔及切割取样方法"钻取路面芯样(见图 4-18),芯样直径不宜小于 ϕ100 mm。当一次钻孔取得的芯样包含有不同层位的沥青混合料时,应根据结构组合情况用切割机将芯样沿各层结合面锯开分层进行测定。

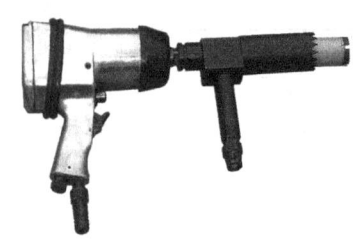

图 4-18 取芯钻机

(2) 测定试件密度

1) 将钻取的试件在水中用毛刷轻轻刷净黏附的粉尘,如试件边角有松散颗粒,应仔细清除。

2) 将试件晾干或用电风扇吹干不少于 24 h,直至恒重,测定试件的毛体积密度。

2. 计算

(1) 当计算压实的沥青混合料的标准密度采用马歇尔击实试件成型密度或试验路段钻孔取样密度时,沥青面层的压实度按下式计算:

$$K = \frac{\rho_s}{\rho_o} \times 100$$

式中,K——沥青面层的压实度,%;

ρ_s——沥青混合料芯样试件的毛体积密度,g/cm^3;

ρ_0——沥青混合料的标准密度,g/cm^3。

(2) 由沥青混合料实测最大密度计算压实度时,应按下式进行空隙率折算,作为标准密度。

$$\rho_0 = \rho_t \times \left(\frac{100 - VV}{100}\right)$$

式中,ρ_t——沥青混合料实测最大密度,g/m^3;

ρ_0——沥青混合料的标准密度,g/cm^3。

VV——试件的空隙率,%。

3. 注意事项

压实度的大小取决于实测的压实度密度,同样也与标准密度的大小有关。但目前对标准密度的规定并不统一,有些工程在压实度达不到时便重新进行马歇尔试验,调整标准密度使压实度达到要求,这样做实际是弄虚作假。为防止这种情况,新的检测方法规定了三种标准密度。在进行检测时,应结合工程实际情况,采用相应的标准密度。

试件的毛体积密度按现行规范的沥青混合料试件密度试验测定。当试件的吸水率小于 2% 时,采用水中重法或表干法测定;当吸水率大于 2% 时,用蜡封法测定;对空隙率很大的透水性混合料及开级配混合料用体积法测定。

4.2.6 检验批质量检验和质量验收记录

沥青面层施工完成后,在正式交验之前,必须先经外观检查合格,方能检验;交验工程必须具备施工单位的自检、互检、专检手续,完整的施工交接记录,测量及其他检测记录等;如发现受检资料不符合要求,必须补全改正,否则不予验收。

本书主要介绍热拌沥青混合料(HMA)面层的质量检验要求。

一、主控项目

1. 沥青及聚合物改性沥青

(1) 质量要求。

应符合表4-6、表4-7的相关要求。

(2) 检验要求。

检验数量：按同一生产厂家、同一品种、同一标号、同一批号连续进场的沥青(石油沥青每100 t为1批，改性沥青每50 t为1批)，每批次抽检不少于1次。

检验方法：查检产品合格证、检验报告[《公路工程沥青及沥青混合料试验规程》(JTJ 052)]。

2. 粗、细集料质量要求

(1) 质量要求。

应符合表4-8、表4-9的相关要求。

(2) 检验要求。

检验数量：按同一产地、同一规格1 000 t为1批，不足1 000 t亦按1批计。每批次检验不少于1次。

检验方法：查检产品合格证、检验报告[《公路工程集料试验规程》(JTG E42)]。

3. 热拌沥青混凝土料的矿粉质量要求

(1) 质量要求。

应符合表4-10的相关要求。

(2) 检验要求。

检验数量：按进场批次检验，每批次检验不少于1次。

检验方法：查检产品合格证、检验报告[《公路工程集料试验规程》(JTG E42)]。

4. 沥青用量及矿料级配

(1) 质量要求。

沥青用量应符合混合料级配设计要求，矿料级配应符合相关规范要求。

(2) 检验要求。

检验数量：每台班检查不少于1次。

检验方法：查检验报告及配合比设计资料[《公路工程沥青及沥青混合料试验规程》(JTJ 052)]。

5. 沥青混合料的技术性能

(1) 质量要求。

沥青混合料的技术性能应符合表4-11的规定。

(2) 检验要求。

检验数量：以连续进场的混合料数量每2 000 t为一批，不足2 000 t应按一批计，每批检测应不少于1次。

检验方法：查检验报告[《公路工程沥青及沥青混合料试验规程》(JTJ 052)]。

6. 热拌沥青混合料的施工温度

(1) 质量要求。

应符合表4-17、表4-18的相关要求。

(2) 检验要求。

检验数量：全部。

检验方法：查检验报告，沥青混合料生产现场与施工现场测试。

7. 外观

(1) 质量要求。

1) 表面应平整、密实、无泛油、松散、裂缝和明显离析等现象；

2) 施工接缝应密实、平顺、烫缝不枯焦；

3) 面层与路缘石、平石及其他构筑物衔接平顺，无积水等现象。

(2) 检验要求。

检验数量：全部。

检验方法：观察。

8. 压实度

压实度是表征现场压实后的密实状况的指标，在沥青路面中，碾压后路面的压实度越大说明路面越密实，材料整体性能越好。

(1) 质量要求。

应符合表 4-19 的相关要求。

(2) 检验要求。

检验数量：每 1 000 m² 测 1 点。

检验方法：查检验报告，查《公路路基路面现场测试规程》(JTJ 059)钻芯法测定沥青面层压实度试验(T0924)。

9. 厚度

在路面工程中，各个层次的厚度是和道路整体强度密切相关的。只有在保证厚度的情况下，路面的各个层次及整体的强度才能得到保证。除了能保证强度外，严格控制各结构层的厚度，还能对路面的标高起到一定的控制作用，是一个非常重要的指标。沥青面层的厚度应用钻孔法测定，可直接量取芯样高度，一般可与压实度同时进行检测。

(1) 质量要求。

应符合表 4-19 的相关要求。

(2) 检验要求。

检验数量：每 1 000 m² 测 1 点。

检验方法：查检验报告，查《公路路基路面现场测试规程》(JTJ059)路面厚度测试方法(T0912)。

(3) 钻孔取样法测路面厚度。

钻孔取样法检测沥青面层厚度时，先随机取样决定挖坑检查的位置；然后用路面取芯钻孔机钻孔，芯样的直径应为 ϕ100 mm；仔细取出芯样，清除底面灰尘，找出与下层的分界面；最后用钢板尺或卡尺沿圆周对称的十字方向四处量取表面至上下层界面的高度，取其平均值即为该层的厚度，精确至 0.1 mm。

10. 弯沉值

弯沉值标准路基路面的承载能力，弯沉值越大，承载能力越小，反之则越大。目前在我国采用最多的测试弯沉值的方法为贝克曼梁法，见 3.2.5 节。

(1) 质量要求。

符合设计弯沉值要求。

(2) 检验要求。

检验数量：每车道每 20 m 测 1 点。

检验方法：查检验报告,查《公路路基路面现场测试规程》(JTJ 059)贝克曼梁测定路基路面回弹模量试验方法(T0944)。

二、一般项目

热拌沥青混合料面层质量检验的一般项目有平整度、抗滑、宽度、纵断面高程、中线偏位、横坡、井框与路面的高差 7 个指标。

1. 平整度

平整度是路面施工质量与服务水平的重要指标之一。路面的平整度与路面各结构层次的平整状况有着一定的联系,即各层次的平整效果将累积反映到路面表面上,路面面层由于直接与车辆及大气接触,不平整的表面将会增大行车阻力,并使车辆产生附加振动作用。这种振动作用会造成行车颠簸,影响行车的速度和安全及驾驶的平稳和乘客的舒适。同时,振动作用还会对路面施加冲击力,从而加剧路面和汽车机件及轮胎的磨损,并增大油耗。而且,不平整的路面会积滞雨水,加速路面的破坏。因此,平整度的检测与评定是道路施工与养护的一个非常重要的环节。

检测平整度的方法有 3 m 直尺法、连续式平整度仪法、颠簸累计仪,检测的技术指标有最大间隙 h、国际平整度指数 IRI、标准差 σ。

3 m 直尺法检测法有单尺测定最大间隙及等距离(1.5 m)连续测定两种。前者常用于施工质量控制与检查验收,单尺测定时要计算出测定段的合格率(路基平整度检测中已述);后者用于施工质量检查验收,算出标准差。

(1) 质量要求

应符合表 4 - 19 的相关要求。

(2) 检验要求

检验数量：平整度仪(图 4 - 19),每车道连续检测;3 m 直尺,详见表 4 - 19。

检验方法：查检验报告,《公路路基路面现场测试规程》(JTJ 059)平整度仪连续测定平整度(T0932、T0933);3 m 直尺测定平整度(T0931)。

图 4 - 19　连续式平整度仪

(3) 连续式平整度仪法测定平整度

连续式平整度仪见图 4 - 20,试验时将连续式平整度仪置于测试路段路面起点上;用牵引汽车匀速牵引平整度仪,沿道路纵向行驶,横向位置保持稳定,平整度仪通过测定轮上的位移传感器,自动采集位移数据,并记录。

标准差 σ 值的计算：

$$\sigma_i = \sqrt{\frac{\sum (\bar{d} - d_i)^2}{n-1}}$$

式中，σ_i——各计算区间的平整度计算值，mm；

d_i——以 100 m 为一个计算区间，每隔一定距离(自动采集间距为 10 m，人工采集间距为 1.5 m)采集的路面凹凸偏差位移值，mm；

n——计算区间用于计算标准差的测试数据个数。

2. 抗滑

路面抗滑性能是指车辆轮胎受到制动时沿表面滑移所产生的力。通常，抗滑性能被看作是路面的表面特性，并用轮胎与路面间的摩阻系数来表示。

热拌沥青混合料面层抗滑性能检查项目为摩擦系数和构造深度。路表构造深度是指一定面积的路表面凹凸不平的开口孔隙的平均深度。路面横向摩擦系数是指用标准的摩擦系数测定车测定，当测定轮与行车方向成一定角度且以一定速度行驶时，轮胎与潮湿路面之间的摩擦阻力与试验轮上荷载的比值。

(1) 质量要求。

应符合表 4-19 的相关要求。

(2) 检验要求。

检验数量：摩擦系数，每车道每 200 m 测 1 点或全线连续；构造深度，每车道每 200 m 测 1 点。

检验方法：查检验报告，摆式仪(见图 4-20)或摩擦系数测定车测摩擦系数；《公路路基路面现场测试规程》(JTJ 059)路面厚度测试方法(T0912)；电动铺砂仪(见图 4-21)测定路面构造深度试验(T0962)测构造深度。

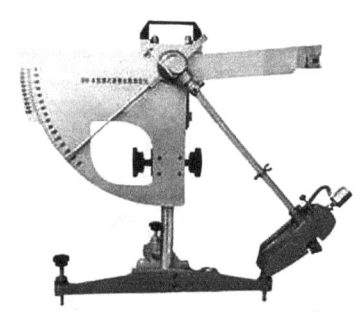

图 4-20　摆式仪

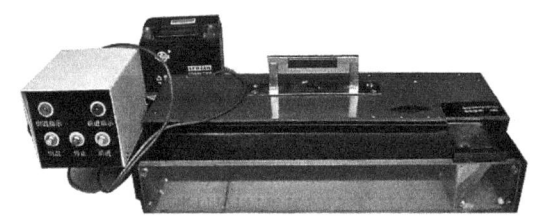

图 4-21　电动铺砂仪

(3) 试验原理。

摆式仪法：摆式仪的摆锤底面装一橡胶滑块，当摆锤从一定高度自由下摆时，滑块面同试验表面接触。由于两者间的摩擦而损耗部分能量，使摆锤只能回摆到一定高度。表面摩擦阻力越大，回摆高度越小(即摆值越大)。

电动铺砂法：将已知体积的砂，摊铺在所要测试路表的测点上，量取摊平覆盖的面积。砂的体积与所覆盖平均面积的比值，即为构造深度。

3. 其他项目

其他一般项目包括宽度、纵断面高程、中线偏位、横坡、井框与路面的高差均可以采用测量方法进行检测，其质量要求和检验要求详见表 4-19。

表 4-19 热拌沥青混合料面层质量检验标准及允许偏差

	项次	检查项目		规定值及允许偏差		检验频率		检验方法
				快速路主干路	其他道路	范围	点数	
主控项目	1	压实度(%)		≥96(AC)		1 000 m²	1	钻芯法
				≥98(SMA)				
	2	厚度(mm)	上面层	≥-5		1 000 m²	1	
			面层总厚	≥-5				
	3	弯沉值(0.01 mm)		符合设计要求		20 m	1/车道	贝克曼梁法或用弯沉仪检测
一般项目	4	纵断面高程(mm)		±15		20 m	1	用水准仪测量
	5	中线偏位(mm)		≤20		50 m	1	用经纬仪测量
	6	平整度(mm)	标准差σ值	≤1.5	≤2.4	100 m	1/车道	全线连续
			国际平整度指数IRI(m/km)	≤2.0	≤4.2	100 m	1/车道	全线连续
			最大间隙	—	≤5	100 m	路宽(m) <9 : 1; 9～15 : 2; >15 : 3	用3 m直尺和塞尺连续量两尺,取较大值
	7	宽度(mm)		≥0+B		40 m	1	用钢尺量
		横坡(%)		±0.3%且不反坡		20 m	路宽(m) <9 : 2; 9～15 : 4; >15 : 6	用水准仪测量
		井框与路面高差(mm)		≤4	≤5	每座	1	十字法,用直尺、塞尺量取最大值
	8	抗滑	摩擦系数摆值	符合设计要求		200 m	1	摆式仪
			横向力系数				全线连续	横向力系数车
			构造深度(mm)				1	砂铺法或激光构造深度仪
		渗水系数(mL/min)		符合设计要求		200 m	1	

注:1. 测平仪为全线每车道连续检测每 100 m 计算标准差 σ;无测平仪时可采用 3 m 直尺检测;表中检验频率点数为测线数。
2. B 为必要的附加宽度。

三、检验批质量验收记录

（1）填写热拌沥青混合料面层检验批质量验收记录表（表4-20）；

表4-20 热拌沥青混合料面层检验批质量验收记录表

单位（子单位）工程名称										
分部（子分部）工程名称						验收部位				
施工单位						项目经理				
分包单位						分包项目经理				
施工执行标准名称及编号						城镇道路工程施工与质量验收规范 CJJ 1—2008				
施工质量验收规范的规定						施工单位检查评定记录				监理（建设）单位验收记录
主控项目	1	压实度		城市快速路、主干路	≥96%					
				次干路及以下道路	≥95%					
	2	厚度符合设计规定			+10～-5 mm					
	3	弯沉值			不应大于设计规定					
一般项目	1	热拌沥青混合料面层允许偏差	面层外观质量							
	2		面层与构筑物							
	3		纵断高程（mm）		±15					
	4		中线偏位（mm）		≤20					
	5		平整度（mm）	平整度标准差σ值	快速路、主干路	≤1.5				
					次干路、支路	≤2.4				
				平整度最大间隙	次干路、支路	≤5				
	6		宽度（mm）		不小于设计值					
	7		横坡		±0.3%且不反坡					
	8		井框与路面高差（mm）		≤5					
	9		抗滑	摩擦系数	符合设计要求					
				构造深度	符合设计要求					
施工单位检查评定结果					专业工长（施工员）			施工班组长		
					项目专业质量检查员：				年 月 日	
监理（建设）单位验收结论					专业监理工程师： （建设单位项目专业技术负责人）：				年 月 日	

(2) 填写黏层、透层与封层检验批质量验收记录表(表4-21)。

表4-21 黏层、透层与封层检验批质量验收记录表

单位(子单位)工程名称				
分部(子分部)工程名称			验收部位	
施工单位			项目经理	
分包单位			分包项目经理	
施工执行标准名称及编号		城镇道路工程施工与质量验收规范 CJJ 1—2008		
		施工质量验收规范的规定	施工单位检查评定记录	监理(建设)单位验收记录
主控项目	1	沥青的品种、标号		
	2	封层粒料质量、规格		
一般项目	1	封层油层与粒料洒布		
	2	宽度不应小于设计规定值		
施工单位检查评定结果	专业工长(施工员)　　　　　　施工班组长 项目专业质量检查员：　　　　　　　　　　　　　年　月　日			
监理(建设)单位验收结论	 专业监理工程师： (建设单位项目专业技术负责人)：　　　　　　　　　年　月　日			

 **思考与练习**

1. 热拌沥青混合料施工物资的质量要求包括哪些内容?
2. 沥青混凝土施工记录有哪些?
3. 沥青混合料压实度试验采用什么方法?试验步骤如何?
4. 热拌沥青混合料检验批的主控项目有哪些?检验方法如何?
5. 热拌沥青混合料检验批的一般项目有哪些?检验方法如何?

任务 3　沥青路面施工安全管理

 **任务描述**

在沥青路面施工过程中,在安全管理方面应做好哪些具体工作?

 任务分析

沥青路面的施工属于高温施工,施工人员尤其要注意高温情况下的施工安全,避免施工中各种不必要的伤害,因此施工过程中的安全技术和安全管理尤显重要。

 **方法与步骤**

4.3.1　沥青混凝土路面安全施工要求

沥青路面的施工是在高温情况下进行的,施工人员和操作人员常常接触刺激眼睛、皮肤的沥青材料,尤其是有毒的煤沥青,对人体健康影响更大。还有,由于沥青材料遇火容易燃烧,所以,在熬制沥青材料时,要特别注意防止烫伤和引起火灾,在拌和场内沥青罐、油罐等处应设置"小心烫伤"、"禁止烟火"的明显标志,同时配备齐全的灭火设施;出料口应设置"小心附落"的明显标志。因此,在沥青路面施工过程中要十分重视安全防护和安全施工。

4.3.2　沥青混凝土路面施工人员安全技术

对于沥青路面工程,沥青操作人员均应进行体检。凡患有结膜炎、皮肤病及对沥青过敏反应者,不宜从事沥青作业。

从事沥青作业人员,皮肤外露部分均须涂抹防护药膏,工地上应配医务人员。

沥青操作工的工作服及防护用品,应集中存放,严禁穿戴回家和进入集体宿舍。

沥青的加热和混合料的拌制,宜设在人员较少、场地空旷的地段。产量较大的拌和设备,凡是有条件的均应增设防尘设施。块状沥青搬运一般宜在夜间和阴天进行,尤其应避免炎热季节。在搬运时,宜采用小型机械装卸,不宜用手直接装运。

4.3.3　沥青混凝土路面施工机械安全技术

一、沥青混合料拌和机

1. 一般规定

(1) 操作人员必须经安全技术培训,考好合格后方可上岗;

（2）作业人员必须佩戴齐全防护用品，不得擅自离岗；
（3）必须检查安全防护装置和周围环境，确认安全后，方可开机；
（4）检修、保养设备时，必须断电并挂安全警示牌，必要时设专人监护。严禁在运行中检修、保养等工作；
（5）在沥青罐顶作业前，必须检查罐顶的安全防护装置，并设专人监护；
（6）设备内部维修时，必须使用 24 V 以下照明；
（7）严禁在回转体附近、放料口下操作、穿行和停留。

2. 操作时

（1）开机准备就绪，必须发出开机信号，待发出第二次信号后方可开机；
（2）自动点火设备两次点火不成功，应立即停机，严禁继续点火；
（3）应随时与本班组及相关班组人员保持联系，发现问题及时采取措施；
（4）作业结束后，必须切断电源，关闭燃油总截门。

3. 巡检时

（1）听到开机信号后必须迅速离开危险部位；
（2）应随时对设备进行巡视检查，发现问题及时和操作工联系并采取相应措施；
（3）作业前重点检查成品仓斗车钢丝绳，确认符合要求后，方可启动；
（4）干燥筒内有积油时，必须及时与操作工联系，严禁点火操作；
（5）人工点火时应按规定程序操作，严禁将身体正面对着点火口；
（6）观察燃烧工况时，必须距观察孔 50 cm 外，并不得将身体正面对着火焰观察孔；
（7）必须在运行中调整的部位、部件（干燥筒、带输送机等），调整作业时必须设专人监护；
（8）每周必须检测一次带输送机的紧急停止装置；
（9）采用装载机供料时，清理料仓必须设专人监护；
（10）采用推土机供料时，清理供料口必须将料口坡度降至 45°以下，并设置专人监护。

二、沥青洒布机

1. 作业前

（1）作业前必须检查转向、制动、灯光系统、灭火器及加温油箱压力表，确认安全后方可作业；
（2）在社会道路上行驶时，必须遵守交通规则；
（3）加温油箱必须使用煤油，严禁使用汽油。

2. 沥青灌装

（1）灌装沥青时，必须将洒布机灌装口对准沥青出油口后方可打开截门；
（2）灌装沥青时，必须启动循环泵；
（3）灌装沥青时不得超载，灌装完毕必须将灌口盖严。

3. 喷洒

（1）使用喷灯前必须检查油管，确认无漏油后方可点火；
（2）加温沥青循环泵时，必须将汽车油箱用挡板隔开，并备好灭火器；
（3）沥青喷洒管必须连接牢固后方可作业；
（4）喷洒工必须站稳，上好保险链后方可作业；

(5) 喷洒沥青时,非作业人员必须距喷洒范围 10 m 以外;
(6) 作业后必须对喷灯油管及喷洒管等部位进行检查,确认安全后方可驶离现场。

三、沥青混合料摊铺机

(1) 驾驶台及作业现场要视野开阔,清除一切有碍工作的障碍物。作业时无关人员不得在驾驶台上逗留。驾驶员不得擅离岗位;
(2) 当运料车向摊铺机卸料时,应协调动作,同步行进,防止互撞;
(3) 摊铺机换挡必须在摊铺机完全停止时进行,严禁强行挂挡和在坡道上换挡或空挡滑行;
(4) 熨平板预热时,应控制热量,防止因局部过热而变形。加热过程中,必须有专人看管;
(5) 驾驶力求平稳,不得急剧转向。弯道作业时,熨平装置的端头与路缘石的间距不得小于 10 cm,以免发生碰撞;
(6) 用柴油清洗摊铺机时,不得接近明火。

4.3.4 案例分析

某城市次干路在建工程项目部施工技术人员,根据沥青路面施工现场情况,对施工现场安全进行了安排,具体如下:
(1) 对沥青路面施工人员在施工前进行体验,发现有患皮肤病的工人,劝其转岗。
(2) 沥青混合料拌和机开机前必须检查安全防护装置和周围环境,确认安全后,方可开机,开机前必须发出信号,然后开机。
(3) 沥青洒布机作业时,喷洒工必须站稳,上好保险链后方可作业,非作业人员必须距喷洒范围一定距离,一般不超过 10 m。
(4) 沥青摊铺机摊铺时驾驶应力求平稳,不得急转弯。弯道作业时,可以慢慢换挡。
讨论以上安排的合理性或不合理性。

思考与练习

1. 沥青路面施工需要从哪些方面做好安全管理工作?
2. 沥青路面施工工程中需要做好哪些常用机械的安全管理?

项目 5　水泥混凝土面层施工管理

能力目标

(1) 能熟悉水泥混凝土路面的定义和分类；
(2) 能掌握水泥混凝土路面的施工工艺流程；
(3) 能进行水泥混凝土路面施工质量检查；
(4) 会整理水泥混凝土路面施工资料；
(5) 会检查水泥混凝土路面施工安全。

任务 1　水泥混凝土面层施工

任务描述

采用水泥混凝土作面层时，称为水泥混凝土面层。当路面结构采用水泥混凝土时，基(垫)层施工完成后，下一步就是面层施工，施工管理人员在施工前应了解水泥混凝土面层施工管理的相关知识。

任务分析

水泥混凝土路面属于刚性路面结构，适用于大交通量和重载交通的道路。施工时对原材料的要求、操作程序和规程等，都区别于沥青混凝土路面。为保证面层的施工质量，施工管理人员应严格按照相关的施工操作程序和规程进行工程施工。

方法与步骤

5.1.1　水泥混凝土路面的定义和分类

一、定义

水泥混凝土路面(见图 5-1)通常是以水泥与水拌和成的水泥浆为结合料，以碎(砾)石、砂为集料，再添加适当的外加剂及掺和料，拌和成的水泥混凝土混合料铺筑而成的刚性路面。水泥混凝土路面常用于大交通量和重载交通的城市道路、机场跑道和公路。

水泥混凝土路面具有强度高、刚度大、使

图 5-1　水泥混凝土路面

用耐久及养护工作量小等优点,使用年限长达 20～40 年,在基层以下部分坚实不下沉前提下,通常不用养护。但是一次性投资大于沥青路面;由于水泥混凝土路面上横缝(胀缝及缩缝)及纵缝多的原因,故行车舒适性、抗滑移性、吸收噪声性方面均不如沥青路面;由于混凝土养护原因,开放交通时间比沥青路面晚,路面反光性强于沥青路面。

二、分类

1. 按材料的要求、组成及施工工艺分

水泥混凝土路面根据材料的要求、组成及施工工艺,可分为普通混凝土、碾压混凝土、钢筋混凝土、连续配筋混凝土、钢纤维混凝土等。水泥混凝土路面大量采用素混凝土路面,而素混凝土抗弯拉强度大大低于抗压强度,因而基层以下部分如果发生沉陷则将引起混凝土路面沉陷、断裂,所以水泥混凝土路面施工之前从土基、垫层到基层的各工序必须要确保压实度,弯沉等技术指标检验合格,此外还必须做好排水设施,北方地区做好防冻层。

(1) 普通混凝土。

目前采用最广泛的是就地浇筑的普通混凝土路面。普通混凝土又称作接缝素混凝土,是指仅在接缝处和一些局部范围(如角隅、边缘)内配置钢筋的水泥混凝土面层。混凝土面层通常采用等厚断面,其厚度多变动于 18～30 cm,视轴载大小和作用次数以及混凝土强度而定。面层通常采用整体(整层)式浇筑;面层较厚时,也可采用双层浇筑方式。面层由纵向和横向接缝划分为矩形板块。

(2) 碾压混凝土。

这是一种采用不同方法施工的普通混凝土,它不是在混合料内部振捣密实成型,而是采用类似于水泥稳定粒料基层的施工方法铺筑,通过路碾压实成型(见图 5-2)。这类面层具有不需专用的混凝土铺筑机械施工,完工后可以较早地开放交通的优点,还可以采用粉煤灰掺代水泥而降低造价。碾压混凝土面层目前主要用于行车速度不太高的道路、停车场或停机坪的面层;或者用作下面层,在其上面铺筑高强的普通混凝土、钢纤维混凝土或沥青混凝土薄面层,而形成复合式面层。

图 5-2 碾压混凝土

(3) 钢筋混凝土。

这是一种为防止混凝土面层板产生的裂缝缝隙张开而在板内配置纵向和横向钢筋的混凝土面层。通常,它仅在下述情况下采用:板的长度较大,如 6 m 以上;板下埋有沟、管、线等地下设施或者路基可能产生不均匀沉降而使板开裂;板的平面形状不规则或板内开设孔口等。

(4) 连续配筋混凝土。

连续配筋混凝土除了在邻近构造物处或与其他路面交接处设置胀缝,以及视施工需要设置施工缝外,在路段长度内不设横缝,并配置纵向连续钢筋和横向钢筋。连续配筋混凝土面层的厚度为普通混凝土面层厚度的 0.8～0.9 倍。这类面层由于钢筋用量大,造价高,一般仅用于高速公路或交通繁重的道路。

(5) 钢纤维混凝土。

在混凝土中掺入一些低碳钢、不锈钢纤维或其他纤维(如塑料纤维、纤维网等)(见图 5-3),即成为一种均匀而多向配筋的混凝土。在混凝土中掺拌钢纤维,可以提高混凝土的韧度和强度,减少其收缩量。钢纤维可以采用不同方式制造,如钢丝截断法、薄钢板剪切法、熔抽法和钢坯铣削法,由此得到不同形状和横截面的纤维。由于钢纤维混凝土的造价高,因而这类面层主要用于设计标高受到限制的旧混凝土路面上的加铺层或者用作复合式混凝土面层的上面层。

图 5-3 钢纤维混凝土　　　　图 5-4 人工小型机械化铺筑

2. 按施工工艺分

(1) 人工小型机械化铺筑(见图 5-4)。

人工摊铺,其他工序辅助配备一些小型机具,如振捣器、真空吸水设备、切缝机等,具有设备投资较小、操作使用较简单、方便灵活、在狭小部位或异形部分均可施工等优点,但是施工质量不稳定、平整度较差、施工进度慢。适用于中、小型工程或一般道路工程施工。

(2) 轨道摊铺机铺筑(见图 5-5)。

轨道摊铺机铺筑是用轨道式摊铺机摊铺和振实,辅以其他配套机械进行水泥混凝土路面施工的方法。此种方法具有工程进度快、容易满足路面各项技术要求、质量稳定的优点,但是初期机械购置费较高、机械操作有一定的难度,对工程单位管理水平、技术素质要求高。适用于大型工程或等级较高的道路。

图 5-5 轨道摊铺机铺筑　　　　图 5-6 滑模摊铺机铺筑

(3) 滑模摊铺机铺筑(见图5-6)。

用滑模摊铺机铺筑混凝土路面可省略安装模板工序,具有不需设置模块、工程进度更快;能很好地满足路面各项技术指标,工程质量稳定,特别是可避免混凝土早期裂缝。缺点是初期机械购置费很高;机械调试、维修更为复杂,对工程单位管理水平、技术素质要求高。适用于大型工程或高等级道路,特别是高速公路。

5.1.2 人工小型机械化铺筑水泥混凝土路面施工流程

人工小型机械化铺筑水泥混凝土路面施工流程见图5-7。

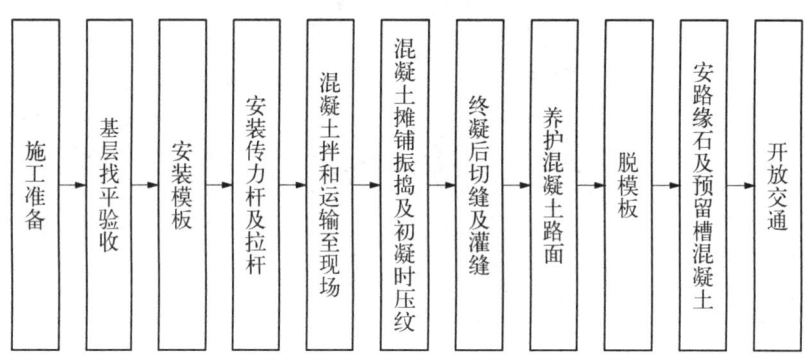

图5-7 人工小型机械化铺筑水泥混凝土路面施工流程

一、施工准备

1. 施工组织

开工前,建设单位应组织设计、施工、监理单位进行技术交底,施工单位应根据设计图纸、合同文件、摊铺方式、机械设备、施工条件等确定混凝土路面施工工艺流程、施工方案进行详细的施工组织设计。施工单位应对施工、试验、机械管理等岗位的技术人员和各工种技术工人进行培训。

各种桥涵、通道等构造物应提前建成,确有困难不能通行时,应有施工便道。施工中的交通运输应配备专人进行管制。摊铺现场和搅拌场之间应建立快速有效的通信联络,及时进行生产调度和指挥。

2. 施工现场布置

施工前要协调、解决水电供应、现场交通通信、办公生活用房、工棚仓库和消防等设施。有碍施工的建筑物、灌溉渠道、地下管线等都应在施工前拆迁完毕。

混凝土的搅拌场应根据施工路线长短、所采用的运输工具和施工方法来选择。

施工前应备齐专用及一般工具设备和安全设施。如钢筋加工用的钢筋锯断机、测量用水准仪、搅拌用的搅拌楼、运输用自卸车、振动用振动器、切缝用锯缝机等。

3. 混凝土材料试配

(1) 通过调研优选,初步选择原材料供应商;

(2) 开工前,应对计划使用的原材料进行质量检验和混凝土配合比优选,监理应对原材料抽检和配合比试验验证,报请业主正式审批;

(3) 根据路面施工进度安排,保证及时地供给符合规定的原材料;

(4) 将相同料源、规格、品种的原材料作为一批,分批量检验和储存;

(5) 施工前应根据供应的材料,做好混凝土材料的各项试验工作。施工时,再根据施工现场的实际情况和施工条件加以调整,作为施工配合比。

4. 测量放样

施工单位应测量校核平面和高程控制桩,复测和恢复路面中心、边缘全部基本标桩,测量精确度应满足相应规范的规定。根据放好的中心线及边线定出接缝位置,接缝线与检查井的边缘至少应有1 m的距离。

二、基层找平验收

找平就是铲高补低,基层标高即使只低少许,则找补的基层无法同原基层结成整体,势必只能通过加厚面层来弥补,增加的费用由施工单位来承担。而基层高出少许(在容许误差范围内)则可以不铲除。过高则可刨松基层,按最小厚度找补。因此基层铺筑时主张"宁高勿低,宁铲勿补"。

基层必须经过相关高程、横坡、弯沉、压实度验收,合格后才能施工混凝土路面。

在混凝土摊铺前,基层表面应洒水湿润,以免混凝土底部的水被干燥的基层吸去,底部混凝土将因水泥水化不全而变得疏松以致产生细裂缝。

三、安装模板

模板是混凝土面层浇筑时的侧向支承物,起着确保混凝土路面规格的作用。因而模板要有足够刚度,装、拆方便。

水泥混凝土路面板的施工模板应采用刚度足够的钢模(见图5-8),不应使用木模(见图5-9)等易变形的模板。钢模板的高度应为路面板设计厚度,模板长度宜为3~5 m。需设置拉杆时,模板应设拉杆插入孔。每米模板应设置1处支撑固定装置,模板垂直度用垫木楔方法调整。

图5-8 钢模板　　　　　　　　图5-9 木模板

混凝土路面模板及安装方式多种多样,但都要确保以下六点:① 模板刚度足够;② 模板固定牢靠;③ 模板顶面高程准确;④ 可重复使用;⑤ 脱模方便;⑥ 模板材料经济实用。

四、安装传力杆及拉杆

传力杆(见图5-10)指的是沿水泥混凝土路面板横缝,每隔一定距离在板厚中央布置的

圆钢筋。其一端固定在一侧板内,另一端可以在邻侧板内滑动,其作用是在两块路面板之间传递行车荷载和防止错台。胀缝处传力杆常用 φ25 mm、长 50 cm 的光圆钢筋制作,传力杆表面涂热沥青。

拉杆指的是沿水泥混凝土路面板接缝,每隔一定距离在板厚中央布置的异形钢筋。其作用是防止路面板错动和纵缝间隙扩大。纵缝处拉杆常用 φ14 mm、长 50 cm 左右的螺纹钢筋制作,拉杆中部 10 cm 范围应涂防锈剂或防锈涂料。

图 5-10 传力杆

拉杆及传力杆无论采用什么安装方法都要保证位置准确,浇筑混凝土时不跑位,杆身在路面成形后仍与路表平行。

五、混凝土拌和运输至现场

混凝土拌和质量直接关系到路面质量,必须严格按配合比称量准确,搅拌适度。混凝土运输过程中要防止漏浆、离析以及运输容器粘连。

1. 混凝土的制备

混凝土的制备现在有三种方法:在工地由拌和机制备、在中心拌和场地的拌和楼(见图 5-11)集中制备后运送到工地、商品混凝土搅拌车(见图 5-12)。施工时可视具体情况选用。

图 5-11 混凝土拌和楼

图 5-12 混凝土搅拌车

常用的搅拌机械有三大类:自落式搅拌机、强制式搅拌机、混凝土搅拌车。自落式搅拌机是通过搅拌鼓的转动,使材料依靠自重下落而达到搅拌均匀的。适应于搅拌塑性和半塑性混凝土,而不能用来拌制干硬性混凝土。强制式搅拌机是在固定不动的搅拌筒内,用转动的搅拌叶片对材料进行反复的强制搅拌。它适用于搅拌干硬性混凝土及细粒料混凝土。混凝土搅拌车是在商品混凝土工厂把料装进搅拌筒内,车上备有水。在行驶途中鼓形拌和筒转动,加水制备混凝土。到工地卸在摊铺面上。它适用拌制各种混凝土,自动操作,产量也不受限制,所以是目前最常用的混凝土拌制设备。

施工中,应根据工程量大小、摊铺进度、搅拌机性能特点及工程技术需要,选择合适的搅拌机型号。

2. 混凝土的运输

混凝土的运输要保证混凝土从搅拌机出料至浇筑完毕所允许的最长时间,由实验室根据水泥初凝时间及施工气温确定,具体见表 5-1。

表 5-1 混凝土从搅拌机出料至浇筑完毕的允许最长时间

施工气温(℃)	允许最长时间(h)	施工气温(℃)	允许最长时间(h)
5~9	2.0	20~29	1.25
10~19	1.5	30~35	1.0

在运送混凝土过程中,为避免混凝土产生离析,装(卸)料高度不应超过 1.5 m。运距在 1 km 以内时宜用机动翻斗车(见图 5-13)。运距在 1~3 km,选自卸汽车稍为经济一些。运距在 3 km 以上的则选搅拌车。集中搅拌站送料时应填发料单,工地应签证验收。

图 5-13 机动翻斗车

六、混凝土摊铺振捣及初凝时压纹

1. 摊铺

摊铺混凝土前要准备好预埋件或预埋筋、锄头、齿耙、方锹等手工工具。

混凝土运送到摊铺地点后,应由专人目测表面外观质量和指挥卸料。有离析泌水等现象时,应在铺筑时重新拌匀,但严禁二次加水;发现露石(严重泌水)、结块等现象,则应拒绝卸车,退回拌和场处理。

路面厚不超过 22 cm 时,可一次摊铺;超过 22 cm 时,可分两层摊铺,下部厚度为总厚度的 3/5。松铺厚度通过现场实验确定,一般为设计厚度的 1.1~1.5 倍(混凝土坍落度取1.1,干硬混凝土取 1.5)。摊铺时应用铁铲摊铺混合料,不得扬撒抛掷,以免混凝土发生离析。施工缝应力求与胀缝重合。

2. 预埋件设置

设计用单层钢筋网片时,应在底部先摊铺薄层混凝土(厚度按钢筋网片设计位置预加一定的沉落度),然后网片就位,再继续浇筑混凝土。

安双层钢筋网时,可事先焊接或绑扎成钢筋网骨架,一次安放就位,也可按单层网片的设置方法,分两次安装上、下层网片。安放边缘和角隅钢筋时,也可采用此法。

3. 振捣

振捣(见图 5-14)程序为:插入式振捣器振捣→平板式振捣器振捣→振动梁振捣→找补混凝土→钢管滚筒滚压混凝土→人工用提浆板第 1 次提浆→人工用钉子打板打击石子下沉以

图 5-14 振捣施工

留够砂浆磨耗层→人工用提浆板第二次提浆→滚筒滚压混凝土→人工蹲于跳板上用铁抹子两次抹面→混凝土初凝时人工用铁抹子抹面→铜滚压痕(如有交通标志可在接近初凝时一并安装)。

插入式振捣器振捣的振捣器同一位置停振的持续时间以混合物停止下沉,不再冒气泡并泛出水泥浆为止。不宜过振,振捣时间一般为 10～15 s。

平板式振捣器的平板式振捣器移位时,应重叠 100～200 mm,平板式振捣器在一个位置的持续振捣时间不应少于 15 s。

振动梁振捣时振动梁应垂直路面中线沿纵向拖行,往返 2～3 遍,使表面泛浆均匀平整。

4. 压痕

为保证混凝土路面达到设计规定的粗糙度、避免汽车打滑、提供轮胎足够的摩阻力、确保汽车的制动距离及降低汽车噪声,使汽车制动性能良好,现普遍采用在路表面用铜滚压痕器横向压痕的方式对路面进行处理。

在混凝土初凝时由人工或机械抹光路面,再用压痕器将混凝土路表横向压出一道接一道的纹路(纹路宽约 3 mm,深约 2 mm)。压纹时间以混凝土表面无水迹即接近初凝时比较合适。

压痕方法简便适用、易掌握,能适应车速 80 km/h 以内的行车需要,所以应用广泛。但在高速公路的某些路段,如弯急、坡陡、容易打滑等危险路段和飞机场跑道都要采用刻痕工艺才能满足表面粗糙度的要求。刻痕工艺是在完全凝固的面层上用切槽机切入深 5～6 mm、宽 3 mm、纵向间距 15～20 mm 的横向防滑槽技术。

七、终凝后切缝及灌缝

1. 切缝

混凝土路面的缩缝一般用切割工艺,也有要求切割纵缝和胀缝的。当混凝土强度达到设计强度的 25%～30% 时,宜用切缝机切割,因为这时收缩应力并未超过其强度范围。切割过早易损坏槽口边缘;过迟时则切割困难,易磨损锯片,费时费工,而且易产生不规则的早期裂缝。

2. 灌缝

为了防止雨水、泥土等落入混凝土路面接缝内,必须采用柔性材料将切割后的缝内灌填充实。

常用灌缝的材料有聚氯乙烯胶泥、水泥橡胶、聚氨酯、水泥麻絮以及南方地区使用的沥青玛蹄脂等材料。聚氯乙烯胶泥的防水性、黏结性、弹塑性和耐久性均好,但成本高。

八、养护混凝土路面

为防止混凝土中水分蒸发过快产生缩裂,确保水泥充分水化,一般用手指轻压混凝土路面已无明显痕迹,即接近终凝时可以进行覆盖养生。养护时间一般夏季为 7 d,冬季为 14 d。

1. 湿治养生

一般采用湿麻袋、草帘或 20～30 mm 厚的湿砂、锯末屑等覆盖于混凝土板表面,每天均匀洒水 2～3 次,经常保持潮湿状态。烈日下的新路面一定要在收浆完毕时就用防晒棚遮挡,否则会留下隐患。

2. 塑料薄膜养护

混凝土终凝时均匀喷洒塑料溶液形成不透水的塑料薄膜,防止水分蒸发,保证水化作用进行。这种方法可以节约用水,但薄膜一旦破裂就不能保水,且需要专用设备,工艺繁琐。可用塑料布代替塑料溶液,但塑料布要在路面泌水未全部消失时盖上且路面不能上人。也可采用养护剂,养护剂在表面1~3 mm的渗透层范围内发生化学反应,生成一种表面膜,加速水化,使混凝土表面早强而防止混凝土内部水分丧失,此法工艺简单,操作方便,节约用水(烈日下仍需罩防晒棚)。

九、脱模板

拆模应根据气温和混凝土强度增长情况而定,当混凝土抗压强度不小于8.0 Mpa时方可拆模。采用普通水泥时,一般允许拆模时间可参考表5-2。拆模时应仔细,不得损坏混凝土板的边、角,尽量保持模板完好。

表5-2 混凝土板允许拆模时间

昼夜平均气温(℃)	允许拆膜时间(h)	昼夜平均气温(℃)	允许拆膜时间(h)
5	72	20	30
10	48	25	24
15	36	30以上	18

拆模顺序为:先拆下模板外侧支撑、外侧小钢钎等模板固定部分,然后用扁头小铁棒插入模板与混凝土路面之间轻轻向上撬动模板,小心取出模板。模板取出并清洗后上脱模剂,整齐堆码,以利下次使用。

十、安装路缘石及预留槽混凝土

水泥混凝土路面施工中采用先浇混凝土路面再装路缘石的方法,目的是为了便于振捣器、滚筒、抹面等工序操作,以及防止混凝土振捣时污染路缘石。

为了防止靠路缘石的边模浇筑混凝土路面时产生位移而影响路缘石安装到位,在安装靠缘石的侧模板时,应与设计路缘石边线保持5~10 cm的距离,形成一道5~10 cm的线槽,待路缘石安装好后再用与路面同等级的混凝土填充。

十一、开放交通

混凝土达到设计强度后即可开放交通,开放前应做好现场的清理工作。如因特殊需要提前开放交通,则应在普通混凝土内掺加早强剂,以提高早期强度。

相关知识与拓展

5.1.3 滑模摊铺机铺筑水泥混凝土路面施工流程

一、概念

滑模摊铺机是取消侧模,两侧设置有随摊铺机移动的固定滑模,可以沿设在基层上的基准线自动转向和自动找平,一次性完成布料、振动密实、成型、表面整修等工序,可铺筑不同厚度和不同宽度的各类混凝土路面。

二、特点

滑模摊铺机采用高度集成化机械施工,整机性能好,操纵方便,生产效率高,但对原材料、混凝土拌和物的要求更严格,设备费用较高。

三、施工工艺流程

滑模摊铺机铺筑水泥混凝土路面施工流程见图 5-15。

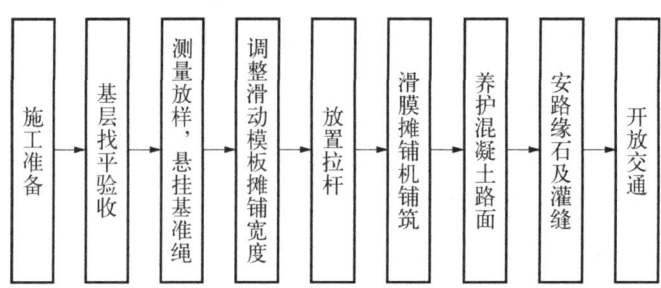

图 5-15　滑模摊铺机铺筑水泥混凝土路面施工流程

滑模摊铺机是机械化程度较高的道路施工方法,与人工小型机械化铺筑水泥混凝土路面施工流程相比,滑模摊铺机是将水泥用布料器分料、震动泵提浆、熨平板整形等流程机械施工完成,而取代了振捣器、压痕器等人工小型机械的操作流程。

滑模摊铺机首次摊铺路面,应挂线对其铺筑位置、几何参数和机架水平度进行调整和校准,正确无误后,方可开始摊铺。

在开始摊铺的 5 m 内,应在铺筑行进中对摊铺出的路面标高、边缘厚度、中线、横坡度等参数进行复核测量。

操作滑模摊铺机应缓慢、匀速、连续不间断地作业。摊铺机起步时,应先开启振捣棒振捣 2~3 min,再缓慢平稳推进。摊铺机脱离混凝土后,应立即关闭振捣棒组。随时关注抹面施工效果。软拉抗滑构造时表面砂浆层厚度宜控制在 4 mm 左右,硬刻槽路面的砂浆表层厚度宜控制在 2~3 mm。养护 5~7 d 后,方允许摊铺相邻车道。

 思考与练习

1. 什么是水泥混凝土路面,怎样分类?
2. 试述人工小型机械化铺筑水泥混凝土路面的施工流程。
3. 滑模摊铺机与人工小型机械化铺筑水泥混凝土路面相比有何区别?

任务2　水泥混凝土面层施工质量验收和资料管理

 **任务描述**

在水泥混凝土路面施工过程中、施工完成后,施工单位项目部的管理人员都必须对其质量进行控制、检查和检验,并按要求形成相应的资料,保证达到工程的质量验收要求。

 任务分析

水泥混凝土路面的施工方法和程序不同于沥青路面,质量验收要求也有所不同,在施工的过程中应严格按照施工规程进行,并依据设计文件和施工要求做好质量验收工作。

方法与步骤

混凝土路面施工质量的控制、管理与检查应贯穿于整个施工过程,应对每个施工环节严格控制把关,对出现的问题,立即进行纠正直至停工整顿。混凝土路面施工应建立健全质量检测、管理和保证体系,应按铺筑进度做出质检仪器和人员数量动态计划。在做好质量控制的同时应做好资料的管理工作。

5.2.1 组织施工

施工单位在完成对水泥混凝土道路的基(垫)层施工并通过质量验收后就可以进行水泥混凝土面层施工,施工时施工单位应根据设计文件、施工合同、施工条件及混凝土工程特点,确定施工方案,并编制施工组织设计文件,进行技术交底、技术准备等各项工作,具体流程见项目1任务1。

5.2.2 施工测量控制和测量记录

水泥混凝土路面的施工测量方法同沥青混凝土路面,详见项目4任务2。下面用一个示例讲述应用技能。

[**例 5-1**] 如图 5-16 是混凝土路面的横断面形式,其中:中间隔离带宽 4.50 m,半幅行车道宽 8.50 m,基层厚度为 18 cm,面层厚度为 25 cm,现对其进行施工测量。

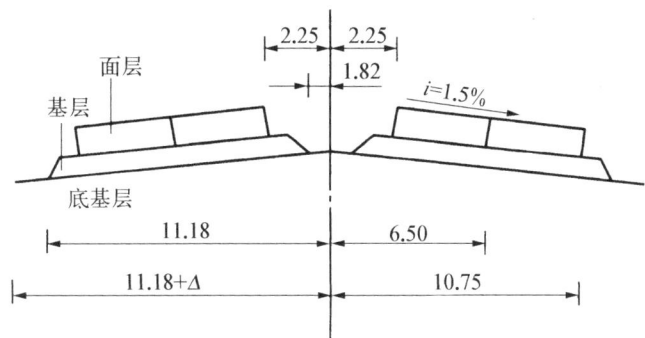

图 5-16 某混凝土路面的横断面示意图(尺寸单位:m)

注:图中 Δ 一般取 0.2~0.5 m

测量控制过程:

1. 基层施工测量

基层设计标高为 $H = h + 0.18$ m,h 为底基层中心设计标高,则距中心 1.82 m、11.18 m、11.43 m 处的基层设计标高为

$$H_{1.82} = H - 1.82 \text{ m} \times i$$
$$H_{11.18} = H - 11.18 \text{ m} \times i$$
$$H_{11.43} = H - 11.43 \text{ m} \times i$$

式中,i——路拱横坡,按设计要求为 1.5%。

将以上计算的设计标高放样到实地,即为基层施工依据;

$H_{1.82}$、$H_{11.18}$、$H_{11.43}$ 是距中心 1.82 m、11.18 m、11.43 m 处的设计高程,施工时虚厚按松

铺系数乘设计压实厚度求得；

H、$H_{11.43}$ 在摊土机初步压实后找平时用；

基层高程误差主要有测量误差、施工误差、虚厚误差三个方面；

测量误差及消除或减少其影响的方法在"市政工程测量"课程中讲授；

施工误差主要包括几方面：当某范围堆料过多，工人为了省力，堆底料没翻松，甚至将施工线提一提；当堆料过少，又会将料摊得过虚，或者将施工桩向下钉一钉。消除施工误差的主要方法是要求施工员有能力检查，严格控制。

虚厚误差主要包括材料的密实度差别，摊铺后压实不均匀，路床标高误差等。主要的消除方法是拌和均匀，碾压细致，专人跟碾指挥和及时找平。

2. 混凝土面层施工测量

如图 5-16 所示，由中线桩量出 2.25 m、6.50 m 及 10.75 m 边线，在基层上钉入钢桩，测出桩顶标高，根据混凝土面层的设计标高得出模板顶标高。当模板支好后，核查线形、模板牢固度与面板宽度。不合格者及时纠正，并经工序交接验收后才浇筑混凝土。

混凝土面层标高误差产生的原因主要包括以下几个方面：

1) 挂线误差：如丈量不准、施工线未系牢、施工线没有拉紧、出现中间下凹等。

2) 模板误差：如模板不牢固产生移位、震捣梁引起模板下沉、模板顶上的残余混凝土没有清除、模板变形等。

3) 其他误差：施工桩被车辆压弯、挤动、弄错桩号等。

对于水泥混凝土面层，尺寸出错后不能补做，所以参与施工的人员都应经常注重观察和检查模板质量和施工操作是否合乎要求，避免造成返工事故。

5.2.3 施工物资检查和资料管理

一、施工物资的质量要求

水泥混凝土路面施工原材料主要有水泥、粗集料、细集料、水、外加剂等，所有材料必须有产品出厂合格证和复试检验报告。

1. 水泥

水泥是路用混凝土中最重要的胶凝材料，其质量直接影响混凝土路面弯拉强度、抗冲击振动性能、疲劳循环周次、体积稳定性和耐久性等关键物理力学性能和路用品质，必须引起高度重视。

特重、重交通路面应采用 42.5 级以上的道路硅酸盐水泥或硅酸盐水泥、普通硅酸盐水泥；中、轻交通的路面可采用矿渣水泥，其强度等级不宜低于 32.5 级；低温天施工或有快通要求的路段可采用 R 型水泥，此外宜采用普通型水泥。各交通等级路面水泥抗折强度、弯拉强度应符表 5-3 的要求。

表 5-3 道路面层水泥的弯拉强度、抗压强度最小值

交 通 等 级	特重交通		重 交 通		中、轻交通	
龄期(d)	3	28	3	28	3	28
抗压强度(MPa)	25.5	57.5	22.0	52.5	16.0	42.5
弯拉强度(Mpa)	4.5	7.5	4.0	7.0	3.5	6.5

采用机械化铺筑时,宜选用散装水泥。为减低水化反应速度,严防温差开裂,规定散装水泥的夏季出厂温度:南方不宜高于65℃,北方不宜高于55℃;混凝土搅拌时的水泥温度:南方不宜高于60℃,北方不宜高于50℃,且不宜低于10℃。

2. 粗集料

粗集料应采用质地坚硬,耐久、洁净的碎石、砾石、破碎砾石,并应符合表5-4的规定。城市快速路、主干路、次干路及有抗(盐)冻要求的次干路、支路混凝土路面使用的粗集料级别不应低于Ⅰ级。Ⅰ级集料吸水率不应大于1.0%,Ⅱ级集料吸水率不应大于2.0%。

表5-4 粗集料技术指标

项 目	单 位	技 术 要 求		检 验 方 法
		Ⅰ 级	Ⅱ 级	
碎石压碎指标	%	<10	<15	水泥混凝土用粗集料压碎值试验 T0316
砾石压碎指标	%	<12	<14	水泥混凝土用粗集料压碎值试验 T0316
坚固性(按质量损失计)	%	<5	<8	粗集料坚固性试验 T0314
针片状颗粒含量(按质量计)	%	<5	<15	水泥混凝土用粗集料针片状颗粒含量试验(规准仪法)T0311
含泥量(按质量计)	%	<0.5	<1.0	粗集料含泥量及泥块含量试验 T0310
泥块含量(按质量计)	%	<0	<0.2	
有机物含量(比色法)	%	合格	合格	粗集料有机质含量试验 T0313
硫化物及硫酸盐	%	<0.5	<1.0	按SO_3质量计
空隙率	%	<47%		粗集料松方密度及空隙率试验 T0309
碱集料反应	%	经碱集料反应试验后,无裂缝、酥胶体外溢等现象,规定试验龄期内的膨胀率小于0.10%		集料碱活性检验(岩相法)T0324、抑制集料碱活性效能试验 T0326
抗压强度	MPa	火成岩,≥100;变质岩,≥80;水成岩,≥60		

粗集料的最大公称粒径,碎砾石不应大于26.5 mm,碎石不应大于31.5 mm,砾石不宜大于19.0 mm;钢纤维混凝土粗集料最大粒径不宜大于19.0 mm。

3. 细集料

细集料宜采用质地坚硬、细度模数在2.5以上、符合级配规定的洁净粗砂、中砂。符合表5-5的技术要求。

4. 水

拌和混凝土及养生用水不得含有影响混凝土质量的油、酸、盐、碱、有机物,一般采用饮用水。非饮用水若符合下列要求也可使用:

(1) 硫酸盐含量小于2.7 mg/cm³;

表 5-5 细集料技术要求

项 目	单 位	技 术 要 求			备 注
		一级	二级	三级	
泥土杂物含量	%	<1	<2	<3	冲洗法
硫化物和硫酸盐含量	%	<0.5			折算为 SO_3
氯化物	%	≤0.01	≤0.02	≤0.06	氯离子质量计
有机物质含量		颜色不应深于标准溶液的颜色			比色法
其他杂物		不得混有石灰、煤渣、草根等其他杂物			

(2) 含盐量不超过 5 mg/cm³；

(3) pH 为 6~8；

(4) 不得含有油污、泥和其他有害杂质。

5. 外加剂

鉴于水泥路面工程的重要性,本规范规定外加剂的产品质量应达到一等品的要求,一般公路路面不得允许使用合格品。常用早强剂、减水剂、缓凝剂、引气剂、粉煤灰,根据工程要求因地制宜地选择合适的外加剂,见表 5-6。

表 5-6 水泥混凝土路面长常用外加剂

序号	外加剂	用量为水泥用量的比例	主 要 作 用
1	早强剂	常用	提高混凝土早期强度、抗冻性、康掺性
2	减水剂	1%~3%	节约水泥 5%~20%,节约用水量 5%~25%,坍落度增加 5~20 cm,为泵送混凝土提供条件,改善和易性,提高强度和耐久性
3	加气剂（引气剂）	掺量根据混凝土含气量而定	提高混凝土耐久性、改善和易性、提高耐冻性,减小水灰比,提高强度
4	缓凝剂	常用 0.1%~0.3%	延缓混凝土凝结时间,特别适用于夏季施工
5	粉煤灰	C15 以下混凝土：15%~20%,C20 以上混凝土：10%~25%	磨细粉煤灰掺量 1.25~1.5 kg 可代替水泥 1 kg,用于节约水泥,减小水灰比,提高强度

6. 钢筋

各交通等级混凝土路面所用钢筋网、传力杆和拉杆等钢筋应符合国家有关标准的技术要求。各交通等级混凝土路面所用钢筋应顺直,不得有裂纹、断伤、刻痕、表面油污和锈蚀。传力杆钢筋加工应锯断,不得挤压切断；断口应垂直、光圆,用砂轮打磨掉毛刺,并加工成 2~3 mm 圆倒角。

二、施工物资资料管理

1. 水泥

在建设方或施工单位与水泥厂进行的高速公路混凝土路面用水泥的供销谈判和签约中,不仅签署供应量,而且应在供销合同中签订路用品质的各项技术指标。如果建设方随意放松对高速公路水泥的路用品质要求,没有在水泥供销合同中签署关键技术指标的规定,造成的高速公路水泥混凝土路面的质量问题,应由建设方负责。

供给高速公路水泥混凝土路面施工用水泥的厂家应严格遵守这些技术指标,若水泥厂没有遵循签约双方的技术指标约定,由于水泥质量不佳或性能波动,造成的质量事故,应由水泥厂承担法律和经济责任。

(1) 出厂合格证。

市政工程用的水泥,应由生产厂家出具的出厂质量证明书和检(试)验报告。出厂时,生产厂家应在水泥发出日起 7 d 内出具 3 d 强度值检验合格证,28 d 强度值合格证应在水泥发出日起 32 d 内补发。采用快速试验者,仍以标养 28 d 强度为准(标养条件是指:温度 20℃±2℃,湿度 95% 以上)。

水泥出厂合格证必须由水泥厂质检部门提供。如从物资部门购买水泥,物资部门应提供水泥出厂合格证转抄、复印件。

施工单位项目部的材料员或质检员应对水泥出厂合格证或抄件进行核查,符合要求后,交给资料员整理。核查的内容:

1) 水泥出厂合格证上的出厂日期、批号、合格证编号等非技术要求指标栏目应填写齐全。

2) 水泥出厂合格应有水泥厂质检部门和技术负责人加盖的印章;抄件上除注明合格证上品质指标外,尚应注明原件编号及存放处,加盖抄件人及抄件单位印章。

3) 项目经理部材料员应在合格证或抄件上注明水泥吨数,施工员注明水泥使用部位。

4) 各项技术要求必须符合国家标准的规定。

表 5-7 为某水泥的出厂合格证示例,表 5-8 为水泥质量检验报告单。

表 5-7 水泥产品合格证

```
┌─────────────────────────────────────────────────┐
│   ××市水泥有限公司                              │
│     产品合格证                                   │
│                          NO   ××××             │
│                          记录编号:普 32.5       │
│                          生产编号:××××        │
│          ┌──────┐       提货单位:××市××公司××道路项目部 │
│          │××商标│       签发人:×××            │
│          └──────┘       发货人:×××            │
│                          出厂日期:××年×月×日  │
│   生产许可证编号:XK××—××—×××              │
│   电话:×××—××××××××                    │
│   地址:××市××区××路                         │
└─────────────────────────────────────────────────┘
```

(2) 复试报告。

水泥使用前必须复试,复试的主要项目为:胶砂强度(抗压强度、抗折强度)、安定性、细度、(必要时加试)凝结时间等。试验报告应有明确的结论。

表 5-9 是某道路工程进场水泥的复试报告示例。

表 5-8 水泥质量检验报告单

NO. 001351
用户单位：××道路项目部

品　种	普通水泥		检　验　结　果			
强度等级	32.5		项目　　编号　　国标		B4042	
编　号	B4042	/	不溶物(%)	/	/	
出厂日期	××.××.××		LOSS(%)	≤5.0	2.45	
出厂数量	200 t		Mgo(%)	≤5.0	1.28	
混合材掺量(%)	矿渣 13%		SO_3(%)	≤3.5	2.50	
			细度(%)	≤10.0	2.5	
工业副产石膏掺量(%)	/		凝结时间	初凝	≥0.45	3.10
助磨剂掺量(%)	/			终凝	≥10.0	4.15
生产窑型	旋窑		安定性	合格	合格	
说明：1. 产品检验按国家标准方法进行，代号 GB175—1999。2. 所列编号检验结果符合水泥国家标准。3. 28 d 强度值待检后补报。			3d 强度 (MPa)	抗折	2.5	$X = 4.0$
						4.0　4.1　4.0
				抗压	11.0	$X = 19.5$
						19.0　20.0　20.1
						19.5　19.0　19.4
填报人：×××					××年××月××日	

表 5-9 水泥试验报告

试验编号：08—××

委托单位：××市政工程有限公司　　　　　工程名称：××市××路道路工程
水泥品种及强度等级：普32.5　厂别及牌号：××　出厂日期：08.×.×　取样日期：08.×.×
出厂编号：08.×.×　　　　代表数量：200 t　　　　　试验委托人：×××

（一）细度：0.08 mm 筛筛余　1.9　%
（二）标准稠度：28.0　%
（三）凝结时间：初凝　3　h　　15　min
　　　　　　　　终凝　4　h　　10　min
（四）安定性：沸煮法　（合格）
（五）胶沙流动度：　/
（六）其他

（七）强度

龄期/类别	3天	28天	快　测	备　注
抗折强度 (MPa)	43	83	/	/

续 表

| 抗压强度（MPa） | 192 | 41.1 | / | / |

结论：根据 GB 175—1999 标准，此样所测项目符合普 32.5 水泥要求。
负责人：×××　审核：×××　计算：×××　试验：×××

试验日期：08 年×月×日
报告日期：08 年×月×日

2. 其他材料

（1）砂、石

工程所使用的砂、石应按规定批量取样进行试验。试验项目一般有：筛分析、表观密度、堆积密度和紧密密度、含泥量、泥块含量、针状和片状颗粒的总含量等。结构或设计有特殊要求时，还应按要求加做压碎指标值等相应项目试验。

（2）混凝土外加剂、掺和料

各种类型的混凝土外加剂、掺和料使用前，应按相关规定中的要求进行现场复试并出具试验报告和掺量配合比试配单。

（3）水泥、石灰、粉煤灰类混合料

石灰在使用前应按批次取样，检测石灰的氧化钙和氧化镁含量，混合料的生产单位按规定，提供产品出厂质量合格证书，连续供料时，生产单位出具合格证书的有效期最长不得超过 7 d。

（4）商品混凝土

商品混凝土生产单位应按同配比、同批次、同强度等级提供出厂质量合格证书，总含碱量有要求的地区，应提供混凝土碱含量报告。

5.2.4　施工记录检查和施工记录资料

施工记录是施工过程中的原始材料，是施工技术管理规定中的内容之一，也是工程竣工验收的资料内容，它必须全面、准确、真实反映施工情况，为竣工验收、施工企业的经济核算提供原始依据。水泥混凝土路面施工记录主要是混凝土浇注记录，混凝土浇注记录是对混凝土质量进行全过程控制的依据，凡 C20 强度等级以上的混凝土，每个工作班均应填写该记录（见表 5‐10）。填写时要真实、及时，不得弄虚作假。

表 5‐10　混凝土浇注记录

施工单位：

工程名称				浇注部位		
浇注日期			天气情况		室外气温	
设计强度等级（MPa）			钢筋模板验收负责人			
混凝土拌制方法	商品混凝土	供料厂名			合同号	
		供料强度等级（MPa）			试验单编号	

续 表

混凝土拌制方法	现场拌和	混凝土配合比	配合比通知单编号					
			材料名称	规格产地	每立方米用量(kg)	每盘用量(kg)	材料含水质量(kg)	实际每盘用量(kg)
			水泥					
			石子					
			砂					
			水					
			掺和料					
			外加剂					
实测坍落度(cm)		出盘温度(℃)			入模温度(℃)			
混凝土完成数量(m³)				完成时间				
试块留置	数量组			编 号				
标 养								
有 见 证								
同 条 件								
混凝土浇注中出现的问题及处理方法								

注：本记录每浇注一次混凝土，记录一张。

施工项目技术负责人：　　　　　　　　　　　　　　　　填表人：

5.2.5 施工试验检查和试验记录资料

一、水泥混凝土施工配合比通知单

水泥混凝土应有配合比申请单和由试验室签发的配合比通知单，施工中如材料有变化时，应有修改配合比的试验资料。

1. 试配申请单

工程开工前，施工企业项目经理部的施工员应根据施工图中结构工程不同的混凝土强度等级，按施工先后顺序，理论计算混凝土原材料试配用量，暂定配合比，并将试块送试验室试验，尚未建立试验室的三级以下企业，则应将试块送具有营业资格的一级试验室进行试验。试配申请单采用表格形式或文字说明，其内容均应包括：设计混凝土强度等级、水泥强度等级、粗细骨料质量情况、水质等。

2. 配合比通知单

施工企业的试验室或法定检测单位收到项目经理部的试配申请单后,对送来的试块进行试验,复核其试配计算式,同时尚应到施工现场随机抽取混凝土原材料样品,配制试块进行试验。通过对两组试块试验结果的对比,再计算混凝土原材料用量,确定配合比,签发配合比通知单。项目经理部施工人员按试验室或法定检测单位签发的混凝土配合比通知单的规定进行配合比施工。

施工单位试验室或法定检测单位应派员到施工现场检查施工人员是否按配合比通知单的要求配比,并应负质量责任。混凝土配合比申请单、配合比通知单内容及表式见表 5-11。

[**例 5-2**] 已知某 C30 混凝土理论配合比为:水泥:中砂:碎石:水=1:1.60:4.21:0.45,混凝土拌和前实测中砂含水量为 3%,碎石含水量为 1.5%,则施工配合比应调整为多少?

解:

$$\text{水泥:中砂:碎石:水} = 1 : 1.60 \times (1+3\%) : 4.21 \times (1+1.5\%) :$$
$$(0.45 - 1.60 \times 3\% - 4.21 \times 1.5\%)$$
$$= 1 : 1.65 : 4.27 : 0.34$$

即 100 kg 水泥对应 165 kg 中砂、427 kg 碎石以及 34 kg 水。

表 5-11 混凝土配合比申请单

施工单位:_____ 工程名称:_____ 委托部位:_____
设计强度等级:_____ MPa 申请强度等级:_____ MPa 要求坍落度:_____ cm
其他技术要求:_____
搅拌方法:_____ 浇捣方法:_____ 养护方法:_____
水泥品种及等级:_____ 厂别及牌号:_____ 出厂日期:_____ 试验编号:_____
进场日期:_____
砂产地及品种:_____ 细度模数:_____ 含泥量:_____ % 试验编号:_____
卵(碎)石产地及品种:_____ 最大粒径:_____ 含泥量:_____ % 试验编号:_____
其他材料:_____
掺和料名称:_____ 厂别:_____ 外加剂名称:_____ 厂别:_____
申请日期:_____ 使用日期:_____ 申请负责人:_____ 联系电话:_____

混凝土配合比通知单

编号:

强度等级(MPa)	水灰比	砂率(%)	水泥(kg)	水(kg)	砂(kg)	石(kg)	掺和料(kg)	外加剂(kg)	配合比	试配编号
备 注										

负责人:_____ 审核:_____ 计算:_____ 试验:_____
报告日期: 年 月 日

二、水泥混凝土抗折强度试验

在市政道路工程水泥混凝土路面强度检验中,混凝土抗折强度是结构设计和质量控制的重要指标,而抗压强度作为参考强度指标。抗压强度和抗折强度均要达到设计要求,因此,既要做抗压强度试验,又要做抗折强度试验。

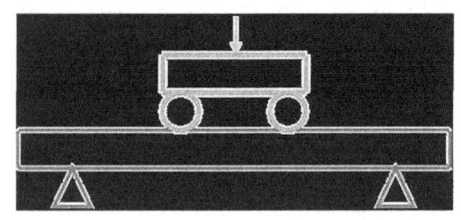

图 5-17 抗折试验三分点加荷示意图

1. 试验方法与步骤

1)混凝土抗折强度一般采用 150 mm×150 mm×550 mm 的直角棱柱体小梁,其取样、制作、养护与混凝土抗压强度试块相同,按三分点加荷方法(见图 5-17)测定。

2. 计算

1)计算公式:

$$f_{cf} = \frac{FL}{bh^2}$$

式中,f_{cf}——抗折强度;

F——试件破坏时的极限荷载(N);

L——计算跨径,即两支点间距(mm);

b——试件宽度(mm),标准为 150 mm;

h——试件高度(mm),标准为 150 mm。

2)试验结果的数据处理。

试验结果以 3 个试件的算术平均值作为测试值。如任一个测试值与中值的差超过中值的 15%,取中值为测试结果;如两个测试值与中值的差超过 15%,该组试验结果作废。

思考: 当某组试件 3 个试块的抗折强度分别为 6.5 Mpa,8 Mpa,7.5 Mpa 时,该组试件的试验结果取多少?

当某组试件 3 个试块的抗折强度分别为 6.5 Mpa,8.9 Mpa,7.5 Mpa 时,该组试件的试验结果又如何取值?

3. 填写混凝土试块抗折强度试验表

根据试验结果,填写水泥混凝土抗折强度试验表,见表 5-12。

表 5-12 水泥混凝土抗折强度试验报告

试验编号:_____

委托单位:_____ 试验委托人:_____

工程单位:_____ 部位:_____

设计强度等级:_____ MPa 拟配强度等级:_____ MPa 要求坍落度:_____ cm

水泥品种及等级:_____ 厂别:_____ 出厂日期:_____ 试验编号:_____

砂产地及品种:_____ 细度模数:_____ 含泥量:_____% 试验编号:_____

卵(碎)石产地及品种:_____ 最大粒径:_____ 含泥量:_____% 试验编号:_____

掺和料名称:_____ 厂别:_____ 占水泥用量的:_____%

外加剂名称:_____ 厂别:_____ 占水泥用量的:_____%

其他材料:_____

施工配合比：_____ 水灰比：_____ 砂率：_____

配合比编号	材料名称 用 量	水泥	水	砂	卵(碎)石	掺和料	外加剂
	每立方米用量(kg)						

制模日期：_____ 要求龄期：_____ 要求试验日期：_____
试块收到日期：_____ 试块养护条件：_____ 试验制作人：_____

试块编号	试验日期	实际龄期(d)	试块尺寸(mm)			计算跨度(mm)	破坏荷重(kN)		平均极限抗折强度(MPa)	折合标准试件强度(MPa)	达到设计强度(%)
			长	宽	高		单块	平均			
结 论											

负责人：_____ 审核：_____ 计算：_____ 试验：_____
　　　　　　　　　　　　　　　　　　　　　　　　报告日期：　　年　月　日

三、水泥混凝土芯样劈裂强度试验

水泥混凝土路面强度的控制指标是弯拉或劈裂强度。由于弯拉强度试件成型及试验过程比较麻烦，现多用劈裂强度来代替。

需要强调的一点是用快速无破损方法与传统的钻芯试验方法比较，有其较大的优势，但不能代替钻芯的劈裂强度试验结果，也不能代替试验室标准条件下的弯拉强度，不适宜作为仲裁试验或工程验收的最终依据。

1. 试验方法与步骤

从硬化混凝土结构中钻取和检查芯样，测定芯样的劈裂抗拉强度，作为评定结构品种的主要指标。

（1）检查。

1）外观检查：每个芯样应详细描述有无裂缝、接缝、分层、麻面或离析等情况，必要时应记录以下事项：

① 集料情况：估计集料的最大粒径、形状及种类，粗细集料的比例与级配。

② 密实性：检查并记录存在的气孔及其位置、尺寸与分布情况，必要时应拍下照片。

2）测量：

① 测平均直径 d_m：在芯样的中间及两面各 1/4 处按两个垂直方向测量三对数值，确定芯样的平均直径 d_m，精确至 1.0 mm。

② 测平均长度 L_m：取芯样直径两端侧面测定钻取后芯样的长度及端面加工后的长度，精确至 1.0 mm。

③ 表观密度：如有必要，应测定芯样的表观密度。

（2）试验步骤。

1）试件的制作：试件两端平面应与它的轴线相垂直，误差不应大于±1°，端面凹凸每

100 mm 不超过 0.05 mm，承压线凹凸不应大于 0.25 mm。

2) 湿度控制：试验前试件应在 20℃±2℃ 的水中浸泡 40 h，从水中取出后立即进行试验。

如有专门要求，可用其他养护或湿度控制条件。

3) 劈裂试验：

① 将试件、劈裂垫条和垫层放在压力机（见图 5-18）上，借助夹具两侧杆，将试件对中。

② 开动压力机，当压力机压板与夹具垫条接近时调整球座使压力均匀接触试件。当压力加到 5 kN 时，将夹具的侧杆抽出，以 60 N/s±4 N/s 的速度连续、均匀加荷，直至试件劈裂为止，记下破坏荷载，精确至 0.01 kN。

2. 计算

芯样劈裂抗拉强度 R_a 按下式计算：

$$R_a = \frac{2P}{\pi A} = \frac{2P}{\pi d_m L_m}$$

图 5-18 压力机

式中，R_a——芯样劈裂抗拉强度，Mpa，计算结果精确至 0.1 Mpa；

P——极限荷载，N；

A——芯样劈裂面面积，mm；

d_m——芯样截面的平均直径，mm；

L_m——芯样平均长度，mm。

5.2.6 检验批质量检验和质量验收记录

混凝土路面施工完成后，施工单位应整理相关资料，提请交验。监理单位在收到施工方的交验报告并确认资料齐全后，应检查受检资料，合格后，方可进行交工检查和验收。

《城镇道路工程施工质量验收规范》规定了水泥混凝土面层质量验收要求，并将施工质量检查项目分为主控项目和一般项目。主控项目的质量检验应全部合格，一般项目的合格点率应达到 80% 以上，且不合格点的最大偏差值不得大于规定允许偏差值的 1.5 倍。但任何一项的检查合格率不低于 70%。本书主要介绍水泥混凝土面层的质量检验要求。

一、主控项目

1. 水泥

（1）质量要求。

水泥进场时应对其品种、级别、包装或散装仓号、出厂日期等进行检查，并应对其强度、安定性及其他必要的性能指标进行复验，其质量必须符合现行国家标准《硅酸盐水泥、普通硅酸盐水泥》（GB 175）及《矿渣硅酸盐水泥、火山灰质硅酸盐水泥及粉煤灰硅酸盐水泥》（GB 1344）等的规定。

对水泥质量有怀疑或水泥出厂超过三个月（快硬硅酸盐水泥超过一个月）时，应进行复验，并按复验结果合格后方可使用。

(2)检验要求。

检验数量:同一生产厂家、同一等级、同一品种、同一批号且连续进场的水泥,袋装不超过 200 t 为一批,散装不超过 500 t 为一批,每批抽样不少于 1 次。

检验方法:查检产品合格证、检验报告。

2. 混凝土外加剂

(1)质量要求。

混凝土中掺加外加剂,其材料质量、施工工艺和要求应符合现行国家标准《混凝土外加剂》(GB 8076)、《混凝土外加剂应用技术规范》(GB 50119)等有关规定。

(2)检验要求。

检验数量:按进场批次检验,每批检验不少于 1 次。

检验方法:查检产品合格证、检验报告。

3. 钢筋

(1)质量要求。

钢筋品种、级别、规格、数量必须符合现行国家标准及设计要求。

(2)检验要求。

检验数量:不超过 60 t 为一批,每批检验不少于 1 次。

检验方法:查检产品合格证、检验报告。

4. 粗、细集料质量要求

(1)质量要求。

粗、细集料质量应符合设计及表 5-4、表 5-5 的要求。粗集料最大公称粒径应不大于 31.5 mm;钢纤维粗集料最大粒径不大于 19.0 mm。集料级配应符合设计要求。

(2)检验要求。

检验数量:不超过 400 m³ 为一批,每批检验不少于 1 次。

检验方法:查检产品合格证、检验报告。

5. 水泥混凝土弯拉强度

(1)质量要求。

水泥混凝土弯拉强度应符合设计要求。

(2)检验要求。

检验数量:每 100 m³ 的同配合比的混凝土,取样 1 次;不足 100 m³ 时按 1 次计。每次取样应至少留置 1 组标准养护试件。同条件养护试件的留置组数应根据实际需要确定,最少 1 组。

检验方法:检查试件强度试验报告,《公路工程水泥及水泥混凝土试验规程》(JTG E30)水泥混凝土抗弯拉强度试验方法(T0558)。

6. 水泥混凝土板厚

(1)质量要求。

水泥混凝土面层厚度应符合设计规定,允许误差为±5 mm。

(2)检验要求。

检验数量:每车道 1 000 m² 抽测 1 点。

检验方法:查检验报告,《公路路基路面现场测试规程》(JTJ059)钻孔法测量(T0912)。

7. 水泥混凝土抗滑构造深度

(1) 质量要求。

应符合表 5-13 的相关要求。

(2) 检验要求。

检验数量：每 1 000 m² 抽测 1 点。

检验方法：铺砂法。

二、一般项目

水泥混凝土面层质量检验的一般项目有混凝土坍落度、外观质量要求、宽度、中线高程、中线平面偏位、相邻板高差、横坡、顺直度、井框与路面的高差 9 个指标。

1. 水泥混凝土平整度

(1) 质量要求。

应符合表 5-13 的相关要求。

(2) 检验要求。

检验数量：用平整度仪应每车道连续检测；用 3 m 直尺，每车道 20 m 测 1 点。

检验方法：查检验报告。《公路路基路面现场测试规程》(JTJ059)平整度仪连续测定平整度(T0932、T0933)；3 m 直尺测定平整度(T0931)。

2. 混凝土坍落度

坍落度是指混凝土的和易性，具体来说就是保证施工的正常进行，其中包括混凝土的保水性、流动性和黏聚性。影响坍落度的主要因素有用水量、水灰比、砂率以及包括水泥品种、骨料条件、时间和温度、外加剂等几个方面。具体内容已在"材料检测"课程中介绍。

(1) 质量要求。

商品混凝土的坍落度应为 6~8 mm。普通混凝土的摊铺坍落度随摊铺设备而定，轨道摊铺机 20~40 mm，三辊轴机组 10~30 mm，小型机具 0~20 mm。钢纤维混凝土较普通混凝土小 2 cm。

(2) 检验要求。

检验数量：每台班不少于 3 次。

检验方法：查检验报告，《公路工程水泥及水泥混凝土试验规程》(JTG E30)水泥混凝土路拌和物稠度试验(T0522)。

3. 外观质量

(1) 质量要求。

水泥混凝土板面应平整、密实，边角整齐、无蜂窝、麻面、裂缝、印痕、积水等现象；伸缩缝垂直、直顺，灌缝饱满、密实，缝面整齐；路面横坡顺直，无凹坑、积水等现象，拉毛或刻痕的构造深度符合设计要求。

(2) 检验要求。

检验数量：全部。

检验方法：观察、尺量。

麻面现象：混凝土表面局部缺浆，石子外露，表面粗糙或有许多小凹坑，但无深坑松动的现象。

蜂窝现象：混凝土局部酥松，砂浆少，石子多，石子间出现空隙形成蜂窝状孔眼。

水泥混凝土面层的蜂窝麻面现象一般出现在混凝土板的侧面较多,主要原因是掖边、振动不实而造成。

检查时应根据外观将每侧混凝土侧面蜂窝麻面范围确定,然后再将每一部位的蜂窝麻面用直尺和粉笔标出较规则的几何图形,如正方形、矩形、梯形、三角形等。根据每个圈定的几何图形,用相应的计算公式,算出各自面积,再进行累积,为每一侧面的蜂窝的总面积。用同样的方法计算另一侧,相加即为检验范围内的蜂窝总面积。

根据质量标准规定,每块混凝土板每个侧面蜂窝麻面面积不得超过总面积的2%。

4. 其他项目

其他一般项目包括宽度、中线高程、中线平面偏位、相邻板高差、横坡、顺直度、井框与路面的高差均可以采用测量方法进行检测,其质量要求和检验要求详见表5-13。

表5-13 水泥混凝土面层质量检验标准及允许偏差

项次	检查项目		单位	规定值及允许偏差		检验频率			检验方法
				快速路主干路	其他道路	范围	点/次		
主控项目	1	弯拉强度	MPa	符合设计要求		每台班或每100 m³	1		水泥混凝土抗弯拉强度试验 T0558
	2	面板厚度	mm	±5	±5	1 000 m²	1		尺量或钻孔
	3	抗滑构造深度	mm	符合设计要求		1 000 m²	1		铺砂法
一般项目	4	纵断高程	mm	±10	±15	20 m	1		水准仪量测
	5	中线偏位	mm	≤20		100 m	1		经纬仪量测
	6	平整度 标准差σ	mm	≤1.2	≤2	100 m	连续检测		用测平仪检测
		最大间隙h	mm	≤3	≤5	100 m			三米直尺法
	7	宽度	mm	0～+20		40 m	1		用钢尺量
	8	横坡	%	±0.3%且不反坡		20 m	路宽(m) <9	2	水准仪量测
							9～15	4	
							>15	6	
	9	井框与路面高差	mm	≤3		每座	1		用尺量取最大值
	10	相邻板高差	mm	≤2	≤3	20 m/纵(横)缝	各2		钢尺量测
	11	纵缝顺直度	mm	≤10		100 m	1		拉20 m小线量最大值
		横缝顺直度	mm	≤5		40 m	1		用尺量取最大值
	12	蜂窝麻面面积①	%	≤2		20 m	1		钢尺量测

注:① 每20 m查1块板的侧面。

三、质量检验批质量检验记录

填写水泥混凝土面层质量检验批质量检验记录表(表5-14)。

表5-14 水泥混凝土面层质量检验批质量检验记录

工程名称														
施工单位														
单位工程名称				分部工程名称										
分项工程名称				验收部位										
工程数量				项目经理				技术负责人						
制表人				施工负责人				质量检验员						
交方班组				接方班组				检验日期						
主 控 项 目					检查结果/实测点偏差值或实测值									
1 水泥混凝土面层质量														
1)混凝土弯拉强度规定														
2)混凝土面层厚度规定														
3)抗滑构造深度要求														
一般项目[第10.8.1条2中的4)、5)、6)款]					检查结果/实测点偏差值或实测值									
项 目			允 许 偏 差		1	2	3	4	5	6	7	8	9	10	应测点数	合格点数	合格率(%)
4)水泥混凝土面层质量要求																	
5)伸缩缝质量与构造做法要求																	
6)混凝土路面	纵断高程(mm)		±15														
	中线偏位(mm)		≤20														
	平整度(mm)	标准差σ值	≤1.2	≤2													
		最大间隙(mm)	≤3	≤5													
	宽度(mm)		0~20														
	横坡(%)		±0.3%且不反坡														
	井框与路面高差(mm)		≤3														
	相邻板高差(mm)		≤3														
	纵缝直顺度(mm)		≤10														
	横缝直顺度(mm)		≤10														
	蜂窝麻面面积(%)		≤2														
平均合格率(%)																	

续　表

检验结论	
监理(建设) 单位意见	

思考与练习

1. 水泥混凝土施工物资的质量要求包括哪些内容？
2. 水泥混凝土施工记录有哪些？
3. 水泥混凝土检验批的主控项目有哪些？检验方法如何？
4. 水泥混凝土检验批的一般项目有哪些？检验方法如何？
5. 已知某 C25 混凝土理论配合比为：水泥∶中砂∶碎石∶水＝1∶1.55∶4.15∶0.42，混凝土拌和前实测中砂含水量为 2.5％，碎石含水量为 1.2％，则施工配合比应调整为多少？

任务3　水泥混凝土面层施工安全管理

任务描述

某水泥混凝土面层施工现场，施工单位的安全员等管理人员应做好哪些工作，以保证工程施工的安全质量。

任务分析

水泥混凝土路面的施工过程需运用较多的施工机械，应严格注意施工中的机械操作安全，同时施工人员应按照混凝土施工安全技术要求进行施工操作，防止各类安全事故的发生。

方法与步骤

5.3.1　水泥混凝土路面安全施工要求

水泥混凝土路面的施工中，应根据机械施工特点，做好安全生产工作。施工前，施工单位应对员工进行安全生产教育，树立安全第一的思想，落实安全生产责任制度。

5.3.2　水泥混凝土路面施工人员安全技术

（1）施工前应该设置明显的安全标志，悬挂醒目的安全标语，对施工人员进行安全技术教育。指派专人管制交通,禁止非工作人员、机械、车辆进入施工现场。

(2) 在测量打桩放线时,若未断交通,必须设置明显的安全标志,打桩时防止锤把脱落和打伤手指,用斧头劈桩时,防止劈偏和滑落。

(3) 在安装模板时,各种材料要求堆放有条理,防止发生绊伤、扎伤,用手锤固定铁橛时,锤把一定要牢固,并要防止打偏伤手。调整模板高程时要防止挤伤手指。

(4) 拌和人员应戴手套、口罩和护目镜。翻拌时两人应对头由一边向同一方向翻拌,保证翻拌均匀,防止锨把伤人。对推运材料的道路必须经常清扫干净,防止掉落在道路上的砂石滑倒或绊倒人。

(5) 在摊铺加钢筋的混凝土路面时,要保证水泥垫块位置和钢筋的位置不变,摊铺施工要防止铁丝扎脚和钢筋绊跤。编扎钢筋,布置传力杆、边缘及角隅钢筋时位置要准确,安放要稳妥,编扎和布置钢筋要防止压脚、夹手和扎手。

(6) 塑料薄膜养生时,喷洒塑料溶液人员要站在上风头,喷枪距混凝土板面 40～50 cm,在配制塑料溶液时,室内要保持通风,操作人员要戴护目镜、口罩、手套,穿工作服。配制和喷洒时要严禁烟火,因为塑料溶液容易燃烧,所以必须始终做好防火工作。

(7) 拆膜时,拆下的铁钉、铁橛、模板等物品要堆放整齐,禁止乱堆乱放,防止绊人和伤人。

5.3.3 水泥混凝土路面施工机械安全技术

一、混凝土搅拌机

混凝土搅拌机(见图 5-19)是机械化拌制水泥混凝土的设备。

图 5-19 混凝土搅拌机

混凝土搅拌机按搅拌方式分有自落式搅拌、强制式搅拌两种。按装置方式分有固定式和移动式两种。

(1) 固定式搅拌机应安装在牢固的台座上。当长期固定时,应埋置地脚螺栓;在短期使用时,应在机座上铺设木枕并找平放稳。固定式搅拌机的操纵台,应使操作人员能看到各部工作情况。电动搅拌机的操纵台,应垫上橡胶板或干燥木板。

(2) 移动式搅拌机的停放位置应选择平整坚实的场地,周围应有良好的排水沟渠,就位后,应放下支腿将机架顶起达到水平位置,使轮胎离地。当使用期较长时,应将轮胎卸下妥善保管,轮轴端部用油布包扎好,并用枕木将机架垫起支牢。

(3) 作业前重点检查项目应符合下列要求:
1) 电源电压升降幅度不超过额定值的 5%;
2) 电动机和电器元件的接线牢固,保护接零或接地电阻符合规定;
3) 各传动机构、工作装置、制动器等均紧固可靠,开式齿轮、皮带轮等均有防护罩;
4) 齿轮箱的油质、油量符合规定。

(4) 作业前,应进行料斗提升试验,应观察并确认离合器、制动器灵活可靠。

(5) 进料时,严禁将头或手伸入料斗与机架之间。运转中,严禁用手或工具伸入搅拌筒内扒料、出料。

(6) 搅拌机作业中,当料斗升起时,严禁任何人在料斗下停留或通过;当需要在料斗下检修或清理料坑时,应将料斗提升后用铁链或销子锁住。

(7) 向搅拌筒内加料应在运转中进行,添加新料应先将搅拌筒内原有的混凝土全部卸出后方可进行。

(8) 作业中,应观察机械运转情况,当有异常或轴承温升过高等现象时,应停机检查;当需检修时,应将搅拌筒内的混凝土清除干净,然后再进行检修。

(9) 作业后,应对搅拌机进行全面清理;当操作人员需进入筒内时,必须切断电源或卸下熔断器,锁好开关箱,挂上"禁止合闸"标牌,并应有专人在外监护。

(10) 作业后,应将料斗降落到坑底,当需升起时,应用链条或插销扣牢。

(11) 搅拌机在场内移动或远距离运输时,应将进料斗提升到上止点,用保险铁链或插销锁住。

二、混凝土搅拌站

水泥混凝土拌和站(见图 5-20)是一种将水泥、砂、石料和水按一定的配合比周期地和自动地拌制成混凝土的成套机械。

(1) 混凝土搅拌站的安装,应由专业人员按出厂说明书规定进行,并应在技术人员主持下,组织调试,在各项技术性能指标全部符合规定并经验收合格后,方可投产使用。

(2) 与搅拌站配套的空气压缩机、混凝土搅拌机等设备,应执行相关的规定。

图 5-20 混凝土拌和站

(3) 作业前检查项目应符合下列要求:

1) 搅拌筒内和各配套机构的传动、运动部位及仓门、斗门、轨道等均无异物卡住;

2) 各润滑油箱的油面高度符合规定;

3) 打开阀门排放气路系统中气水分离器的过多积水,打开贮气筒排污螺塞放出油水混合物;

4) 提升斗或拉铲的钢丝绳安装、卷筒缠绕均正确,钢丝绳及滑轮符合规定,提升料斗及拉铲的制动器灵敏有效;

5) 各部螺栓已紧固,各进、排料阀门无超限磨损,各输送带的张紧度适当、不跑偏;

6) 称量装置的所有控制和显示部分工作正常,其精度符合规定;

7) 各电气装置能有效控制机械动作,各接触点和动、静触头无明显损伤。

(4) 作业过程中,在贮料区内和提升斗下,严禁人员进入。

(5) 搅拌筒启动前应盖好仓盖。机械运转中,严禁将手、脚伸入料斗或搅拌筒探摸。

(6) 当拉铲被障碍物卡死时,不得强行起拉,不得用拉铲起吊重物,在拉料过程中,不得进行回转操作。

(7) 搅拌机满载搅拌时不得停机,当发生故障或停电时,应立即切断电源,锁好开关箱,将搅拌筒内的混凝土清除干净,然后排除故障或等待电源恢复。

(8) 搅拌站各机械不得超载作业;应检查电动机的运转情况,当发现运转声音异常或温升过高时,应立即停机检查;电压过低时不得强制运行。

三、混凝土搅拌输送车

（1）混凝土搅拌输送车(见图 5-21)的汽车部分应执行《建筑机械使用安全技术规程》(JGJ33—2001)的有关规定。

图 5-21 混凝土搅拌输送车

（2）搅拌筒和滑槽的外观应无裂痕或损伤；滑槽止动器应无松弛和损坏；搅拌筒机架缓冲件应无裂痕或损伤；搅拌叶片磨损应正常。

（3）搅拌运输时，混凝土的装载量不得超过额定容量。

（4）搅拌输送车装料前，应先将搅拌筒反转，使筒内的积水和杂物排尽。

（5）搅拌筒由正转变为反转时，应先将操纵手柄放在中间位置，待搅拌筒停转后，再将操纵杆手柄放至反转位置。

（6）行驶在不平路面或转弯处应降低车速至 15 km/h 及以下，并暂停搅拌筒旋转。通过桥、洞、门等设施时，不得超过其限制高度及宽度。

（7）搅拌装置连续运转时间不宜超过 8 h。

（8）作业后，应先将内燃机熄火，然后对料槽、搅拌筒入口和托轮等处进行冲洗及清除混凝土结块。当需进入搅拌筒清除结块时，必须先取下内燃机电门钥匙，在筒外应设监护人员。

四、振动器

（1）插入式振动器(见图 5-22)的电动机电源上，应安装漏电保护装置，接地或接零应安全可靠。

（2）操作人员应经过用电教育，作业时应穿戴绝缘胶鞋和绝缘手套。

（3）电缆线应满足操作所需的长度。电缆线上不得堆压物品或让车辆挤压，严禁用电缆线拖拉或吊挂振动器。

图 5-22 插入式振动器

（4）使用前，应检查各部并确认连接牢固，旋转方向正确。

（5）振动器不得在初凝的混凝土、地板、脚手架和干硬的地面上进行试振。在检修或作业间断时，应断开电源。

（6）作业停止需移动振动器时，应先关闭电动机，再切断电源。不得用软管拖拉电动机。

（7）平板式振动器(见图 5-23)、附着式振动器(见图 5-24)轴承不应承受轴向力，在使用时，电动机轴应保持水平状态。

图 5-23 平板式振动器

图 5-24 附着式振动器

(8) 在一个模板上同时使用多台附着式振动器时,各振动器的频率应保持一致,相对面的振动器应错开安装。

(9) 使用时,引出电缆线不得拉得过紧,更不得断裂。作业时,应随时观察电气设备的漏电保护器和接地或接零装置并确认合格。

五、液压滑升设备

(1) 应根据施工要求和滑模总载荷,合理选用千斤顶型号和配备台数,并应按千斤顶型号选用相应的爬杆和滑升机件。

(2) 千斤顶应经 12 MPa 以上的耐压试验。同一批组装的千斤顶在相同载荷作用下,其行程应一致,用行程调整帽调整后,行程允许误差为 2 mm。

(3) 自动控制台应置于不受雨淋、暴晒和强烈振动的地方,应根据当地的气温,调节作业时的油温。

(4) 千斤顶与操作平台固定时,应使油管接头与软管连接成直线。液压软管不得扭曲,应有较大的弧度。

(5) 作业前,应检查并确认各油管接头连接牢固、无渗漏,油箱油位适当,电器部分不漏电,接地或接零可靠。

(6) 所有千斤顶安装完毕未插入爬杆前,应逐个进行抗压试验和行程调整及排气等工作。

(7) 应按出厂规定的操作程序操纵控制台,对自动控制器的时间继电器应进行延时调整。用手动控制器操作时,应与作业人员密切配合,听从统一指挥。

(8) 在滑升过程中,应保证操作平台与模板的水平上升,不得倾斜,操作平台的载荷应均匀分布,并应及时调整各千斤顶的升高值,使之保持一致。

(9) 在寒冷季节使用时,液压油温度不得低于 10 ℃;在炎热季节使用时,液压油温度不得超过 60 ℃。

(10) 应经常保持千斤顶的清洁;混凝土沿爬杆流入千斤顶内时,应及时清理。

(11) 作业后,应切断总电源,清除千斤顶上的附着物。

5.3.4 案例分析

一、事故简介

1995 年 9 月 4 日早晨 6:00 某公路工程公司项目经理部搅拌站上班后,搅拌站负责人孙某安排本项目经理部职工王某带领张某等 3 名刚进场 15 天的农民工保养更换拌和机搅拌叶片。随后,该站技术员李某对操作和保养人员进行了口头安全技术交底,强调了保养、更换搅拌叶片在作业内容和程序上要遵守的有关规定。

在 7:30 左右,保养更换搅拌叶片工作基本完成,王某要求全部人员撤到搅拌机外。在人员陆续走下搅拌机平台时,其他几名保养更换人员可以证明张某随大家一起走出(走在最后)。王某就给操作室发出了试机信号,搅拌机操作室内的操作员陈某接到信号后,便鸣铃,按下了搅拌机开关。谁知,此时搅拌机内发出了惨痛的嚎叫声,几名保养更换人员听到后,立即同时大声呼喊、招唤,操作员陈某见状,知道出现了异常,当即停机。大家急忙返回搅拌机,但此时,张某已被旋转的搅拌叶片打伤致死。

二、事故原因分析

1. 直接原因

负责带班指挥搅拌机维修保养的王某未按照有关搅拌机维修保养的安全技术操作规程和当时技术人员的安全技术交底内容进行作业,在没有清点人数,所有进机作业人员没有全部在自己视觉监控内的情况下,就发出试机信号是导致事故的直接原因之一。

参加维修保养工作的农民工张某,没有按照带班指挥人员王某的指令,和大家一同离开搅拌机(或中途又返回搅拌机)是造成事故的另一个直接原因。

事故后,王某及另外两名参加维修保养的农民工(与张某同乡)叙述:他们亲眼看到张某最后一个走出搅拌机的情况,可能有两种或三种可能:一是,张某确实离开过搅拌机,但在王某发信号等时间段内,又因某种原因返回了搅拌机;二是,不能排除张某根本就没有离开过搅拌机,可能是其他几名同事产生了错误判断,只是习惯性的"感觉"张某和他们一起走出了搅拌机;也有可能因为个人的利益关系,所述情况并不属实第二种,可能属推测,无法考证。当时,劳动部门是按照第一种可能结的案。

2. 间接原因

(1)该项目经理部安全规章制度比较健全,但是,在落实中存在打折扣的问题。一是,农民工张某只接受了2 h进场安全教育,并没有接受班组岗位安全教育和相关的安全技能培训;二是,拌和站技术人员没有与带班指挥人员履行安全技术交底的交底人与被交底人的书面签认手续,口头安全交底比较笼统,并没有针对性;三是,该项目经理部的安全规章制度中规定搅拌机维修应由拌和站负责人进行现场统一指挥、调度,而实际却没有做到。

(2)农民工张某进场仅15天,对现场环境尚不完全适应,对所从事的作业尚不熟悉,对新接触到的大型机械设备的好奇心强。

 **思考与练习**

1. 水泥混凝土路面施工人员安全技术有哪些?
2. 水泥混凝土路面施工通常有哪些机械设备?

项目6　道路附属工程施工管理

　**能力目标**

(1) 能进行侧平石施工放样；
(2) 会进行侧平石的施工操作；
(3) 能控制侧平石的施工质量；
(4) 能进行人行道施工放样；
(5) 会进行人行道的施工操作；
(6) 能控制人行道的施工质量。

任务1　侧平石与人行道施工基本知识

　任务描述

沥青面层施工前，要及时施作侧平石，以起到支挡作用，便于面层的摊铺施工。同时要及时进行人行道的铺设，作为施工管理人员在施工前应了解侧平石、人行道施工管理的相关知识。

　任务分析

在城市道路工程中，道路附属工程主要由侧平石和人行道构成。侧平石和人行道的施工质量关系着整条道路的交工使用，因此控制好道路附属工程的质量是确保整条道路尽早投入营运的关键环节之一。

　**方法与步骤**

6.1.1　侧平石施工

一、侧平石的概念

侧平石(见图6-1)是设在路面边缘的界石，也称为路缘石或道牙。它在路面上是区分车行道、人行道、绿地、隔离带和道路其他部分的界线，起到保障行人、车辆交通安全和保证路面边缘齐整的作用，而且还可以起到排除路面水的作用。

侧平石包括侧石和平石，可采用水泥混凝土预制品或天然石材加工品，特殊部位可使用水泥混凝土就地浇筑。侧石又叫立缘石，是顶面高出路面的界石，有标定车行道范围和纵向引导排除路面水的作用；平石是铺筑在路面与立缘石之间的平缘石，常与侧石联合设置，是

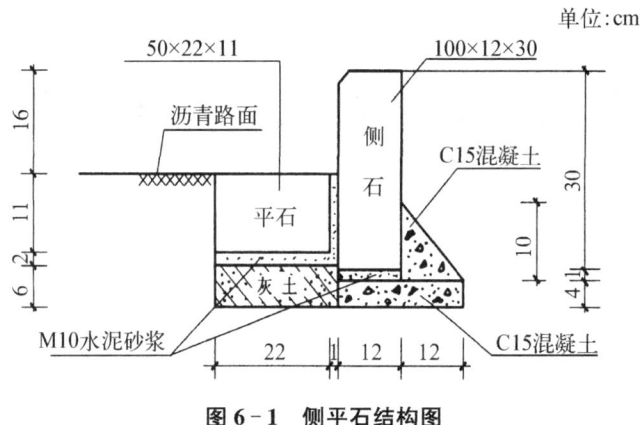

图 6-1 侧平石结构图

城市道路最常见的设置方式。为准确地保证锯齿形偏沟的坡度变动,使其充分发挥其作用,并有利于路面施工或使路面边缘能够被机械充分压实,应采用立石与平石结合铺设,特别是设置锯齿形偏沟的路段。

在城市水泥混凝土路面工程中,只排砌侧石,不排砌平石;在城市沥青类路面工程中,路面的边缘需排砌侧石和平石,规格尺寸见图 6-2。平石与沥青路面平接,平石的顶面高程应符合路拱曲线的要求,侧石的作用是支护外侧的人行道或绿化带。

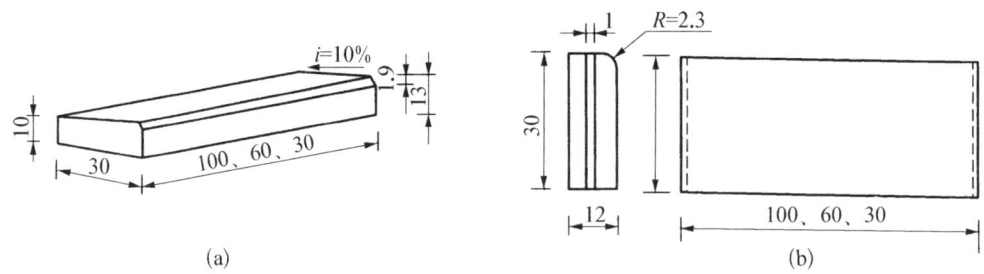

图 6-2 侧平石规格示意图(单位:cm)
(a) 平石;(b) 侧石

二、侧平石的施工工艺流程

侧平石的施工工艺流程如图 6-3 所示。

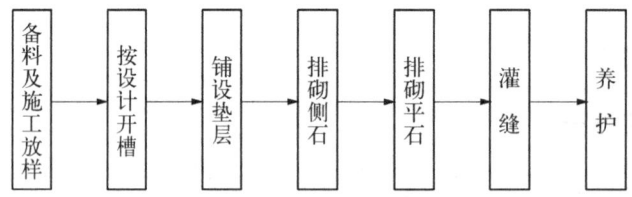

图 6-3 侧平石施工工艺流程

1. 备料及施工放样

(1) 根据道路中心线,量出路面边界,进行边线放样,定出边桩。侧平石安装的控制桩测设,在直线部分桩距为 10~15 m,弯道部分桩距 5~10 m,路口处桩距加密到 1~5 m。

(2) 根据路面设计纵坡与侧石纵坡相平行的原则,定出侧石标高与侧石平面位置。

2. 开槽

根据设计定出槽底标高进行开槽。按边桩标高拉线,以线为准,向外挖槽,宽度比侧石厚度宽 5 cm,靠近路面一侧尽量和线拉齐,挖槽深度比埋置深度深约 1~2 cm,槽底要整平。

3. 铺垫层

按设计厚度铺垫并加夯实。

4. 排砌侧石

侧石的垫层可铺 2 cm 的 1∶3 水泥砂浆(或混合砂浆),按放线位置安装侧平石,每块侧石间要平、齐、紧、直,缝宽 1 cm。侧石高低不一致的调整:高的可在顶面垫木条或橡皮锤夯击使之下沉;低的用撬棍将其撬高,并在下面垫混凝土或砂浆。

校核样桩位置及标高,标上侧石顶面标高,用一道麻线控制顶面,另一道麻线控制侧面。

按设计高度,在垫层上铺基础材料,拍实刮平,使基础表面离标高麻线的距离相当于侧石高度,将侧石轻放于基础上。排放 5~10 m 后,用平板尺校核,每块侧石间要平、齐、紧、直,合格后再坞护脚(见图 6-4)。

5. 排砌平石

根据设计的侧平石高差,用粉袋或墨斗标出平石的顶面及底面线。

按挑水点(分水)及进水口的高程,铺砌平石基础及平石,以符合"锯齿形"要求。同时,平石靠路一边尽量排成一直线,使其与路中线纵坡一致,而平石横坡在进水口处应较大。

图 6-4 侧石铺砌

图 6-5 灌缝

6. 灌缝

侧平石排砌 10~20 m 后,应用 1∶2~1∶3 砂浆灌入接缝,保持缝宽 1 cm,灌缝后要整齐勾缝,侧石勾缝应做成凹缝(见图 6-5)。

7. 养护

侧平石在灌缝整齐勾缝之后,应进行湿治养护工作,使它能在很好的湿度条件下,起凝结作用,以免砼在形成强度之前过分收缩而裂缝。

当灌缝表面已有相当硬度(手按无痕)时,可用湿草包或湿麻袋覆盖,同时浇水,一般养护期为 3~7 d。

6.1.2 人行道施工

一、人行道的概念

人行道设置在城市道路的两侧,起到保障行人交通安全和保证人车分流的作用。人行道按材料分为沥青混凝土、水泥混凝土和各类预制步砖等品种。其中水泥混凝土人行道有一般预制块、连锁砌块和现场浇筑三种;工业废渣压制的锚口步砖、地砖现已基本上取代了混凝土预制块。建筑材料贴面有大理石贴面、瓷砖陶土地面砖贴面等。

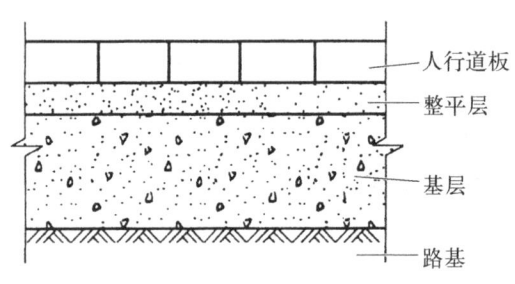

图 6-6 人行道结构图

人行道面常用预制人行道板块铺筑而成,这是一种最常见的铺筑形式。预制块又分为普通板、彩色板和导盲的触感板三种。一般由人工挂线铺砌,常在车行道铺筑完毕后进行。人行道结构见图 6-6。

二、预制块人行道的施工工艺流程

预制块人行道施工工艺流程见图 6-7。

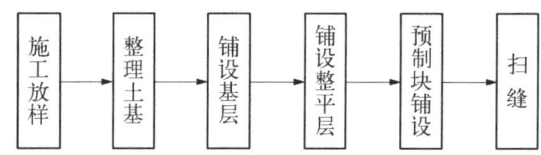

图 6-7 预制块人行道施工工艺流程

1. 施工放样

根据设计标高和宽度,定出边桩和边线,在桩上划出面层标高,桩距直线段 1 根/10 m,曲线段加密。侧石顶面作为人行道外侧标高控制点,根据设计宽度和横坡,算出横向高差值,测设出内侧控制点。

2. 整理土基

挖、填按路基施工方法和要求进行。压实采用小型夯实机械。

图 6-8 预制块人行道铺砌

3. 铺基层

按设计铺基层,并压实整平,控制好标高。

4. 铺设垫层

用细粒料拍实刮平,控制好厚度,垫层应超前面层 1 m 以上,不得随铺随砌。

5. 预制块人行道铺设(见图 6-8)

一般采用挂线定位法,步骤为:

(1) 以一条横缝为基准线,在人行道内边线,用铁钎拉出放样麻线,沿放样麻线,每隔一块板宽度,钉铁钎一根,用麻线在横向上拉出,其中铁钎一端高度与放样麻线相平,另一端骑跨在侧石外侧,平行于基准横缝后用垂球张紧。

(2) 在麻线与侧石顶面之间垫一块 5 mm 的垫块。
(3) 用橡皮锤轻击,以使预制块平整稳实,并使高度与挂线齐平。
(4) 在人行道转角处,扇状空隙用现浇水泥砼补平。
(5) 在里弄、工厂等进出口路面同人行道的接头,应用牛腿式侧石做成斜坡式。出口处侧石应比平石高出 2 cm,以利排水。

6. 扫缝

预制板铺砌完毕并合格后,用垫层材料扫缝并洒水,使灌缝料下沉,再扫缝补足至缝隙饱满为止。施工完毕后,表面砂浆要清扫干净,用扫帚扫出道砖本色。

6.1.3 挡土墙施工

一、挡土墙的概念

挡土墙是指支承路基填土或山坡土体、防止填土或土体变形失稳的构造物。

二、挡土墙的组成

在挡土墙横断面中,与被支承土体直接接触的部位称为墙背;与墙背相对的、临空的部位称为墙面;与地基直接接触的部位称为基底;与基底相对的、墙的顶面称为墙顶;基底的前端称为墙趾;基底的后端称为墙踵(见图 6-9)。

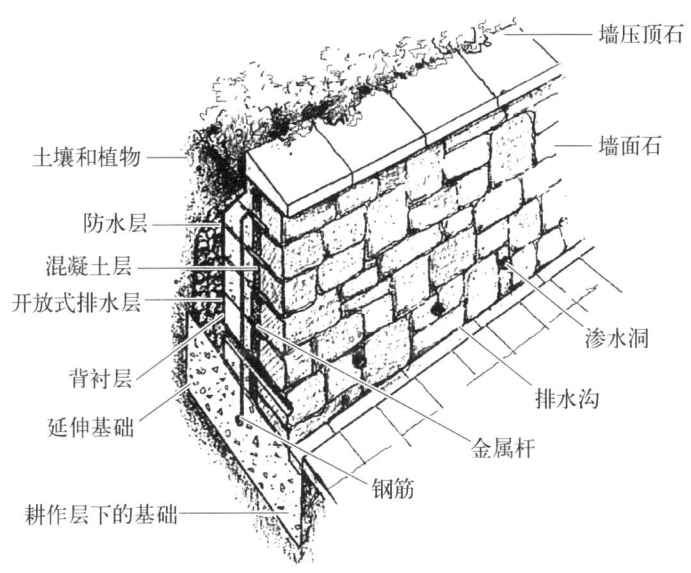

图 6-9 挡土墙组成

三、挡土墙的类型

挡土墙按其位置分,可分为路堑挡墙、路堤挡墙、路肩挡墙;按材料分,可分为石砌挡墙、混凝土挡墙、钢筋混凝土挡墙、砖砌挡墙、钢板挡墙和木制挡墙;按结构形式分,可分为重力式、衡重力式、悬臂式、锚杆式、拱式、锚碇板式、板桩式和加筋土式。

四、施工准备

1. 技术准备

(1) 图纸会审已经完成并进行了设计交底。

(2) 根据施工组织设计编制详细的施工方案,上报监理并得到审批。

(3) 材料报验已上报并得到批准。

(4) 施工人员获得技术交底和安全交底。明确施工范围的地下管线情况、基坑宽度、放坡坡度、基坑深度等。

2. 材料准备

(1) 商品混凝土:选择合格的商品混凝土厂家,进行配合比设计及试验。

(2) 钢筋:具有出厂质量证明书及试验报告单,进场后按批次抽取试样进行复验、见证取样检验,合格后方可使用。

(3) 防水材料:进场的材料应提供本年度有效的有资质检验单位的质量检测报告、企业出厂检测报告和产品合格证,进场后进行见证试验。

(4) 模板:结构模板可选用组合钢模板、木模板、全钢大模板等多种形式,施工中应结合工程特点、质量要求等确定;支撑所用方木、钢管等规格应符合模板设计要求。

3. 作业条件

(1) 施工范围内妨碍施工的现况地上障碍物已拆除或改移完毕,基坑范围内的现况地下管线调查清楚,并标识醒目;与结构冲突的制定加固或改移方案,与结构不冲突的制定保护方案。

(2) 现场用水、电已落实。

(3) 根据施工图和现场情况,确定施工顺序。

(4) 现场道路畅通,施工场地已清理平整,必要时进行碾压、夯实处理,满足施工机械作业要求。

五、混凝土挡土墙施工

1. 工艺流程

测量放线→基础土方开挖→基础处理→基础钢筋绑扎→支立基础模板→基础混凝土浇筑→墙体钢筋绑扎→支立墙体模板→墙体混凝土浇筑→养护及拆模→挡土墙顶混凝土浇筑→回填土。

2. 测量放线

基槽放样:用全站仪定出基槽的实际位置,根据基础位置放出基槽开挖边线(撒白灰线并打桩),经复核准确无误后,将控制桩钉在不易被扰动的地点,绘出坐标高程控制网,填写测量成果表,核验后,准备基槽开挖。

3. 基础施工

基础土方可采用机械开挖、人工配合,槽底留 20 cm 由人工清除,避免扰动地基原状土。基槽挖至设计高程后,对槽底进行钎探试验,确定地基承载力;同时约请业主单位、勘察单位、设计单位及监理单位对槽底进行验槽;如槽底土质不良或承载力不够,应与各单位商定相应的处理方法。

(1) 在松软地层或坡积层地段开挖时,基坑不宜全段贯通,而应采用跳槽办法开挖以防上部失稳。当基底土质为碎石土、砂砾土、砂性土、黏性土等,将其整平夯实。基础开挖大多采用明挖。

(2) 当遇有基底软弱或土质不良地段时,可按以下方法分部进行处理:

1) 当地基软弱,地形平坦,墙身又超过一定高度时,可减少地基压应力,增加抗倾覆稳定,可在墙趾处伸出一个台阶,以拓宽基础。如地基压应力超过地基承载力过多时,为避免台阶过多,可采用钢筋混凝土底板。

2) 如地层为淤泥质土、杂质土等,可采用砂砾、碎石、矿渣灰土等材料换填夯实或采用砂桩、石灰桩、碎石桩、挤淤法、土工织物及粉体喷搅等方法分别予以处理。

3) 基坑开挖大小,需满足基础施工的要求。渗水土的基坑要根据基坑排水设施(包括排水沟、集水坑、网管)和基础模板等大小而定。一般基坑底面宽度应比设计尺寸各边增宽 0.5～1.0 m,以免影响施工,基坑开挖坡度按地质、深度、水位等具体情况而定。

4) 任何土质基坑开挖至标高后不得长时间暴露、扰动或浸泡而削弱其承载力。一般土质基坑挖至接近标高时,保留 10～20 cm 的厚度,在基础施工前以人工突击挖除。基底应尽量避免超挖,如有超挖或松动,应回填砂石料并夯实。基坑开挖完成后,应放线复验,确认其位置无误并经监理签认后,方可进行基础施工。基坑抽水应保证砌体砂浆不受水流冲刷。当基础完成,砌筑砂浆强度达到回填要求后,立即回填,以小型机械进行分层压实,并在表层稍留向外斜坡,以免积水浸泡基础底。

4. 钢筋绑扎

(1) 施工时测量人员放出基础边线。

(2) 钢筋尺寸按设计图纸尺寸加工,钢筋表面干净无锈迹污垢,钢筋绑扎必须扎紧,不得有松动、位移等情况,绑丝头必须弯曲背向模板。

(3) 焊接钢筋前不得有水锈油渍,焊缝处不得咬肉、裂纹、夹渣,焊皮应敲除干净。双面焊缝长度不小于 5 d,单面焊缝长度不小于 10 d。

(4) 严格控制墙体预埋钢筋位置,保证准确无误并与基础钢筋连接牢固。

(5) 绑扎或焊接成型的钢筋必须牢固稳定,浇筑混凝土时不得松动和变形。

(6) 墙体钢筋安装应在立模前施工。安装模板特别是扶壁式挡土墙,钢筋不易校正其位置偏差,因此钢筋安装绑扎必须控制到位,一般控制方法是搭架支撑,控制钢筋在顶端的准确位置,拉紧固定。

(7) 钢筋加工与安装偏差应符合设计和验收规范的要求。

5. 支立模板

使用钢模板支模,模板必须稳定牢固,模板拼缝严密不露浆,模板隔离剂涂刷均匀,不得污染钢筋。在挡土墙基础错台或分段处留沉降缝,沉降缝缝宽 2 cm,填塞沥青木丝板。基础模板允许偏差符合施工规范要求。

(1) 混凝土底板可以在基础上直接立模,钢筋混凝土底板则需先浇垫层,在垫层上放线扎钢筋立模。基础模板的反撑,不宜直接落在土基上,应加垫木。钢筋混凝土施工时,应注意钢筋的保护层厚度。墙体的钢筋应安装到位,并且有可靠的固定措施。混凝土的施工缝尽量避免设置在基础与墙体的分界面。

(2) 墙体模板可使用木模以及整体模板,或滑模和翻模。

1) 基本要求:挡土墙分段施工,相邻段应错开。

2) 按位置线安装墙体模板,模板应牢固,下口处加扫地方木,模内加方木支撑,以防模板在浇筑混凝土时松动、跑模。

3) 按照模板设计方案先拼装好一面模板并按位置线就位,然后安装拉杆及斜撑,安装套管及穿墙螺栓,穿墙螺栓规格和间距在模板设计中应明确规定。

4) 清扫墙内杂物,再安装另一侧模板,调整支撑至模板垂直后拧紧对拉螺栓。

5) 模板脱模剂涂刷应均匀,不得污染钢筋。

6) 模板安装完成后,检查扣件、螺栓是否牢固,模板拼缝及下口是否严密,并办理验收手续。

7) 整体模板技术:由面板、筋肋和支撑件构成,面板常用胶合板、竹胶板或木板;筋肋可用木条、型钢或冲压件。挡土墙对模板接缝要求不是很高,可不用拼接件而直接安装,安装时从转角处开始,注意控制对角线和模板坡度。整体模板一般用于专用支撑,有时可用临时支撑。也可用对销螺栓来平衡混凝土侧压力。为了方便拆模,模板表面应涂刷隔离剂,拆模在混凝土成型 24 h 以后,不能太迟,以免增加拆模的难度。

8) 挡土墙模板安装允许偏差见表 6-1。

表 6-1 挡土墙模板安装允许偏差

序号	项目		允许偏差(mm)	检验频率		检验方法
				范围	点数	
1	相邻两板表面高差(mm)	刨光模板	2		4	用钢尺和塞尺量测
		不刨光模板	3			
		钢模板	4			
2	表面平整度(mm)	刨光模板	3	20 m	4	用 2 m 直尺和塞尺量测
		不刨光模板	4			
		钢模板	5			
3	垂直度		≤0.1%H≤6		2	用垂线或经纬仪量
4	杯槽内尺寸(mm)		+3,-5		3	用钢尺量,长宽高各 1 点
5	轴线偏位(mm)		10		2	用经纬仪量,纵横各 1 点
6	顶面高程(mm)		+2,-5		1	用水准仪测量

6. 混凝土浇筑

(1) 施工中使用振捣棒振捣,做到充分均匀振捣密实,避免露筋和出现蜂窝、孔洞。基础混凝土初凝前将与墙体连接部位混凝土进行凿毛处理,以保证墙体混凝土与基础混凝土结合紧密。混凝土浇筑完成后及时覆盖洒水养护。

(2) 墙体混凝土现浇前,对挡土墙顶面高程进行标示,且提前复核无误。

(3) 在浇筑前对模板、支撑、钢筋、预埋件、预留孔洞等进行检查,检查支架、支撑的稳定性、牢固性、模板板缝的严密性和对拉螺栓的可靠性,并使其符合设计和施工要求。

(4) 与底板的湿接部位,应事先凿毛,并使其表面洁净。对湿接部位视其干燥程度,适当洒水湿润;木模板也应润湿。在浇筑前清除钢筋上的油渍和黏附在模板上的泥土等杂物,模板的缝隙和洞口应封堵严密,模板内不得存有积水。

(5) 挡土墙混凝土宜分层进行浇筑,并一次性连续浇筑完成。采用插入式振捣器振捣时,浇筑层厚为振捣器作用部分长度的 1.25 倍。浇筑过程中严格控制浇筑速度,不可过快,混凝土自由落差不大于 2 m。振捣采用插入式振捣棒,振捣时移动间距不得超过振捣棒作用半径的 1.5 倍,且保持与侧模的距离在 5~10 cm、插入下层混凝土 5~10 cm。每一处振捣完毕后边振动边徐徐拔出振捣棒,振动时避免碰撞模板、钢筋等,在每一处振捣部位延续时间应使混凝土表面呈现浮浆和不再沉落为度。

7. 养护及拆模

(1) 混凝土浇筑完成后,应覆盖洒水养护,洒水次数应能保持混凝土湿润,养护期不少于 7 d。

(2) 当混凝土强度达到设计强度的 75% 以上时,方可拆除侧面模板。

(3) 首先逐段松开并拆除拉杆,一次松开长度不宜过大,不允许以猛烈的敲打和强扭等方式进行。

(4) 逐块拆除模板,拆除时注意保护墙体,防止损坏。

(5) 将模板与支撑拆除后应维修整理,分类妥善存放。

8. 回填土

不得使用杂质和腐殖土,应选用透水性好的砂砾或砂砾土回填。回填应分层进行,根据选用的压实机具确定每层虚铺厚度。挡土墙背后回填透水层应保证设计宽度和厚度,随填土进度同步进行,填土时不得污染透水层。泄水孔应按设计位置施工,泄水孔应贯通不得堵塞。泄水孔尺寸可视水量大小分别采用 5 cm×10 cm、10 cm×10 cm、15 cm×20 cm 方孔,或直径 5~10 cm 圆孔。泄水孔间距一般为 2~3 m,由下向上交错设置,最下排泄水孔的底部应高出地面或排水沟底 0.3 m。

思考与练习

1. 简述侧平石施工工艺流程。
2. 简述预制块人行道施工工程流程。
3. 什么是侧平石?其作用是什么?
4. 人行道的种类有哪些?
5. 什么是挡土墙?其组成部分有哪些?

任务 2 道路附属工程施工质量验收和资料管理

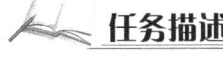

任务描述

在侧平石和人行道施工过程中及施工完成后,施工单位项目部的质量管理人员须对其施工质量进行控制、检查和检验,并按规范要求形成相应的资料。

任务分析

侧平石和人行道工程作为道路附属工程,其质量的好坏直接关系着整个道路工程质量的好坏,影响着整个道路工程尽早投入运营。因此,施工过程中要确保道路附属工程质量合格。同时,工程资料作为工程竣工验收的必备资料,在质量检验、检查的过程中应做好完整的质量检查记录。

 **方法与步骤**

施工质量验收和资料管理流程与道路工程其他分项工程相同,具体见项目3任务2图3-10所示。

6.2.1 施工物资检查和资料管理

一、侧平石

侧平石应符合下列规定:

(1)侧平石宜由加工厂生产,并应提供产品强度、规格尺寸等技术资料及产品合格证。

(2)侧平石宜采用石材或预制混凝土标准块。路口、隔离带端部等曲线段侧平石,宜按设计弧形加工预制,也可采用小标准块。

(3)石质侧平石应采用质地坚硬的石料加工,强度应符合设计要求,宜选用花岗石。

1)剁斧加工石质侧平石允许偏差应符合表6-2的规定。

表6-2 剁斧加工石质侧平石允许偏差

项 目		允许偏差(mm)
外形尺寸	长	±5
	宽	±2
	厚(高)	±2
外露面细石面平整度		3
对角线长度差		±5
剁斧纹路		应直顺、无死坑

2)机具加工石质侧平石允许偏差应符合表6-3的规定。

表6-3 机具加工石质侧平石允许偏差

项 目		允许偏差(mm)
外形尺寸	长	±4
	宽	±1
	厚(高)	±2
对角线长度差		±4
外露面平整度		2

(4)预制混凝土侧平石应符合下列规定:

1)混凝土强度等级应符合设计要求。设计未规定时,不得小于C30。侧平石弯拉与抗压强度应符合表6-4的规定。

2)侧平石吸水率不得大于8%。有抗冻要求的侧平石经50次冻融试验(D50)后,质量损失率应小于3%,抗盐冻性侧平石经ND25次试验后,质量损失应小于0.5 kg/m^2。

表 6-4 侧平石弯拉与抗压强度

直线侧平石			直线侧平石(含圆形、L形)		
弯拉强度(MPa)			抗压强度(MPa)		
强度等级 C_f	平均值	单块最小值	强度等级 C_c	平均值	单块最小值
$C_f 3.0$	≥3.00	≥2.40	$C_c 30$	≥30.0	24.0
$C_f 4.0$	≥4.00	≥3.20	$C_c 35$	≥35.0	28.0
$C_f 5.0$	≥5.00	≥4.00	$C_c 40$	≥40.0	32.0

注：直线侧平石用弯拉强度控制，L形或弧形侧平石用抗压强度控制。

3) 预制混凝土侧平石加工尺寸允许偏差应符合表 6-5 的规定。

表 6-5 预制混凝土侧平石加工尺寸允许偏差

项　目	允许偏差(mm)	项　目	允许偏差(mm)
长　度	+5 -3	高　度	+5 -3
宽　度	+5 -3	平整度	≤3
		垂直度	≤3

4) 预制混凝土侧平石外观质量允许偏差应符合表 6-6 的规定。

表 6-6 预制混凝土侧平石外观质量允许偏差

项　目	允许偏差
缺棱掉角影响顶面或正侧面的破坏最大投影尺寸(mm)	≤15
面层非贯穿裂纹最大投影尺寸(mm)	≤10
可视面粘皮(脱皮)及表面缺损最大面积(mm^2)	≤30
贯穿裂纹	不允许
分层	不允许
色差、杂色	不明显

(5) 侧平石基础宜与相应的基层同步施工。

(6) 安装侧平石的控制桩，直线段桩距宜为 10~15 m；曲线段桩距宜为 5~10 m；路口处桩距宜为 1~5 m。

(7) 侧平石应以干硬性砂浆铺砌，砂浆应饱满、厚度均匀。侧平石砌筑应稳固、直线段顺直、曲线段圆顺、缝隙均匀；侧平石灌缝应密实，平缘石表面应平顺不阻水。

(8) 侧平石背后宜浇筑水泥混凝土支撑，并填土夯实。填土夯实宽度不宜小于 50 cm，高度不宜小于 15 cm，压实度不得小于 90%。

(9) 侧平石宜采用 M10 水泥砂浆灌缝。灌缝后，常温期养护不得少于 3 d。

(10) 外观质量：

1)侧平石排砌稳固,线直弯顺,侧石顶面平齐,平石排水顺畅;
2)侧平石灌缝饱满,填缝密实、沟抹光洁。
检验数量:全部。
检验方法:观察。
(11)侧平石质量检验标准及允许偏差应符合表6-7的规定。

表6-7 侧平石施工质量检验标准及允许偏差

项次		检查项目	单位	规定值及允许偏差	检验频率		检验方法
					范围	点/次	
主控项目	1	直顺度	mm	≤10	100 m	1	20 m小线量取最大值
	2	侧平石顶面高程	mm	±10	20 m	1	水准仪
一般项目	3	相邻块高差	mm	≤3	20 m	1	直尺、塞尺量
	4	缝宽	mm	±3	20 m	1	钢尺量
	5	侧石外露面高度	mm	±10	20 m	1	钢尺量

二、人行道

人行道铺筑应符合下列规定:
(1)人行道应与相邻建(构)筑物接顺,不得反坡。
(2)有特殊要求的人行道,应按设计要求及现场条件制定铺装方案及验收标准。
(3)料石与预制砌块铺砌人行道面层:
1)料石应表面平整、粗糙,色泽、规格、尺寸应符合设计要求,其抗压强度不宜小于80 Mpa,且应符合表6-8的要求。

表6-8 石材物理性能和外观质量

项	目	单 位	允许值	注
物理性能	饱和抗压强度	Mpa	≥80	
	饱和抗折强度	Mpa	≥9	
	体积密度	g/cm³	≥2.5	
	磨耗率(狄法尔法)	%	<4	
	吸水率	%	<1	
	孔隙率	%	<3	
外观质量	缺棱	个	1	面积不超过 5 mm×10 mm,每块板材
	缺角	个		面积不超过 2 mm×2 mm,每块板材
	色斑	个		面积不超过 15 mm×15 mm,每块板材
	裂纹	条	1	长度不超过两端顺延至板边总长度的1/10(长度小于20 mm不计)每块板
	坑窝	—	不明显	粗面板材的正面出现坑窝

注:表面纹理垂直于板边沿,不得有斜纹、乱纹现象,边沿直顺、四角整齐,不得有凹、凸不平现象。

2) 料石加工尺寸允许偏差应符合表6-9的规定。

表6-9 料石加工尺寸允许偏差

项　　目	允许偏差(mm)	
	粗　面　材	细　面　材
长、宽	0 −2	0 −1.5
厚(高)	+1 −3	±1
对角线	±2	±2
平面度	±1	±0.7

3) 水泥混凝土预制人行道砌块的抗压强度应符合设计规定，设计未规定时，不宜低于30Mpa。砌块应表面平整、粗糙、纹路清晰、棱角整齐，不得有蜂窝、露石、脱皮等现象；彩色道砖应色彩均匀。预制人行道砌块加工尺寸与外观质量允许偏差应符合表6-10的规定。

表6-10 预制人行道砌块加工尺寸与外观质量允许偏差

项　　目	允许偏差(mm)
长度、宽度	±2.0
厚　度	±3.0
厚度差[①]	≤3.0
平面度	≤2.0
垂直度	≤2.0
正面粘皮及缺损的最大投影尺寸	≤5
缺棱掉角的最大投影尺寸	≤10
非贯穿裂纹长度最大投影尺寸	≤10
贯穿裂纹	不允许
分层	不允许
色差、杂色	不明显

注：① 表示同一砌块厚度差。

4) 料石、预制砌块宜由预制厂生产，并应提供强度、耐磨性能试验报告及产品合格证。
5) 预制人行道料石、砌块进场后，应经检验合格后方可使用。
6) 盲道铺砌除应符合规范的有关规定外，尚应符遵守下列规定：
① 行进盲道砌块与提示盲道砌块不得混用。
② 盲道必须避开树池、检查井、杆线等障碍物。
7) 路口处盲道应铺设为无障碍形式。
(4) 沥青混合料铺筑人行道面层。

1) 施工中应根据场地环境条件选择适宜的沥青混合料摊铺方式与压实机具。
2) 沥青混凝土铺装层厚不得小于 3 cm,沥青石屑、沥青砂铺装层厚不得小于 2 cm。
3) 压实度不得小于 95%。表面应平整,无明显轮迹。
4) 施工中尚应符合规范的有关规定。

三、挡土墙

挡土墙应符合下列规定:

(1) 挡土墙基础地基承载力必须符合设计要求,且经检测验收合格后方可进行后续工序施工。

(2) 施工中应按设计规定施作挡土墙的排水系统、泄水孔、反滤层和结构变形缝。

(3) 当挡土墙墙面需立体绿化时,应报请建设单位补充防止挡土墙基础浸水下沉的设计。

(4) 墙背填土应采用透水性材料或设计规定的填料,土方施工应符合人行地道结构的有关规定。

(5) 挡土墙顶设帽石时,帽石安装应平顺、坐浆饱满、缝隙均匀。

(6) 当挡土墙顶部设有栏杆时,栏杆施工应符合国际现行标准《城市桥梁施工与质量验收规范》(CJJ2)的有关规定。

6.2.2 检验批质量检验和质量验收记录

一、侧平石

1. 主控项目

混凝土路缘石强度应符合设计要求。

检查数量:每种、每检验批 1 组(3 组)。

检验方法:查出厂检验报告并复验。

2. 一般项目

(1) 路缘石应砌筑稳固、砂浆饱满、勾缝密实,外露面清洁、线条顺畅,平缘石不阻水。

检查数量:全数检查。

检验方法:观察。

(2) 立缘石、平缘石安砌允许偏差应符合表 6-11 的规定。

表 6-11 立缘石、平缘石安砌允许偏差

项 目	允许偏差 (mm)	检验频率 范围(m)	检验频率 点数	检验方法
直顺度	≤10	100	1	用 20 m 线和钢尺量①
相邻块高差	≤3	20	1	用钢板尺和塞尺量①
缝宽	±3	20	1	用钢尺量①
顶面高程	±10	20	1	用水准仪测量

注:1. ① 表示随机抽样,量 3 点取最大值;
    2. 曲线段缘石安装的圆顺度允许偏差应结合工程具体制定。

3. 检验批质量验收记录

填写侧平石工程检验批质量记录表(表6-12)。

表6-12 侧平石安砌检验批质量验收记录表

单位(子单位)工程名称													
分部(子分部)工程名称								验收部位					
施工单位								项目经理					
分包单位								分包项目经理					
施工执行标准名称及编号				城镇道路工程施工与质量验收规范 CJJ 1—2008									
施工质量验收规范的规定					施工单位检查评定记录							监理(建设)单位验收记录	
主控项目	1	混凝土侧平石强度应符合设计要求											
一般项目	1	侧平石的砌筑											
	2	安砌允许偏差(mm)	直顺度	≤10									
	3		相邻块高差	≤3									
	4		缝宽	±3									
	5		顶面高程	±10									

施工单位检查评定结果	专业工长(施工员) 施工班组长 项目专业质量检查员： 年 月 日
监理(建设)单位验收结论	 专业监理工程师： (建设单位项目专业技术负责人)： 年 月 日

二、人行道

以水泥混凝土预制块人行道(含盲道)的铺筑为例,进行检验批质量检验和质量验收记录的介绍。

混凝土预制砌块铺筑人行道(含盲道)质量检验应符合下列规定:

1. 主控项目

(1) 路床与基层压实度应符合大于或等于90%的规定。

检查数量:每100 m查2点。

检验方法:环刀法、灌砂法、灌水法。

(2) 混凝土预制砌块(含盲道砌块)强度应符合设计规定。

检查数量:同一品种、规格,每检验批1组。

检验方法:查抗压强度试验报告。

(3) 砂浆平均抗压强度等级应符合设计规定,任一组试件抗压强度最低值不应低于设计强度的85%。

检查数量:同一配合比,每1 000 m² 1组(6块),不足每1 000 m²取1组。

检验方法:查试验报告。

(4) 盲道铺砌应正确。

检查数量:全数检查。

检验方法:观察。

2. 一般项目

(1) 铺砌应稳固、无翘动,表面平整、缝线直顺、缝宽均匀、灌缝饱满,无翘边、翘角、反坡、积水现象。

(2) 预制砌块铺砌允许偏差应符合表6-13的规定。

表6-13 预制砌块铺砌允许偏差

项 目	允许偏差	检验频率		检 验 方 法
		范 围	点 数	
平整度(mm)	≤5	20 m	1	用3 m直尺和塞尺连续量2尺,取较大值
横坡(%)	±0.3%且不反坡	20 m	1	用水准仪测量
井框与面层高差(mm)	≤4	每座	1	十字法,用直尺和塞尺量,取最大值
相邻块高差(mm)	≤3	20 m	1	用钢尺量3点
纵缝直顺(mm)	≤10	40 m	1	用20 m线和钢尺量
横缝直顺(mm)	≤10	20 m	1	沿路宽用线和钢尺量
缝宽(mm)	+3 -2	20 m	1	用钢尺量3点

3. 检验批质量记录

填写水泥混凝土预制块铺面工程检验批质量记录表(表6-14)。

表6‑14 水泥混凝土预制砌块铺砌人行道(含盲道)检验批质量检验记录

单位(子单位)工程名称					
分部(子分部)工程名称				验收部位	
施工单位				项目经理	
分包单位				分包项目经理	
施工执行标准名称及编号			城镇道路工程施工与质量验收规范 CJJ 1—2008		
施工质量验收规范的规定				施工单位检查评定记录	监理(建设)单位验收记录
主控项目	1	盲道铺砌应正确			
	2	路床与基层压实度	≥90%		
	3	混凝土预制砌块(含盲道砌块)强度			
	4	砂浆平均抗压强度等级			
一般项目	1	铺砌表面			
	2	预制砌块铺砌允许偏差	平整度(mm)	≤5	
	3		横坡(%)	±0.3%且不反坡	
	4		井框与面层高差(mm)	≤4	
	5		相邻块高差(mm)	≤3	
	6		纵缝直顺(mm)	≤10	
	7		横缝直顺(mm)	≤10	
	8		缝宽(mm)	+3,−2	
施工单位检查评定结果		专业工长(施工员)		施工班组长	
		项目专业质量检查员:			年 月 日
监理(建设)单位验收结论		专业监理工程师: (建设单位项目专业技术负责人):			年 月 日

三、挡土墙

以现浇钢筋混凝土挡土墙为例,进行检验批质量检验和质量验收记录的介绍。

现浇钢筋混凝土挡土墙质量检验应符合下列规定:

1. 主控项目

(1) 地基承载力应符合设计要求。

检查数量:每道挡土墙基槽抽检3点。

检验方法:查触(钎)探检测报告、隐蔽验收记录。

(2) 钢筋品种和规格、加工、成型、安装与混凝土强度应符合相关规定。

2. 一般项目

(1) 混凝土表面应光洁、平整、密实,无蜂窝、麻面、露筋现象,泄水孔通畅。

检查数量:全数检查。

检验方法:观察。

(2) 钢筋加工与安装偏差应符合表6-15和表6-16的规定。

表6-15 钢筋加工允许偏差

项 目	允许偏差(mm)	检验频率		检验方法
		范围	点数	
受力钢筋成型长度	+5 −10	每根(每一类型抽查10%且不少于5根)	1	用钢尺量
箍筋尺寸	0 −3		2	用钢尺量,高、宽各1点

表6-16 钢筋成型与安装允许偏差

项 目	允许偏差(mm)	检验频率		检验方法
		范围(m)	点数	
配置两排以上受力筋时钢筋的排距	±5	10	2	用钢尺量
受力筋间距	±10		2	用钢尺量
箍筋间距	±20		2	5个箍筋间距量1尺
保护层厚度	±5		2	用尺量

(3) 现浇混凝土挡土墙允许偏差应符合表6-17的规定。

表6-17 现浇混凝土挡土墙允许偏差

项 目		规定值或允许偏差	检验频率		检验方法
			范围	点数	
长度(mm)		±20	每座	1	用钢尺量
断面尺寸(mm)	厚	±5	20 m	1	用钢尺量
	高	±5		1	

续 表

项　　目	规定值或允许偏差	检验频率		检　验　方　法
		范围	点数	
垂直度	≤0.15% H 且≤10 mm	20 m	1	用经纬仪或垂线检测
外露面平整度(mm)	≤5		1	用2 m直尺、塞尺量取最大值
顶面高程(mm)	±5		1	用水准仪测量

注：表中 H 为挡土墙板高度。

(4)路外回填土压实度应符合设计规定。

检查数量：路外回填土每压实层抽检3点。

检验方法：环刀法、灌砂法或灌水法。

(5)预制混凝土栏杆允许偏差应符合表6-18的规定。

表6-18 预制混凝土栏杆允许偏差

项　　目	允许偏差	检验频率		检验方法
		范　围	点　数	
断面尺寸(mm)	符合设计规定	每件(每类型)抽查10%，且不少于5件	1	观察、用钢尺量
柱高(mm)	0 +5		1	用钢尺量
侧向弯曲	≤L/750		1	沿构件全长拉线量最大矢高
麻面	≤1%		1	用钢尺量麻面总面积

注：L 为构件长度。

(6)栏杆安装允许偏差应符合表6-19的规定。

表6-19 栏杆安装允许偏差

项　　目		允许偏差 (mm)	检验频率		检　验　方　法
			范围	点数	
直顺度	扶手	≤4	每跨侧	1	用10 m线和钢尺量
垂直度	栏杆柱	≤3	每柱(抽查10%)	2	用垂线和钢尺量， 顺、横桥轴方向各1点
栏杆间距		±3	每柱(抽查10%)	1	用钢尺量
相邻栏杆 扶手高差	有柱	每柱(抽查10%)			
	无柱	≤2	每柱(抽查10%)		
栏杆平面偏位		≤4	每30 m	1	用经纬仪和钢尺量

注：现场浇筑的栏杆、扶手和钢结构栏杆、扶手的允许偏差可参照本款办理。

3. 检验批质量检验记录

填写现浇钢筋混凝土挡土墙地基分项工程检验批质量记录(表6-20)。

表 6-20　现浇钢筋混凝土挡土墙地基分项工程检验批质量检验记录

工程名称					
施工单位					
单位工程名称			分部工程名称		
分项工程名称			验收部位		
工程数量		项目经理		技术负责人	
制表人		施工负责人		质量检验员	
交方班组		接方班组		检验日期	
主控项目			检查结果/实测点偏差值或实测值		
1　地基承载力应符合设计要求 检查数量：每道挡土墙基槽抽检 3 点 检验方法：查触(钎)探检测报告、隐蔽验收记录					
平均合格率(%)					
检验结论					
监理(建设) 单位意见					

思考与练习

1. 简述侧平石的质量要求。
2. 简述水泥混凝土预制人行道砌块的质量要求。
3. 简述沥青混合料铺筑人行道面层的质量要求。
4. 水泥混凝土预制块的检验频率是多少？
5. 水泥混凝土预制块铺面的外观质量要求是什么？
6. 水泥混凝土预制块铺面质量检验的主控项目有哪些？一般项目有哪些？
7. 水泥混凝土预制块铺面平整度检验方法是什么？检验频率及允许偏差是多少？

项目 7 工程竣工验收

 **能力目标**

(1) 能按照道路施工质量验收的程序进行工程验收；
(2) 会填写施工质量验收表；
(3) 能根据工程项目档案管理程序进行工程竣工资料管理；
(4) 能进行工程伤亡事故处理。

任务 1 工程竣工质量验收

 **任务描述**

某道路工程施工项目经过施工人员的精心施工，顺利完成了施工任务，在工程竣工通车之前，应进行工程竣工验收，施工管理人员应如何做好工程的竣工质量验收工作呢？

 **任务分析**

竣工验收是道路施工的一个重要阶段，只有通过工程验收的道路施工项目才能进行竣工通车，否则就不能交付使用。竣工验收应在检验批、分项工程、分部工程、单位工程检验合格的基础上进行，工程竣工验收合格，就标志着施工单位基本完成整个施工项目。

 方法与步骤

7.1.1 工程质量验收程序和组织

(1) 检验批及分项工程应由监理工程师组织施工单位项目专业质量负责人等进行验收。

(2) 分部工程应由总监理工程师组织施工单位项目负责人和技术质量负责人等进行验收。

(3) 涉及结构安全及使用功能的关键工序工程由建设单位项目负责人组织总监理工程师、专业监理工程师，施工单位项目、技术、质量负责人，及有关专业设计负责人等进行验收；质量监督机构也应派员参加相关关键工序工程验收。

(4) 单位工程验收应由总监理工程师组织建设单位项目负责人、设计单位项目负责人、施工单位项目经理等进行工程验收。

(5) 工程竣工验收应由建设单位组织验收组进行，验收组人员可由建设、设计、监理、施工等单位的有关负责人组成,亦可邀请相关专家参加。验收组组长应由建设单位有关负责人担任。

(6) 当参加验收各方对工程质量验收意见不一致时,应由政府行政主管部门或工程质量监督机构协调解决。

(7) 工程竣工验收合格后,建设单位应在规定时间内将工程竣工验收和有关文件,报建设行政管理部门备案。

7.1.2 质量验收记录表

一、检验批质量验收记录表

检验批质量验收记录由施工项目专业质量检查员填写,监理工程师组织项目专业质量检查员等进行验收,并填写检验批质量验收记录表。在本书各项目中均有相应的检验批质量验收表,如项目2中表2-9土路基工程检验批施工质量验收记录表。不同的检验批主控项目和一般项目可参考有关规范要求选定。

二、分项工程质量验收记录表

(1) 分项工程质量验收合格应符合的规定:

1) 分项工程所含检验批均应符合合格质量的规定;

2) 分项工程所含检验批的质量验收记录应完整。

(2) 填写分项工程质量验收记录表。

分项工程质量应由监理工程师组织项目专业技术负责人等进行验收,并按表7-1记录。

表7-1 ＿＿＿＿＿＿分项工程质量验收记录

工程名称		分部工程		检验批数	
施工单位		项目经理		技术负责人	
分包单位		分包单位负责人		项目负责人	
序号	检验批名称	施工单位检查评定结果		监理单位验收意见	
检查结论	项目专业技术负责人: 年 月 日		验收结论	专业监理工程师: 年 月 日	

三、分部工程质量验收记录表

(1) 分部工程质量验收合格应符合的规定：

1) 分部工程所含分项工程的质量均应验收合格；
2) 相关质量保证资料应完整；
3) 设计结构安全和使用功能的关键工序质量应按规定验收合格；
4) 外观质量验收应符合要求。

(2) 填写分部工程质量验收记录表。

分部工程质量应由总监理工程师组织施工单位项目负责人和技术质量负责人等进行验收，并按表 7-2 要求记录。

表 7-2 ＿＿＿＿＿＿分部(子分部)工程质量验收记录

工程名称					
施工单位			部位名称		
项目经理		项目技术负责人		项目质量负责人	
分项工程	序号	名称	检验批数	施工单位检查评定结果	监理单位验收意见
	1				
	2				
	3				
	4				
	5				
	6				
	7				
	8				
	9				
	10				
质量保证资料检查					
关键工序验收					
外观质量验收					
施工单位	施工单位项目技术(质量)负责人： 施工单位项目经理：				年　月　日 年　月　日
监理单位	专业监理工程师： 总监理工程师：				年　月　日 年　月　日

四、关键工序质量验收记录表

关键工序是指对机构安全或使用功能有直接影响的工序。关键工序质量验收应由建设单位项目负责人组织项目有关人员进行验收,并按表7-3填写关键工序质量验收记录。

五、单位工程质量验收记录表

(1)单位工程质量验收(工程质量竣工预验收)合格应符合的规定:
1)所含分部工程的质量均应验收合格;
2)施工质量保证资料应完整;
3)所含分部工程中关键工序验收资料应完整;
4)对实体量测的抽查应符合规范规定要求;
5)外观质量验收应符合要求。
(2)填写单位工程竣工验收汇总记录表。

验收汇总记录表(表7-4)由施工单位填写,验收结论由监理单位填写,综合验收结论由参加验收各方共同商定,建设单位填写,应对工程质量是否符合设计和规范要综合质量水平做出评价。

表7-3 关键工序质量验收记录表

工程名称			
单位工程名称			
部位名称			
验收范围(桩号)			
验收日期			年 月 日
序号	关键工序名称	检查项目名称	检 查 情 况
1			
2			
3			
质量验收意见	施工单位自检意见: 项目技术负责人: 项目经理: 　　　　　　年 月 日		监理单位意见: 总监理工程师: 　　　　　　年 月 日
	设计单位意见: 设计负责人: 　　　　　　年 月 日		建设单位意见: 项目负责人: 　　　　　　年 月 日

7.1.3 城市道路竣工质量验收要求

一、城市道路工程施工质量验收要求

(1) 施工质量应符合规范和相关专业验收规范的规定;
(2) 施工应符合工程勘察、设计文件的要求;
(3) 参加工程施工质量验收的各方人员应具有规定的资格;
(4) 工程质量的验收均应在施工单位自行检查评定合格的基础上进行;
(5) 主体结构技术质量试验(包括道路各层压实度试验、弯沉试验、混凝土弯拉强度、抗压强度检测等)以及主要材料复试,应按规定进行见证取样及平行检测;
(6) 分项工程的质量应按主控项目和一般项目验收;
(7) 承担见证取样和检测的单位应具有相应资质;
(8) 工程的外观质量应由验收人员通过现场检查,并应共同确认。

二、城市道路工程质量竣工验收应符合的规定

(1) 所有单位工程质量均应验收合格;
(2) 单位工程质量中提出的整改项已销项;
(3) 竣工备案资料及归档资料应按规定整理齐全;
(4) 主要性能指标经抽查符合规范的规定;
(5) 验收组对道路工程质量等级提出质量验收意见。

单位工程竣工质量验收汇总记录见表 7-4。

表 7-4 单位工程竣工质量验收汇总记录

工程名称			
施工单位		工程造价	
项目经理		项目技术负责人	
开工日期		竣工日期	
序号	项目	验收记录	验收结论
1	分部工程	共有____个分部,一次性合格____分部,经整改后合格____个分部	
2	质量保证资料	共____项,经检查符合要求____项,其中经整改后符合要求____项	
3	关键工序验收	共____项,经检查符合要求____项,其中经整改后符合要求____项	
4	外观质量验收	共抽查____项,符合要求____项,不符合要求____项,整改____项	
5	综合验收结论		

续 表

参加验收单位	建设单位	设计单位	施工单位	设计单位
	（项目公章） 项目负责人： 年　月　日	（项目公章） 总监理工程师： 年　月　日	（项目公章） 单位负责人： 年　月　日	（项目公章） 项目负责人： 年　月　日

 思考与练习

1. 工程质量验收应如何组织？
2. 城市道路工程质量竣工验收应符合什么规定？

任务2　工程竣工资料验收

 任务描述

某道路施工项目即将完成，施工单位必须对竣工资料进行验收，并按照合同规定进行移交，那么施工管理人员应如何做好工程竣工的资料验收工作呢？

 **任务分析**

竣工资料是工程项目的一个组成部分，有关规范规定档案资料验收不合格的，工程项目不得竣工验收。因此，对于参与建设的施工企业来说，在竣工阶段应按照规范的要求完成资料的归档和验收工作。

 方法与步骤

7.2.1　工程项目档案管理程序

施工技术文件档案的收集、整理、归档工作是一项系统的、技术性很强的工作。

一、施工技术文件的归档范围及质量要求

1. 施工技术归档范围

（1）对与市政工程施工建设有关的重要活动、记载市政工程施工建设主要过程和现状、具有保存价值的各种载体的文件，均应收集齐全，整理立卷后归档。

（2）文件的具体归档范围应符合《市政基础设施工程施工技术文件管理规定》（建城〔2002〕221号）的要求。

2. 归档文件的质量要求

（1）归档的施工技术文件应为原件。

（2）施工技术文件的内容及其深度必须符合国家有关工程勘察、设计、施工、监理等方面的技术规范、标准和规程的要求。如：监理文件按《建设工程监理规范》（GB 50319—

2000)编制;市政工程施工技术文件及其竣工验收文件按照建设部印发的《市政基础设施工程施工技术文件管理规定》(建城〔2002〕221号)编制;竣工图的编制应按国家建委1982年(建发施字50号)《关于编制基本建设竣工图的几项暂行规定》执行。

(3) 施工技术文件的内容必须真实、准确,与工程实际相符合。

(4) 施工技术文件应采用耐久性强的书写材料,如碳素墨水、蓝黑墨水,不得使用易褪色的书写材料,如:红色墨水、纯蓝墨水、圆珠笔、复写纸、铅笔等。

(5) 施工技术文件应字迹清楚,图样清晰,图表整洁,签字盖章手续完备。

(6) 施工技术文件中文字材料幅面尺寸规格宜为A4幅面(297 mm×210 mm)。图纸宜采用国家标准图幅。

(7) 施工技术文件的纸张应采用能够长期保存的韧力大、耐久性强的纸张。图纸一般采用蓝晒图,竣工图应是新蓝图。计算机出图必须清晰,不得使用计算机出图的复印件。

(8) 所有竣工图均应加盖竣工图章。

二、收集和整理

资料的收集工作应贯穿于整个施工过程,收集阶段是整理阶段的基础。资料的整理应注意分门别类地进行,考虑文件的系统性和独立性。

三、组卷与归档

1. 案卷的排列顺序

工程档案资料可按单位工程组卷,文件材料多时可分册装订。每个卷册按封面、目录、文件材料和备考表的顺序排列。

(1) 封面。

1) 案卷封面印刷在卷盒、卷夹的正表面,也可采用内封面形式。

2) 案卷封面的内容应包括:档号、档案馆代号、案卷题名、编制单位、起止日期、密级、保管期限、共几册、第几册(见图7-1)。

档　　　号:＿＿＿＿＿＿
档案馆(室)号:＿＿＿＿＿＿
缩　微　号:＿＿＿＿＿＿

科技档案

档案类别:＿＿＿＿＿＿＿＿＿＿
案卷题名:＿＿＿＿＿＿＿＿＿＿
　　　　　＿＿＿＿＿＿＿＿＿＿
编制单位:＿＿＿＿＿＿＿＿＿＿
编制日期:＿＿＿年＿＿月＿＿日
保管期限:＿＿＿＿＿＿＿＿＿＿
密　　级:＿＿＿＿＿＿＿＿＿＿
　　共　　册　　第　　册

图7-1 案卷封面样式

3) 档号应由分类号、项目号和案卷号组成。档号由档案保管单位填写。

4) 档案馆代号应填写国家给定的本档案馆的编号。档案馆代号由档案馆填写。

5) 案卷题名应简明、准确地揭示卷内文件的内容。案卷题名应包括工程名称、专业名称、卷内文件的内容。

6) 编制单位应填写案卷内文件的形成单位或主要责任者。

7) 起止日期应填写案卷内全部文件形成的起止日期。

8) 保管期限分为永久、长期、短期三种期限。永久是指工程档案需永久保存,长期是指工程档案的保存期限等于该工程的使用寿命,短期是指工程档案保存20年以下。同一案卷内有不同保管期限的文件,该案卷保管期限应从长。密级分为绝密、机密、秘密三种,同一案卷内有不同密级的文件,应从高密级为本卷密级。

(2) 卷内目录。

1) 序号:以一份文件为单位,用阿拉伯数字从1依次标注。

2) 文件编号:填写工程文件原有的文号或图号。

3) 责任者:填写文件的直接形成单位和个人。有多个责任者时,选择两个主要责任者,其余用"等"代替。

4) 文件材料题名:填写文件标题的全称。

5) 日期:填写文件形成的日期。

6) 页次:填写文件在卷内所排的起始页号,最后一份文件填写起止页号。

表7-5 卷内目录样式

顺序号	文件编号	责任者	文件材料题名	日期	页次	备注

(3) 文件材料。

1) 质量技术资料组卷目录。

① 施工组织设计;

② 施工图设计文件会审、技术交底记录;

③ 设计变更通知单、洽商记录;

④ 原材料、成品、半成品、构配件、设备出厂质量合格证书、出厂检(试)验报告和复验报告、施工试验资料;

⑤ 施工记录;

⑥ 测量复核及预检记录;

⑦ 隐蔽工程检查验收记录;

⑧ 工程质量检验评定资料;

⑨ 使用功能试验记录;

⑩ 事故报告;

⑪ 竣工测量资料;

⑫ 竣工图;

⑬ 工程竣工验收文件。

2) 安全生产管理资料组卷目录。

① 安全管理;

② 文明施工;

③ 脚手架(施工方案及验收);

④ 基坑支护、模板工程与"三宝""四口"防护;

⑤ 施工用电;

⑥ 物料提升机、外用电梯与塔吊;

⑦ 起重吊装及施工机具;

⑧ 桩基础工程;

⑨ 验证资料。

(4) 备考表。

卷内备考表(见表7-6)主要标明卷内文件材料的件数、页数及需要说明的问题。备考表排在文件材料尾页之后,应有立卷人签名和立卷时间。

表7-6 备考表样式

本保管单位已编号的材料数量	图 样		张
	文 字		张
	其 他		张
	合 计		张

说明:

编制单位_____ 编制人姓名_____
编制日期_____年____月____日

(5) 案卷装订。

1) 案卷可采用装订与不装订两种形式。文字材料必须装订。既有文字材料,又有图纸的案卷应装订。装订应采用线绳三孔左侧装订法,要整齐、牢固,便于保管和利用。

2) 装订时必须剔除金属物。

(6) 卷盒、卷夹、案卷脊背。

1) 案卷装具一般采用卷盒、卷夹两种形式。

① 卷盒的外表尺寸为 310 mm×220 mm,厚度分别为 20 mm、30 mm、40 mm、50 mm。

② 卷夹的外表尺寸为 310 mm×220 mm,厚度一般为 20~30 mm。

③ 卷盒、卷夹应采用无酸纸制作。

2) 案卷脊背。

案卷脊背的内容包括档号、案卷题名。

四、验收与移交

施工技术文件的验收是工程竣工验收的重要内容之一。在工程竣工验收前,各参建单位的主管(技术)负责人应对本单位形成的施工技术文件进行审查。

(1) 工程竣工验收前,建设单位应组织督促施工单位检查施工技术文件的质量,不符合要求的应限期修改、补齐,甚至重新整理。

(2) 市政工程竣工验收的同时,须有城建档案部门对单位工程的施工技术文件进行预验收,文件完整、准确,才能归档。

(3) 单位工程竣工验收后,施工单位按协议规定的时间,将施工技术文件移交给建设单位,最迟不得超过三个月。

(4) 施工技术文件,一般要求一式三份,由建设单位、施工单位、城建档案馆分别存档。重点建设工程档案要求五份。

(5) 建设单位应将工程竣工文件原件移交给城建档案馆归档。移交时要办理移交手续,填写市政工程竣工档案移交证明表,并由双方单位负责人或建设单位移交人和城建档案馆验收负责人签章。凡列入城建档案馆接收范围的,经城建档案馆验收不合格的,应由城建档案馆责成建设单位重新进行编制,符合要求后重新报送。

7.2.2 竣工验收阶段的质量技术资料

一、竣工总结

(1) 施工总结是施工单位对已竣工的工程项目就施工过程中技术方面的成败得失经过深入总结后的书面概括。认真做好这一工作,对施工单位不断积累经验、完善各项施工技术基础资料、进一步提高技术管理水平有着重要的作用。

(2) 竣工总结一般应包括以下几方面的内容:

1) 工程规模、工程结构形式、开竣工日期等基本情况概述。

2) 施工过程中成功的经验总结,特别是采用新结构、新设备、新材料、新技术、新工艺方面取得的成果,值得推广的行之有效的技术组织措施或应吸取的教训。

3) 落实施工组织设计、实施质量、安全、文明施工、环境保护、降低成本等方面的总体评价,并总结今后应改进和提高的方面。

二、竣工图

1. 工程竣工图的概念

工程竣工图是根据施工过程中实际发生情况所绘制的反映工程建成后实际面貌和构造的一种"定型"图样。它是建筑物、构筑物或管线工程施工结果在图上的反映,是最真实的原始记录,是工程竣工档案资料的重要部分,也是城市规划、建设、管理的重要依据。

2. 编制竣工图的依据

编制工程竣工图必须以一定的技术图纸和技术文件材料为依据,这些技术图纸和技术文件材料主要包括:

(1) 设计施工图:指建设单位提供的作为工程施工依据的全部施工图纸;

(2) 图纸会审记录;

(3) 设计变更通知单和洽商记录；
(4) 建(构)筑物的定位测量资料。

三、工程竣工报告

工程竣工报告是由施工单位对已完工工程进行检查，确认工程质量符合有关法律、法规和工程建设强制性标准，符合设计及合同要求而提出的工程告竣文书。该报告应经项目经理和施工单位有关负责人审核签字加盖单位公章。

实行监理的工程，工程竣工报告必须经总监理工程师签署意见。

四、工程竣工验收证书

工程竣工验收合格后，建设单位应当及时提出工程竣工验收报告。工程竣工验收报告主要包括工程概况，建设单位执行基本建设程序情况，对工程勘察、设计、施工、监理等方面的评价，工程竣工验收时间、程序、内容和组织形式，工程竣工验收意见等内容。

相关知识与拓展

7.2.3 竣工图的编制

一、编制工程竣工图的基本原则

改绘竣工图，必须使用不褪色的黑色绘图墨水并遵循以下原则：

(1) 凡是在施工过程中改变设计较多的，特别是基础、结构、管线等隐蔽部位变更多的，应重新绘制竣工图。

(2) 凡是施工中对原设计只有少量变更的，可以在设计施工图上直接进行修改，并注明修改的依据。然后加盖"竣工图"标志章作为竣工图。

(3) 凡是在施工过程中完全按照原设计图纸施工的，可以在原设计图上加盖"竣工图"标志章作为竣工图。

(4) 在一个建设项目内，同一施工单位施工的同一类型的多个单体工程，可只编制其中一个单体工程的竣工图，其他单体工程不同的变更部位还须编制相应的竣工图。

二、竣工图绘制的要求

(1) 竣工图必须与工程实物相符，所有变更内容都必须修改、注记到位(包括被修改部分的相关图纸)，竣工图的修改、注记应当符合制图规范，做到图形清晰和字迹工整，竣工图必须使用新的蓝晒图，修改、注记要用黑色碳素墨水。

(2) 对于文字和数字的修改，可采用杠改法，即用一条细实线将被修改的部分划去，在其附近的适当位置，填写变更后的内容，并注明修改依据(见图7-2)。

(3) 对于少量图形的修改，可采用叉改法，即用"×"将被修改部分划去，在其附近的适当位置，绘制修改后的图形，注明修改内容及修改依据(见图7-3)。

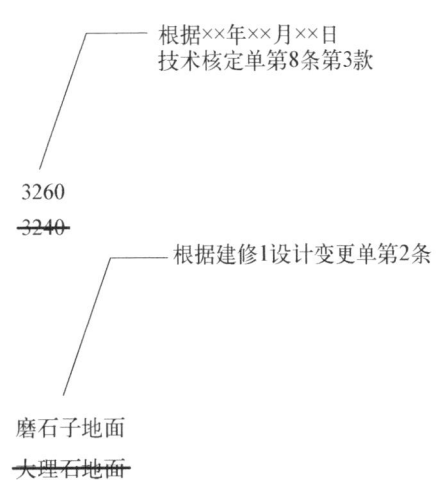

图7-2 杠改法

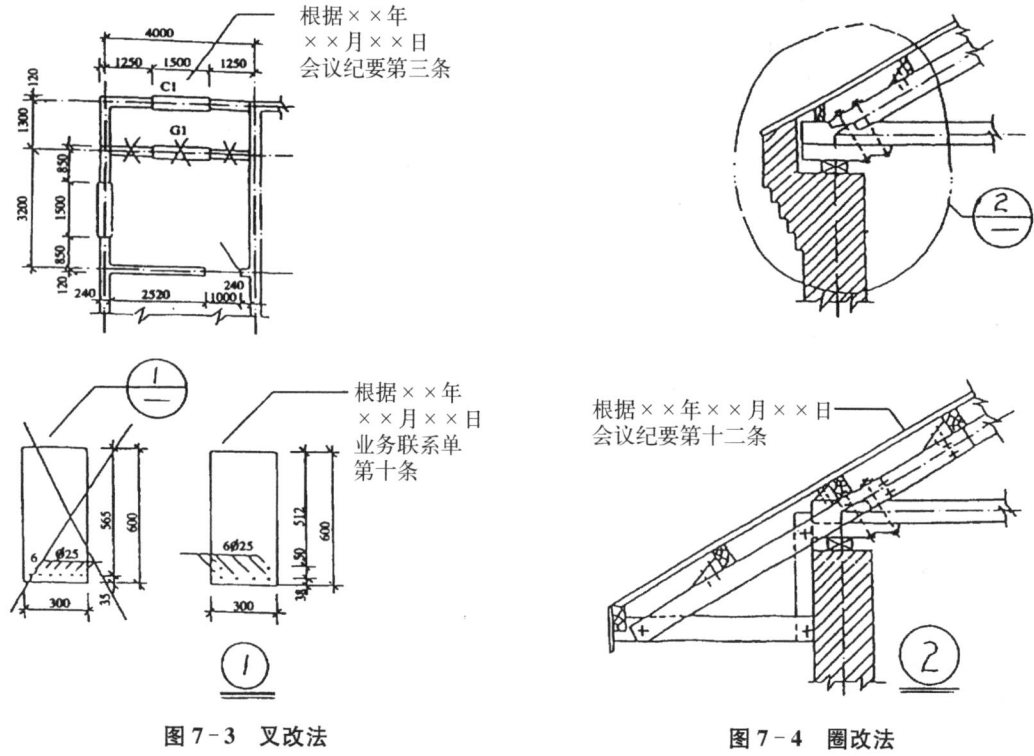

图 7-3 叉改法　　　　　图 7-4 圈改法

（4）对于较多图形的修改，可采用圈改法，即将被修改的部分圈出，在其附近的适当位置，绘制修改后的图形，注明修改依据（见图 7-4）。

（5）作废图纸不归档，但必须在原施工图目录上进行标注，并注明依据。

（6）重新绘制竣工图的，应当有变更记录栏，内容为序号、内容、修改日期。

三、竣工图的签证

竣工图标题栏的基本内容应包括："竣工图"字样、施工单位、编制人、审核人、技术负责人、编制日期、监理单位、现场监理、总监。竣工图章尺寸为 50 mm×80 mm，其中竣工图一栏 15 mm×80 mm，其余行间距均为 7 mm，每列间距均为 20 mm。竣工图印章应使用不易褪色的红印泥，应盖在图标题栏上方空白处。竣工图标题栏示例如图 7-5 所示。

竣工图	
施工单位	
编制人	审核人
技术负责人	编制日期
监理单位	
总监	现场监理

图 7-5 竣工图标题栏式样

四、竣工图审核

竣工图编制完成后，监理单位应督促和协助竣工图编制单位检查其竣工图编制情况，发现不准确或短缺时要及时修改和补齐。

竣工图内容应与设计图、设计变更、洽商、材料变更、施工及质检记录相符合。

7.2.4 设计变更与洽商记录

设计变更、洽商记录是设计施工图补充和修改的记载，应在变更施工前办理，内容应明确、具体,必要时应附图。

1. 基本要求

(1) 有关设计变更的洽商,应由设计单位、施工单位和建设单位(或监理单位)三方代表签证,有关经济洽商可由施工单位和建设单位两方代表签证;由经办人签证,不得委托他人代签,如建设单位委托一方代办代签,应有建设单位委托证明;

(2) 洽商记录签证后不得随意涂改或删除;

(3) 洽商原件应存档,相同工程合用一个洽商记录时,可用复印件存档,并注明原件存放处;

(4) 分包工程的设计变更洽商,由工程总包单位统一办理洽商手续;

(5) 洽商记录和设计变更通知应按签订日期先后顺序编号;

(6) 设计变更通知与相应的洽商记录应同时归档;

(7) 洽商应及时办理,不得后事补办、补签。

2. 设计变更通知、洽商记录格式

设计变更通知,各设计单位出具的格式各不相同,只要求其内容明确、具体,必要时有附图说明就行。洽商记录格式见表7-7。

表7-7 工程洽商记录

第　号　　　　　　　　　　　　　　　　　　　　　　　　　　　年　月　日

工程名称		施工单位		
洽商事项:				
参加单位及人员签字	建设单位	监理单位	施工单位	设计单位

思考与练习

1. 工程项目档案案卷应如何排列?
2. 什么是工程竣工图?编制依据是什么?
3. 工程质量技术文件的排列顺序是怎样的?

任务3 伤亡事故处理

**任务描述**

某道路施工工地在施工过程中发生意外事故,造成工地上发生了人员伤亡,作为施工现场管理人员,在发生事故时应该怎么处理?事故善后又应该做些什么工作呢?

**任务分析**

工地上发生意外事故,施工现场管理人员应立即做出反应,以最快的速度进行上报,并做好保护现场、进行人员抢救等工作。如果处理得当,能将事故造成的影响降到最低,反之,如果处理不当,可能会事故蔓延,并造成更大的伤亡。因此,施工现场人员对施工的及时有效的处理是非常重要的。

**方法与步骤**

7.3.1 伤亡事故处理

一、事故报告与现场保护

(1)伤亡事故发生后,负伤者或者事故现场有关人员应当立即直接或逐级报告企业负责人。

(2)企业负责人接到重伤、死亡、重大死亡事故报告后,应当立即报告企业主管部门和企业所在地劳动部门、公安部门、人民检察院、工会。

(3)企业主管部门和劳动部门接到死亡、重大死亡事故报告后,应当立即按系统逐级上报,死亡事故报至省、自治区、直辖市企业主管部门和劳动部门;重大死亡事故报至国务院有关主管部门、劳动部门。

(4)发生死亡、重大死亡事故的企业应当保护事故现场,并迅速采取必要措施抢救人员和财产,防止事故扩大。

二、事故调查程序

(1)现场处理:

1)伤亡事故发生后,首先要及时抢救伤员,采取措施制止事故蔓延扩大,同时迅速逐级报告。

2)认真保护事故现场,凡与事故有关的物体、痕迹、状态,不得破坏。

3)因抢救伤员和公私财产必须移动现场部分物件时,应做好标记并绘制事故现场示意图或进行现场拍照。

(2)物证收集:

1)现场物证包括:破损部件、碎片、残留物、致害物及其具体位置等。

2)在现场搜集到的每件物件均应保持原样和贴上标签,注明时间、地点、管理者。

3)所有物件均应保持原样,不得冲洗擦拭。

4)对于其中危害人体健康的物品,要采取不损坏原始证据的安全防护措施。

(3) 收集与事故有关的事实材料：
1) 与事故鉴别、记录有关的材料；
2) 事故发生的有关事实。
(4) 收集人证。
(5) 拍摄事故现场。
(6) 绘制事故示意图。
(7) 技术鉴定与模拟实验。
(8) 完成"职工伤亡事故调查报告书"。

7.3.2 施工现场急救措施

施工现场发生事故后，除做好上报工作外，现场人员应组织紧急求援，尽最大可能使事故造成的影响降到最低。

一、塌方伤害

塌方伤害是由塌方、坍塌而造成的病人被土石方、瓦砾等压埋，发生掩埋窒息，土方石块埋压肢体或身体导致的人体损伤。塌方伤害的急救要点如下：

(1) 迅速挖掘，争分夺秒救出被压埋者。尽早将伤员的头部露出来，即刻清除其口腔、鼻腔内的泥土、砂石，保持呼吸道的通畅。

(2) 救出伤员后，先迅速检查心跳和呼吸，如果呼吸心跳已停止，立即先连续进行 2 次人工呼吸。

(3) 在搬运伤员中，防止肢体活动，不论有无骨折，都要用夹板固定，并将肢体暴露在凉爽的空气中。

(4) 发生塌方意外事故后，必须打 120 急救电话，简要说明情况以及求援的准确方位。

(5) 切忌对压埋伤进行热敷或按摩。

二、挤压伤害

挤压伤害是指因暴力、重力的挤压或土块、石头等的压埋，引起的身体伤害可造成肾脏功能衰竭的严重情况。挤压伤害的急救要点如下：

(1) 尽快解除挤压的因素，如被压埋，应先从废墟下扒救出来。

(2) 手和足趾的挤压伤。指(趾)甲下血肿呈黑紫色，可立即用冷水冷敷，减少出血和减轻疼痛。

(3) 怀疑已有内脏损伤，应密切观察有无休克先兆。

(4) 严重的挤压伤，应呼叫 120 急救医生前来处理，并护送到医院进行外科手术治疗。

(5) 千万不要因为受伤者当时无伤口而忽视治疗。

(6) 在转运中，应减少肢体活动，不管有无骨折都要用夹板固定，并让肢体暴露在凉爽的空气中，切忌按摩和热敷，以免加重病情。

三、硬器刺伤

硬器刺伤是指刀具、碎玻璃、铁丝、铁钉、铁棍、钢筋、木刺造成的刺伤。急救要点如下：

(1) 较轻的、浅的刺伤，只需消毒清洗后，用干净的纱布等包扎止血，或就地取材使用替代品初步包扎后，到医院去进一步治疗。

(2) 刺伤的硬器如钢筋等仍插在胸背部、腹部、头部时，切不可立即拔出来，以免造成大出血而无法止血。应将刃器固定好,一并将病人尽快送到医院,在手术准备后,妥当地取出来。

(3) 刃器固定方法:刃器四周以衣物或其他物品围好,再用绷带等固定住。路途中注意保护,使其不得脱出。

(4) 刃器已被拔出,胸背部有刺伤伤口,伤员出现呼吸困难、气急、口唇紫绀,这时伤口与胸腔相通,空气直接进出,称为开放性气胸,非常紧急,处理不当,呼吸很快停止。

(5) 迅速按住伤口,可用消毒纱布或清洁毛巾覆盖伤口后送医院急救。纱布的最外层最好用不透气的塑料膜覆盖,以密闭伤口,减少漏气。

(6) 刺中腹部后导致肠管等内脏脱出来,千万不要将脱出的肠管送回腹腔内,因为会使感染机会加大,可先包扎好。包扎方法:在脱出的肠管上覆盖消毒纱布或消毒布类,再用干净的盆或碗倒扣伤口上,用绷带或布带固定,迅速送医院抢救。

(7) 双腿弯曲,严禁喝水、进食。

(8) 刺伤应注意预防破伤风。轻的、细小的伤口,伤口深,尤其是铁钉、铁丝、木刺等刺伤,如不彻底清洗,容易引起破伤风。

四、高处坠落摔伤

高处坠落摔伤是指从高处坠落而导致受伤。急救要点如下:

(1) 坠落在地的伤员,应初步检查伤情,不乱搬动摇晃,应立即呼叫120急救医生前来救治。

(2) 采取初步救护措施:止血、包扎、固定。

(3) 怀疑脊椎骨折,按脊椎骨折的搬运原则。切忌一人抱胸,一人扶腿搬运;伤员上下担架应由3~4人分别抱住头、胸、臀、腿,保持动作一致平稳,避免脊椎弯曲扭动,加重伤情。

五、烧伤

烧伤的急救要点如下:

(1) 身体已经着火可就地打滚或用厚湿的衣物覆盖以压灭火苗,或者尽快脱去燃烧衣物,如果衣物与皮肤粘连在一起,应用冷水浇湿或浸湿后,轻轻脱去或剪去。

(2) 冷却烧伤部位,用冷水冲洗、冷敷或浸泡肢体,降低皮肤温度。

(3) 用干净纱布或被单覆盖和包裹烧伤创面,切忌在烧伤处涂各种药水和药膏,如紫药水、红药水等,以免掩盖病情。

(4) 为防止烧伤休克,烧伤伤员可口服自制烧伤饮料糖盐水,如在500 mL开水中放入白糖50 g左右、食盐1.5 g左右制成。但是,切忌给烧伤伤员喝白开水。

(5) 搬运烧伤伤员,动作要轻柔、平稳,尽量不要拖拉、滚动,以免加重皮肤损伤。

六、化学烧伤

1. 强酸烧伤

急救要点:

(1) 立即用大量温水或大量清水反复冲洗皮肤上的强酸,冲洗得越早越干净越彻底越好,一点残留也会使烧伤越来越重。

(2) 用水冲洗干净后,用清洁纱布轻轻覆盖创面,送往医院处理。切忌不经冲洗,急急忙忙地将病人送往医院。

2. 强碱烧伤

急救要点:

(1) 立即用大量清水反复冲洗,至少 20 min;碱性化学烧伤也可用食醋来清洗,以中和皮肤的碱液。

(2) 用水冲洗干净后,用清洁纱布轻轻覆盖创面,送往医院处理。

3. 生石灰烧伤

急救要点:

(1) 应先用手绢、毛巾擦净皮肤上的生石灰颗粒,再用大量清水冲洗。

(2) 切忌先用水洗,因为生石灰遇水会发生化学反应,产生大量热量灼伤皮肤。

(3) 冲洗彻底后快速送医院救治。

七、触电

急救要点:

(1) 迅速关闭开关,切断电源,使触电者尽快脱离电源。确认自己无触电危险再进行救护。

(2) 用绝缘物品挑开或切断触电者身上的电线、灯、插座等带电物品。绝缘物品有干燥的竹竿、木棍、塑料棒等,带木柄的铲子、电工用绝缘钳子。抢救者可站在绝缘物体上,如胶垫、木板;穿着绝缘的鞋:塑料鞋、胶底鞋等。

(3) 触电者脱离电源后,立即将其抬至通风较好的地方,解开衣扣、裤带。轻型触电者在脱离电源后,应就地休息 1~2 h 后再活动。

(4) 如果呼吸、心跳停止,必须争分夺秒进行口对口人工呼吸和胸外心脏按压。触电者必须经过长时间的人工呼吸和心脏按压。

(5) 立即呼叫 120 急救,并在不间断抢救的情况下护送医院进一步急救。

八、煤气中毒

急救要点:

(1) 在有可能发生煤气中毒的环境中,感到头晕、头痛,应想到煤气中毒的可能,立即打开门窗通风,并尽快离开中毒室内。在封闭的室内或车中有人昏倒,必须打开门窗通风,有时需砸碎门窗玻璃。

(2) 及早向附近的人求助或拨打 120 电话呼救。

(3) 神志不清的中毒病人必须尽快抬出中毒环境。平放在地上,将其头转向一侧。

(4) 轻度中毒患者应安静休息,避免活动后加重心、肺负担及增加氧的消耗量。

7.3.3 伤亡事故分析

一、事故分析的步骤

(1) 整理和阅读调查资料;

(2) 确认受伤部位、受伤性质、起因物、致害物、伤害方式、不安全状态及不安全行为;

(3) 进行伤亡事故原因分析;

(4) 确定事故责任者。

二、事故原因的分析

(1) 直接原因。

1) 人的不安全行为的产生与人的心理、生理或技术及生产环境密切相关,表现情况如下：
① 操作失误,忽视安全,忽视警告；
② 造成安全装置失效,不安全装束；
③ 使用不安全设备；
④ 用手代替工具操作,成品半成品、材料工具等物存放不当；
⑤ 冒险进入危险场所；
⑥ 攀、坐不安全位置；
⑦ 在起吊物下作业或停留；
⑧ 机器运转时做加油、修理、检查、调整、焊接、清扫等工作；
⑨ 有分散注意力的行为,对易燃易爆等危险物品处理错误；
⑩ 在必须使用个人防护用品、用具的作业或场合中忽视其的使用。
2) 机械或物质的不安全状态,表现情况如下：
① 防护、保险、信号等装置缺少或有缺陷；
② 设备、设施、工具、附件有缺陷；
③ 个人防护用品、用具缺少或有缺陷；
④ 生产(施工)场地环境不良等。
(2) 间接原因
1) 技术和设计上的缺陷,如工业构件、建筑物、机械设备、仪器仪表、工艺过程、操作方法、检修检验等的设计、施工和材料使用等方面存在的问题；
2) 教育培训不够、未经培训、缺乏或不懂安全操作技术；
3) 劳动组织不合理；
4) 对现场工作缺乏检查或指导错误；
5) 没有安全操作规程或规程不健全；
6) 没有或不认真实施施工预防措施,对施工隐患整改不力；
7) 其他。
(3) 在分析事故时,应从直接原因入手,逐步深入到间接原因,从而掌握事故的全部原因,再分清主次,进行责任分析。

三、确定事故责任

(1) 根据事故调查所确认的事实,通过对直接原因和间接原因的分析,确定事故中的直接责任者和领导责任者；
(2) 在直接责任者和领导责任者中,根据其在事故发生过程中的作用,确定主要责任者；
(3) 根据事故后果和事故责任者应负的责任提出处理意见。

四、事故责任的认定

(1) 因下列情况造成事故者为直接责任者：
1) 违章操作,违章指挥,违反劳动纪律；
2) 发现事故危险征兆,不立即报告,不采取措施；
3) 私自拆除、毁坏、挪用安全设施；
4) 设计、施工、安装、检修、检验、实验错误等。

(2) 因下列情况造成事故的为领导者责任：

1）指令错误,规章制度错误,没有或不健全；

2）承包、租赁合同中无安全卫生内容和措施；

3）不进行安全教育、安全资格认证；

4）机械设备超负荷、带病运转；

5）劳动条件、作业环境不良；

6）新建、改建、扩建项目不执行"三同时"制度；（"三同时"制度是指：一切新建、改建、扩建的基本建设项目、技术改造项目、引进的建设项目,其职业安全卫生设施必须符合国家规定的标准,必须与主体工程"同时设计、同时施工、同时投入生产和使用"。）

7）发现隐患不治理；

8）发生事故不积极抢救；

9）发生事故后不及时报告或故障隐瞒；

10）发生事故后不采取防范措施,致使一年内重复发生同类事故；

11）违章指挥。

 相关知识与拓展

7.3.4 伤亡事故的定义和分类

一、伤亡事故的定义

事故是企业职工因工伤亡事故的简称,又称为工伤事故。1991 年国务院 75 号令发布的《企业职工伤亡事故报告和处理规定》对伤亡事故的定义是："职工在劳动过程中发生的人身伤害、急性中毒事故"。对此概念可做下述理解：伤亡事故是指企业职工在生产区域内、工作时间中从事与生产有关的劳动或工作时,由于来自生产过程中的危险因素和有害因素的影响,从而导致的突然使人体组织受到损伤或使某些器官失去正常功能的人身伤害或急性中毒事故。

工伤事故既包括工作意外事故,又包括职业病所致的伤残及死亡。所谓"伤"是指劳动者在生产工作中发生意外事故,致使身体器官或生理功能受到损害。它分为器官损伤和职业病损伤两类情况,一般表现为暂时性的、部分的劳动能力丧失。所谓"残"是指劳动者在因工负伤或患职业病后,虽经治疗修养仍难痊愈,以致身体功能或智力不全。它分为肢体缺损和智力丧失两类情况,一般表现为永久性的部分劳动能力丧失,或是永久性的全部劳动能力丧失。

二、伤亡事故的分类

根据国务院《企业职工伤亡事故报告和处理规定》,职工在劳动过程中发生的人身伤害、急性中毒事故分为轻伤、重伤和死亡事故。

1. 轻伤

指劳动者肢体伤残,或某些器官功能性或器质性轻度损伤,表现为劳动能力轻度或暂时丧失的伤害。一般指受伤后歇工在一个工作日以上,但够不上重伤的事故,为轻伤事故。

2. 重伤

指造成劳动者肢体伤残或视觉、听觉等器官受到严重损伤,一般能引起人体长期存在功

能障碍,或劳动能力有重大损失的伤害。

3. 死亡事故

指一次事故中死亡 1~2 人的事故。

4. 重大死亡事故

指一次事故中死亡 3 人以上含 3 人的事故。

5. 急性中毒事故

指生产性毒物一次或短期内通过人的呼吸道、皮肤或消化道大量进入人体内,使人体在短时间内发生病变,导致职工立即中断工作,并需要进行急救或死亡的事故。

关于重伤与轻伤的划分既有政策方面的规定,又有医学上的复杂问题,所以有时很难确切地分清重与轻的度。为了保证事故报告的准确性和伤亡数字的真实性,多数伤害要求在事故现场、抢救过程、医疗诊断时按照《企业职工伤亡事故报告和处理规定》给予确定;少数伤害可根据伤情可能导致的结果来确定,所以,允许医疗终结与实际统计的报告之间存在差别。

6. 事故等级

根据中华人民共和国建设部第 3 号令《工程建设重大事故报告和调查程序规定》中,按程度不同,把重大事故分为四个等级:

(1) 具备下列条件之一的为一级重大事故:

死亡 30 人以上;直接经济损失在 300 万元以上。

(2) 具备下列条件之一者为二级重大事故:

死亡 10 人以上,29 人以下;直接经济损失 100 万元以上,不满 300 万元。

(3) 具备下列条件之一者为三级重大事故:

死亡 3 人以上,9 人以下;重伤 20 人以上;直接经济损失 30 万元以上,不满 100 万元。

(4) 具备下列条件之一者为四级重大事故:

死亡 2 人以下;重伤 3 人以上,19 人以下;直接经济损失 10 万元以上,不满 30 万元。

事故分类方法的选择,取决于对伤亡事故进行统计的目的和范围。上级管理部门需要综合掌握全局性的伤亡事故的情况,可选择比较笼统的事故类别划分方法;某个部门或某个企业为了便于追究事故的根源和探索整改方案,常常需要对事故进行比较细致的划分。在样本数一定的情况下,分类越细数据越分散。为了保证分类较细而数据又不过于分散,有时就需要扩大统计范围。

此种划分方法的界限并不十分严格,主要是为了方便事故调查和上报记录。有关比较详细的划分原则请参照《企业职工伤亡事故分类标准》(GB 6441—1986)。

 **思考与练习**

1. 伤亡事故发生后应采取怎样的事故报告制度?
2. 我国对重大事故分几个等级?标准分别是什么?
3. 某道路工程施工过程中,施工挖掘机在进行道路挖方时不慎挖断了道路下的一根煤气管线,造成了煤气大量泄漏,但是挖掘机司机并未马上停止施工,随即煤气泄漏处燃起了大火,挖掘机起火燃烧,驾驶员仓皇逃生。事故发生后,作为现场施工管理人员应采取何种行动(汇报、救援、事故分析)?

项目 8　道路养护管理基本知识

**能力目标**

(1) 了解沥青路面、水泥混凝土路面、侧平石、人行道的常见病害;
(2) 能对沥青路面常见病害作出养护对策;
(3) 能对水泥混凝土路面常见病害作出养护对策;
(4) 能对侧平石常见病害作出养护对策;
(5) 能对人行道常见病害作出养护对策。

**任务描述**

道路工程竣工,通过验收,交付使用后,路面出现了不同程度的病害,道路养护技术管理人员应实施哪些方法,以保证该道路正常使用呢?

任务分析

当道路路面出现不同程度的病害,作为道路养护技术管理人员首先应明确病害的类型及病因,然后作出相应的养护对策。

方法与步骤

8.1.1　沥青路面养护

一、沥青路面养护的一般规定

(1) 沥青路面必须进行经常性和预防性养护。当沥青路面出现裂缝、松散、坑塘、拥包、啃边等病害时,必须及时进行保养小修。

(2) 修补用的沥青混合料出厂时应有出厂合格证明。沥青混合料外观应拌和均匀、色泽一致、无明显油团、花白或烧焦。

(3) 铺筑热拌沥青混合料时,大气温度宜在 10 ℃ 以上。如必须低温施工的,应有保证质量的相应技术措施;雨天不得施工。

(4) 沥青路面铣刨、挖除的旧料宜再生利用。

(5) 沥青路面面层不得采用水泥混凝土修补,修补后的路面结构层强度不得低于原结构强度标准。

(6) 当沥青路面摊铺面积大于 500 m² 时,宜采用摊铺机铺筑。

(7) 沥青路面维修时,其边线及纵横缝接茬应使用机械切割,做到边线齐直,并与路面中心线平行或垂直。切口垂直、底面清洁、形状方正。因基层损坏引起的路面病害,必须先处理基层,再修补面层。

(8) 采用铣刨机铣刨的路面,在修补前应将残料和粉尘清除干净。黏层油宜选择乳化沥青。

(9) 沥青路面小修、中修质量,应符合沥青道路养护质量验收规定的要求。

二、常见病害及养护对策

(1) 沥青路面常见的病害大致有11种,见表8-1。

表8-1 沥青路面常见病害表

序号	病名	定义	特征
1	线裂	道路产生的单根线状裂缝,包括横缝、纵缝、斜缝等,有时伴有少量支缝	裂缝长度≮1 m,缝宽≥3 mm
2	块裂	交错裂缝,把路面分割成近似矩形的块状	矩形块尺寸约 50 cm×50 cm～300 cm×300 cm 不等
3	龟裂	裂缝成片出现,缝间路面已裂成碎块,包括井边碎裂	路面裂缝成片,似乌龟背壳上的花纹块状
4	车辙	在行车作用下,沿车轮带形成的路面凹槽	凹槽深度>15 mm,距离长,处在车道位置
5	沉陷	路面局部凹陷	用 3 m 直尺量测下陷深度≤25 mm 为轻微程度,下陷深度>25 mm 为严重程度
6	拥包	路面面层材料在车辆推挤作用下所形成的路面局部拱起	坡峰坡谷高差>15 mm
7	剥落	面层细料散失	深度<2 cm,表面麻粒或似秃皮状
8	坑槽	路面材料散失后形成的凹坑	凹坑深度≥2 cm
9	啃边	路面边缘的烂边、缺口、松落	位置:平石边口,凹凸差≥5 mm
10	路框差	路表面与窨井框顶面的相对高差(高或低)	相对高差≥1.5 cm。仅指路面与井框顶面高或低的关系
11	平石潭水	从挑水点至进水口的平石排水线因局部下沉产生的微浅积水	雨后与晴天在道路沟底总留有短距微浅积水

(2) 沥青路面常见病害原因及养护对策,见表8-2。

表8-2 沥青路面常见病害原因及养护对策

序号	病名	病害原因	养护对策
1	线裂	路基或基层沉陷;施工接缝质量差;结构承载力不足等	清缝后灌缝或铣缝后补填新料
2	块裂	温差变化和沥青老化;反射裂缝;疲劳损坏	挖补或铣刨罩面
3	龟裂	疲劳损坏	基层局部补强,面层铣刨罩面
4	车辙	面层材料稳定性不足;路基或基层剪切破坏	铣刨后罩面或对基层补强

续 表

序号	病名	病害原因	养护对策
5	沉陷	基层强度不足,存在继承性凹陷隐患病源	翻挖或补强
6	拥包	面层混合料稳定性不足	铣刨后罩面
7	剥落	沥青含量少,沥青与集料黏结不良	表面加罩或铣刨后罩面
8	坑槽	碎裂碎块松动脱出;层间黏结不足,表层脱落	修补或罩面
9	啃边	温差引起的胀缩;铺筑时压实不够;接茬不良;承载能力不足;车辆沿道路边缘行驶量过大;缘石排水不畅等	修补;加罩或铣刨后罩面
10	路框差	基础底板强度不足或井顶砖块碎裂散失;面层下陷等	安装改良型卸载大盖板;修补衬高井座周边路面等
11	平石潭水	基础强度不足而下沉或排砌放样时落水弹线有误等	拆除重铺

（3）沥青路面常见病害图例,见图 8-1 至图 8-11。

图 8-1 纵向裂缝

图 8-2 横向裂缝

图 8-3 块裂

图 8-4 龟裂

图 8-5 车辙

图 8-6 拥包

图 8-7 剥落

图 8-8 沉陷

图 8-9 啃边

图 8-10 坑槽

图 8-11 路框差

8.1.2 水泥混凝土路面养护

一、水泥混凝土路面养护的一般规定

(1) 水泥混凝土路面必须进行经常性和预防性养护。

(2) 水泥混凝土路面养护应包括下列内容：

1) 日常巡查、小修、养护；

2) 周期性的灌缝；

3) 对路面发生的病害及时进行处理；

4) 按周期视路况有计划地安排中修、大修、改扩建项目，提高道路的技术状况。

(3) 水泥混凝土路面的大修、改扩建项目应进行专项工程设计。

(4) 对Ⅰ、Ⅱ等养护的道路宜采用专用机械及相应的快速维修方法施工。

(5) 水泥混凝土路面养护维修的常规和专用材料，应具有足够的强度、耐久性和稳定性，养护维修的主要材料应进行试验，并应符合《城镇道路养护技术规范》的要求。

(6) 水泥混凝土路面的养护质量应符合本水泥混凝土道路养护质量验收规定的要求。

(7) 水泥混凝土路面常见病害的维修除应符合《城镇道路养护技术规范》的要求外，尚应符合国家现行标准《公路水泥混凝土路面养护技术规范》的有关规定。

二、常见病害及养护对策

(1) 水泥混凝土路面常见病害，见表 8-3。

表 8-3 水泥混凝土路面常见病害表

序号	病 名	定 义	特 征	说 明
1	线裂	板体因不均匀沉陷或胀缩而产生的线状裂缝	不论纵向、横向、斜向，缝长≥1 m，缝宽≥2 mm	一块板若出现三条或三条以上裂缝的应定为碎裂
2	碎裂	板体在行车或温度影响下，产生裂缝继而扩展为碎块	裂缝垂直贯穿整块板厚，常产生在角隅、接边、井边等板面	以面积为计算单位
3	错台	接缝处或断裂处板面的高差	高差≥3 mm	指垂直高差，<3 mm 不计
4	拱起	膨胀引起的水泥板拱起	板体向上隆起	相对邻近板突起 30 mm 以上
5	坑洞	板块表面上的局部洞穴	呈星点状，有深有浅	面积 0.01 m² 以上
6	唧泥	荷载作用时板块发生弯沉，泥水和细料在轮载作用下从接缝或裂缝中唧出	缝处常见泥水脏湿	
7	板边开裂	邻近横向或纵向接缝处的板边混凝土开裂或成碎块	裂缝位置邻近接缝 60 cm 范围内	
8	填缝料散失	填缝料老化后逐渐脱落缺失	散失深度在路面下≥5 mm	

续　表

序号	病名	定义	特征	说明
9	路框差	板面与窨井井座顶面的相对高差	相对高或低≥15 mm	
10	井座松动	井座基底或井座四周结构强度不足,失去稳定	响声、松动、井座斜侧下沉等	
11	磨光露骨剥落	路龄长、表面磨耗严重或混凝土配比砂率大、耐磨性差、荷载大重车多等因素产生的面层病害	长距离、大面积呈路段式	应及时列入大、中修工程维修计划

（2）水泥混凝土路面常见病害原因与养护对策,见表8-4。

表8-4　水泥混凝土路面常见病害原因与养护对策

序	病名	病害原因	养护对策
1	线裂	重复荷载应力、翘曲应力和收缩应力等综合作用,板块丧失传荷能力;水泥质量不稳定;粗细集料质量差;施工不当等	中轻程度的,填封裂缝;严重的,全厚度修补,换板
2	碎裂	板角处荷载过重,板角传荷能力不足或板角底面脱空等	中轻程度的,填封裂缝;严重的,全厚度修补,换板
3	错台	受车载作用影响或因板底脱空,造成板块断裂和接缝处板块不均匀下沉或横缝处未设置连接钢筋等	磨平、补平注浆顶升、切除重新浇筑等,高差<3 mm可不予处理
4	拱起	接缝被硬物阻塞或胀缝设置不当,致使板块不能自由伸展等	部分或全厚度修补;或换板
5	坑洞	水泥混凝土面板材料有杂质	修补
6	唧泥	填缝料损坏雨水下渗和板面排水不良,基层中细料含量较多等	板底注浆,接缝裂缝填封
7	板边开裂	接缝内落入坚硬杂物,板块膨胀时应力超出混凝土强度,边缘被硬物挤碎。或是接缝处混凝土强度低或传力杆设计与施工不当等	修补
8	填缝料散失	温差、降水影响;缝料老化,原施工不规范	填缝料更新,封缝,按规范操作
9	路框差或井座松动	基础底板强度不足或井周边缝料散失雨水下渗,井顶砖块碎裂等	翻挖后重新安座井框,浇筑混凝土嵌缝封缝
10	磨光、露骨剥落	路龄长、表面磨耗严重或混凝土配比砂率大、耐磨性差、轴重车多等	应及时列入大中修工程维修计划

（3）水泥混凝土路面常见病害图例,见图8-12至图8-19。

图 8-12 线裂

图 8-14 板角断裂

图 8-15 接缝料损坏

图 8-16 错台

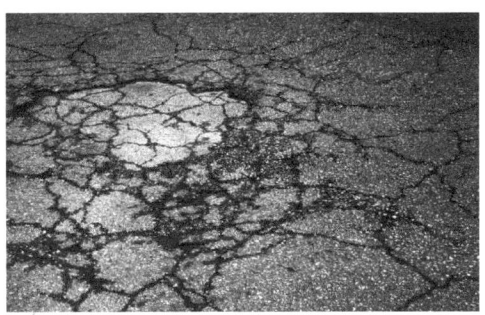
图 8-17 唧泥

图 8-18 拱起

图 8-19 剥落

8.1.3 侧平石养护

一、侧平石养护的一般规定

(1) 侧平石指位于路面两侧的道路构筑物,是车行道与人行道的分界线。侧平石还应用于分车带、导向岛、安全岛等组织交通定向行驶的道路特定部位,起到交通分隔和安全保护作用。

(2) 水泥混凝土路面养护应包括下列内容:

1) 侧石顶面应比车行道(平石表面)平均高出 150 mm,在道路纵坡小于 3‰的情况下应设置锯齿形街沟,以利路面排水。为保障行车和行人安全,侧石一般最小高度应不小于 100 mm,最大高度应不大于 200 mm。特殊路段侧石与车行道高差作零或负高度处理时,须采取安全和排水措施。

2) 侧平石应随道路沿线进出口坡道开口形状相应调整和降低,以利车辆和行人通过。进出口坡道降低后的坡道正面侧石顶面高度一般比平石表面高出 1~2 cm;无障碍坡道正面侧石顶面高度一般低于平石表面 1 cm。

3) 侧平石应处于经常完好状态,平石保护路面的完整,侧石保持人行道的稳定,组成街沟排水性能良好。侧平石顶面应平整,线形应顺直及圆滑,砌石无破裂缺损。

4) 平石翻修时应同时进行挑水点调整、进水口升高或降低及平石边口的路面修复。

二、常见病害及养护对策

(1) 侧平石常见病害,见表 8-5。

表 8-5 侧平石病害

损坏名称	面层病害现象及辨别标准		测量方法
	定 义	特 征	
平石潭水	雨停平石流水不尽,潭积路边	5 m 长度内积水最深处≥5 mm	靠侧石沿水面下量
侧石歪斜	侧石前倾后仰,线形犬牙交错	偏离程度≥30 mm	卷尺 20 m 线段
破损残缺	侧平石断裂松动,边角崩碎缺失	缺损水平长度≥100 mm,垂直深度≥30 mm	直尺、卷尺

(2) 侧平石病害主要成因与养护对策,见表 8-6。

表 8-6 侧平石病害主要成因和养护对策

病害名称	主 要 成 因	养 护 对 策
平石潭水	路面局部沉陷、带动平石下沉,造成流水不畅	修复路面基础,提升矫正平石
	侧平石施工基础薄弱,在行车作用下局部下沉	修复平石基础,提升矫正平石
侧石歪斜	施工中坞墶不牢固或养护期不足,侧石与基础脱离,在填土侧压下倾斜	挖出重排或更换,使之垂直、顺直
	侧石接缝料散失或丧失连接作用,在长期受力作用下,侧石产生相互错动	
	受到外力撞击,如车轮上下等侧向冲击	

续 表

病害名称	主要成因	养护对策
破损残缺	使用过程中灌缝砂浆逐渐脱落，勾缝外形破坏	清缝，填嵌勾缝砂浆
	在自然力作用下，热胀冷缩不均匀，使边角崩裂、散失	清底，用细石混凝土及砂浆修补
	受外力作用，引起断裂及边角薄弱部位应力集中，致使构件破损	断裂未松动，用砂浆修缝；松动或断裂成三段以上，更换

（3）侧石常见病害图例，见图 8-20 和图 8-21。

图 8-20 侧石歪斜

图 8-21 侧石破损残缺

8.1.4 人行道养护

一、人行道养护的一般规定

（1）人行道养护应包括人行道基层、面层及人行道无障碍设施、人行道缘石、树池和踏步等。

（2）对人行道及其附属设施应经常巡查，经常性巡查应按道路类别、级别、养护等级分别制定巡查周期。Ⅰ等养护的道路宜每日一巡，Ⅱ养护的道路宜二日一巡，Ⅲ养护的道路宜三日一巡。经常性巡查记录应定期整理归档，并提出处理意见。

（3）人行道及其附属设施应处于完好状态，人行道的养护应符合下列规定：

1）表面平整，无积水，砌块无松动、残缺，相邻块高差符合要求；

2）缘石、踏步稳定牢固，不得缺失；

3）树池框不得凸起、残缺；

4）人行道上检查井不得凸起、沉陷，检查井盖不得缺失；

5）盲道上的导向砖、止步砖位置应安装正确。

二、常见病害及养护对策

（1）病害表现：

1）当人行道为水泥混凝土现场整体浇筑的，其病害现象及检验标准参见水泥面层病害条文。

2）当人行道为板块铺装形式，其常见病害现象见表 8-7 所示。

表 8-7 人行道板块常见病害

损坏类型	面层病害现象及辨别标准		测量方法
	定 义	特 征	
板面缺损	整块或部分板块缺失	缺失面积≥100 mm×100 mm	目测、尺量
板块破碎	整块板块破碎成数块	板块断裂成三块以上	目测
板块翘动	板块与基层脱离松动	脚踩明显感觉上下摇动	目测
平整度差	铺装表面成片下凹或上凸	3 m 直尺检查高差>20 mm	直尺、塞尺
板块高差	板块相邻之间有高差	垂直高差>5 mm	直尺、塞尺
板块拱起	板块相对周边板向上突起	突起量≥30 mm	直尺、塞尺
道面沉陷	铺装表面成片下沉低于相邻板块（或设计标高）	深度>20 mm,面积在 1 m² 内	3 m 直尺、塞尺

（2）人行道常见病害原因与养护对策，见表 8-8 所示。

表 8-8 人行道病害形成的主要原因

病害类型	主　要　原　因	养 护 对 策
平整度差沉陷隆起	嵌缝料镶嵌不足或使用中受水冲流失,引起整平层扰动、板块间相互挤动	整平层调整,面层翻铺
	基层摊铺不均匀,碾压不充分,压实度不足。	
	基层不平整、整平层厚薄不匀,松铺系数不一	
	填土压实度不足,地下管线沟槽回填土或地下管线较浅,路基碾压不充分	道面翻修,基础补强补强修补后,采取隔离措施
	重载作用,车辆违规停车或超限使用	
	树根生长沿展、挤压引起	面层或道面基层翻修
板块翘动	水泥砂浆整平层脱壳（广场砖、石材）	整平层处理,面层翻铺
	板块与整平层接触不密实、部分脱空（预制板）	
	道面边缘没有护边或护边不稳固,道面约束力不足,板块间膨胀松动	采取护边加强措施
板块破碎缺损	道面板块强度不足或未达到规定养护期	按设计厚度,使用合格产品
	面层使用厚度估计不足,达不到要求的条件	
	热胀冷缩等自然因素引起裂缝（石材、广场砖）、破损	调换面板
	基层刚度差（如柔性基层）	处理基层及整平层,调换面板
	下层不均匀变形（预制板、薄预制块、石材）	
	受外力破坏及失窃,如擅作施工场地,堆压重物,违规停车等	调换面板,加强管理

（3）人行道常见病害图例，见图 8-22 和图 8-23。

图 8-22 板块破碎

图 8-23 板块翘动隆起

相关知识与拓展

8.1.5 城市养护工作内容

城市养护工作应包括：检测评定、养护工程和档案管理等三项工作。检测评定是指通过对城市道路的技术状况检测、评定，对道路设施和养护工作有一个基本评估，也是制定养护计划和对策及实施预防性养护的前提，相对于传统的"即坏即修"养护概念有了质的提高。养护工程即是根据制定的养护计划、对策所进行的实际养护维修工作。档案管理是对前两项工作的完整记录、整理和分析，是进行养护质量后评估，对道路的使用状况调查，制定相应养护工作对策，开展长期养护工作的重要组成部分。

8.1.6 城市道路养护等级

城镇道路应根据快速路、主干路、次干路、支路等类别和技术状况进行养护和评价。根据城市道路分类和其在城市中不同位置及重要性，《城镇道路养护技术规范》(CJJ 36—2006)规定，城市道路分为三个养护等级：

Ⅰ等养护的城市道路：城市快速路、主干路和次干路中的广场、商业繁华街道、重要生产区、外事活动及游览路线。

Ⅱ等养护的城市道路：次干路及支路中的商业街道、步行街、区间联络线、重点地区或重点企事业单位所在地。

Ⅲ等养护的城市道路：支路、社区及工业区的连接主次干路的支路。

8.1.7 城市道路养护工程分类

城市道路养护工程根据《城镇道路养护技术规范》的规定，按其工程性质、技术状况、工程规模、工程量等内容分为保养小修、中修工程、大修工程、改扩建工程四类。

一般按下列规定划分：

（1）保养小修——为保持道路功能和设施完好所进行的日常保养和对路面轻微损坏的零星修补。

（2）中修工程——对一般性磨损和局部损坏进行的，以恢复道路原设计标准的维修工程。

（3）大修工程——对严重磨损和大面积损坏进行的，局部翻建或以提高道路通行能力的全面综合维修、加固工程。

（4）改扩建工程——对不适应交通量及载重要求而需要提高技术等级和提高通行能力及改善服务功能的工程。

（5）重点养护工程——对道路基层强度达到要求，面层病害较多，不能封闭交通的较大面积的铣刨和加铺。

思考与练习

1. 试述沥青路面常见病害类型及养护对策。
2. 城市养护工作内容包括哪些？

参 考 文 献

[1] 谌润水,周锦中.市政工程施工工艺标准.北京:人民交通出版社,2012.
[2] 公路路面基层施工技术规范(JTJ 034—2000).
[3] 公路路基施工技术规范(JTG F10—2006).
[4] 公路沥青路面施工技术规范(JTG F40—2004).
[5] 城市道路工程设计规范(CJJ 37—2012).
[6] 城镇道路养护技术规范(CJJ 36—2006).
[7] 城镇道路工程施工与质量验收规范(CJJ 1—2008).
[8] 城市道路桥梁工程施工质量验收规范(DG/TJ 08—2152—2014).